# 普通话培训测试的故事

主　编：董中锋
副主编：龙　莉　张　婷

華中師範大学出版社

**新出图证（鄂）字 10 号**

**图书在版编目（CIP）数据**

普通话培训测试的故事/董中锋主编. —武汉：华中师范大学出版社，2019.10

ISBN 978-7-5622-8838-1

Ⅰ. ①普… Ⅱ. ①董… Ⅲ. ①普通话—测试—工作概况—湖北 Ⅳ. ①H102

中国版本图书馆 CIP 数据核字（2019）第 231951 号

**普通话培训测试的故事**

©董中锋 主编

**出版**:华中师范大学出版社

**社址**:湖北省武汉市洪山区珞喻路 152 号 **邮编**:430079

**策划**:基础教育分社 **电话**:027-67862387

**责任编辑**:刘满元 **责任校对**:郑海兵 **封面设计**:罗明波

**电话**:027-67863040(市场部) 027-67861321(邮购)

**传真**:027-67863291

**网址**:http://press.ccnu.edu.cn **电子邮箱**:press@mail.ccnu.edu.cn

**印刷**:武汉兴和彩色印务有限公司 **督印**:王兴平

**字数**:280 千字

**开本**:710mm×1000mm 1/16 **印张**:17.5

**版次**:2019 年 10 月第 1 版 **印次**:2019 年 10 月第 1 次印刷

**定价**:50.00 元

欢迎上网查询、购书

# 目　录

# 普通话的品质和精神

## （代 序）

董中锋

2019年春夏时节，湖北省普通话培训测试中心组织全省优秀测试员按地区进行三年聘期考核，在为期两个多月的考核过程中，我们每到一地，总会有测试员情不自禁、津津乐道地讲述普通话培训测试的一些往事，其间不乏诸多生动、有趣的人和事。他们绘声绘色的讲述，使我萌生了编辑出版一本普通话培训测试故事集的想法。正值中华人民共和国成立70周年，又逢第22届全国推广普通话宣传周的到来，编辑出版普通话培训测试故事集，不仅具有广泛的现实意义，而且还有特殊的纪念意义。考核结束后，我们即开始征文。征文活动得到了广大普通话水平测试员和语言文字工作者的积极响应，他们利用业余时间，将自己多年从事普通话培训测试工作过程中的点点滴滴诉诸笔端，将普通话培训测试路上的奋斗与追求、艰辛与痛楚、希望与彷徨、成功与喜悦娓娓道来，一个个场景、一个个人物、一个个故事的生动描述，让我们既可以真切地感受到普通话人的如歌岁月，又可以从中认识到普通话人的品质和精神。

作为一种语言，普通话以其科学的体系和规范的标准，逐渐推行，已得到中国各界乃至世界各国的广泛认同。作为一种文化，普通话已内化到社会生活的各个层面、各个领域，成为人们日常生活不可或缺的一部分。普通话的形成和发展、推广和普及，也成为一种独特的文化存在，并由此形成了标准规范、追求完美的个性品质和富有时代性、广泛性、融通性的审美精神。此外，普通话的品质和精神灌注到普通话人身上，又演化成普通话人的品质和精神。这种品质和精神，在普通话人身上凝聚成一种独特的文化，体现在普通话人的学习、生活和工作之中，乃至普通话人的学习方式、生活方式、思维方式和行为习惯，无不确证着普通话人的品质和精神，成为普通话人的一种印记。可以说，普通话的品质和精神对象化到普通话人身上，流光溢彩，赋予普通话人以独特的气质和神韵。

普通话塑造了普通话人，而普通话人又反哺着普通话。

普通话是我国法定的通用语。推广普通话，是国家的意志、政府的行为，是每一个语言文字工作者的责任和全体公民的义务。对于普通大众来说，说好普通话并尽力推广普通话，就尽到了自己的义务。但对于普通话水平测试员来说，只有这些还不够，除了要说好普通话和推广普通话之外，还要能测评好普通话。也就是说，普通话水平测试员要比普通大众的要求更高，普通话的知识、水平和能力也要更高。为此，普通话水平测试员要比常人付出更多的艰辛、更大的努力。本书所讲述的普通话水平测试员的故事，虽系部分代表，但也可见一斑。

随着时代的发展和科技的进步，普通话培训测试的内容、方式、方法均有改进。就普通话培训来说，社会化培训和有组织的培训在逐渐增多，而且培训的意识也在逐步增强。就普通话测试而言，从过去单纯的人工测试已逐渐过渡到现在的计算机辅助测试，而且计算机辅助测试的比重还在不断加大，独立机房、指纹识别、现场照相等现代化的手段使测试工作更加便捷、高效、科学和规范。我们有理由相信，将来的普通话培训测试会更好。同时，我们也更有理由相信，无论普通话发展到什么阶段，无论普通话培训测试发展到什么程度，普通话人的初心不会改变，普通话人的品质和精神会发扬光大。

（作者为湖北省普通话培训测试中心常务副主任，
湖北省散文学会会长，华中师范大学教授）

# 执　念

## ——我和普通话培训测试的故事

张红英

物换星移，白驹过隙，转眼间我和普通话培训测试已经结缘 24 个年头了。这 24 年来，普通话培训测试与我一直相伴相依，不离不弃，它就像我的一个最熟悉、最贴心、最亲密的老朋友。一提到它，我就觉得亲近；一提到它，我就觉得温暖；一提到它，我就觉得感动……普通话培训测试呀，你承载了我太多的回忆，融入了我太多的情感，给了我太多的自信与快乐。

### 结　缘

时光倒流到 1996 年 5 月中旬的一个黄昏，在原大冶师范的绿茵场上，身怀六甲的我正在学校漫步，这时，李全修副校长走到我跟前，微笑着问我："小张，湖北省普通话培训测试中心有一个暑期普通话培训班，你想去吗?"我当时毫不犹豫地脱口而出："我当然想去呀!"李校长仍面带微笑地说："可是你不太符合报名条件，通知上说，'心脏病患者、孕妇不能参加'。"我听后非常失望，但又很不甘心，便说："李校长，您知道，我一直非常喜欢普通话，我很想得到这个机会。"李校长见我非常期待，就对我说："那你到办公室给省测试中心打个电话试试吧!"

我一路小跑到办公室，按通知上的说明，拨通了时任湖北省普通话培训测试中心顾问、华中师范大学语言文字工作委员会秘书长刘兴策教授的电话："刘老师，您好！我是大冶师范的一位年轻老师，我很想参加这期普通话水平测试员培训班，但我不太符合要求……"当时的我很激动，也很紧张，电话那头传来刘老师亲切而平和的声音："你来吧，注意安全!"我高兴得快跳起来了，那种愿望被满足的快乐简直难以言喻呀!

1996年7月，我如愿以偿地参加了湖北省第二期普通话水平测试员培训班。那期培训好像是十来天，每天，我和其他学员一样认真地学习、刻苦地训练，唯一不同的是我每天穿着孕妇装、腆着七个多月的大肚子在教室和宿舍间奔忙，但我觉得特别充实、特别快乐。

紧张、新鲜而有意义的培训快要结束了，最后一个环节就是每个学员都要参加普通话水平口语测试。记得我的考场里坐着朱金声老师等三位考官，不知为什么，我却一点儿也不紧张，很镇静地读字、读词、读作品。考最后一道题的时候，我抬起头来，轻松自然地向三位老师讲述着“我最喜欢的小动物”的故事，三位老师也笑眯眯地看着我……此时，时间静静地流淌，考场如此宁静，而对普通话那颗痴爱的种子已悄悄地在我心里发了芽。

## 惜　　缘

成了一名光荣的湖北省省级普通话水平测试员后，我热情洋溢地投入到普通话培训测试工作中。那个时候是人工测试，并且经常是跨地区交叉测试，我被省测试中心派到孝感地区参加孝感学院、广水师范学校的测试，被派到鄂州参加鄂州师范学校的测试，被派到黄冈地区参加黄冈师范学院、浠水师范学校、武穴师范学校的测试，被派到武汉市参加华中师范大学的测试，还被派到荆州地区参加荆州师范学院的测试……一般一个地区的测试时间在一个星期左右，有的地区测试点比较多，时间会持续十天左右。尽管如此，可能因为年轻，更可能因为满腔热情，连续测试十来天也不觉得累，更不觉得枯燥，反而感到兴趣盎然、乐此不疲。

还记得第一次测试是在1997年4月中下旬，我到孝感地区参加测试。那时候，女儿才七个多月大，还在哺乳期，为了测试，不得不提前断奶。在孝感地区参加了孝感学院、孝感卫校（记不太清楚）、广水师范学校这三所学校的测试。白天专心测试，到了晚上，工作结束了，一闲下来，女儿那嗷嗷待哺的神情、哭着要妈妈的画面就浮现在眼前，对幼女的思念常常使我深夜里辗转反侧。测试持续了九天才结束，当我回到家里，女儿瘦了一圈。她睁着一双清澈的大眼睛看着我，半天没有反应，我鼻子一酸，出去测试几天，女儿几乎不认识我了！我赶紧跑过去抱起女儿，她开始不让我抱，过了一会儿，鬼灵精怪的小家伙好像想起了什么似的，扑在我的怀里哇的一声大哭起来，也许是委屈，也许是思念，也许是激动……瞬间，我的眼泪不由自主地往下淌。

当然，测试带给我更多的是工作的快乐、生活的快乐。省测试中心的曹艳丽主任和龙莉老师知道我娘家在黄冈武穴市，所以黄冈地区的测试经常安排我参加，这样就给我提供了一次次回娘家的机会。因此，每次测试，我都充满期待，充满感恩，充满热情。

人工测试每天的工作量基本上是上午、下午各20人，一名考生按10分钟左右来算，20名考生要测试三个半小时到四个小时。测试不同于其他工作，要每时每刻都特别专注地辨听每一个音节的发音，要特别细致地评分、算分，所以三四个小时大脑一直处于高度紧张状态。说实话，还是比较辛苦的。不过，测试结束后，测试员们坐在一起交流交流测试体会，讲一讲测试中的趣事，笑声一片，欢乐无比。这种交流既加深了测试员彼此间的感情，又提高了业务水平，此时测试的辛苦早已烟消云散了。

还记得在荆州师范学院测试结束时，暮色已经降临，测试员们坐上巴士，荆州教育局的分管领导、荆州师范学院的负责同志、当地的测试员们都来送别，车子即将开动的时候，一向外向乐观、热情似火的黄良梅老师虽满脸微笑，但眼含泪水。短短几天测试建立起来的深厚友情，让离别变得异常难舍，令人动容。

## 续　　缘

继1996年7月成为省级普通话水平测试员后，1998年3月，我又到北京参加培训学习，随后成长为一名国家级普通话水平测试员。此时，我感到自己肩上的责任更大了，我要更加努力地工作。

从1996年参加普通话培训测试工作以来，我担任了“普通话”“教师口语”“朗读学”等与普通话工作密切相关课程的教学工作，每年积极参加各项普通话培训测试工作，辅导学生参加校级、市级、省级各种普通话相关比赛，也取得了一些小小的成绩。虽然这些工作费时费心，但是我乐在其中，不知疲倦。

从事普通话培训测试20多年来，付出了不少，收获更多，以至于我的身上好像打上了普通话的标签，学校的领导、老师、学生每每提到我的时候，总会冠以“教普通话的老师”“普通话说得好的老师”等。学生在普通话学习和训练过程中遇到困难也会第一个想到我，这让我很开心。特别是当学生因为某一两个难点音发不好而苦恼，而我又能很快帮他们找到发音的窍门时，一种强烈的满足感和欣慰之情在我心中油然而生。

去年夏天，因为参加湖北省方言调查工作，我来到随州曾都市，见到了十多年未见面的老朋友刘俊玲老师。一见面，我们久久拥抱在一起，就像久别重逢的亲人一样。还是在2000年左右人工测试时，我和刘老师一起吃，一起住，一起工作了七八天，建立了深厚的友谊。19年过去了，岁月的痕迹悄悄爬上了我们的脸庞，头上也增添了些许白发，可是当年的情谊还是那么真切、浓烈。刘老师说：“妹子呀，挺佩服你的，能一直坚持普通话培训测试工作20多年!”是呀，当一个人做着自己非常热爱又非常有意义的事情时，时间就好像凝固了一般，让人感觉不到它的流逝。

2007年4月底至5月初，我很荣幸地被省测试中心选派参加香港浸会大学的普通话水平测试工作。2019年4月底至5月初，我再次被选派到香港参加普通话水平测试工作。这增强了我对普通话培训测试工作的自信，也开阔了我的视野，加深了我对语言文字工作的理解。正如2019年赴港测试的带队老师、国家语委语言能力高等研究院袁伟教授引用国务院原副总理钱其琛的话所说：语言是最基础的意识形态，可见，作为国家语言文字工作重要组成部分的普通话培训测试工作是多么神圣而艰巨。

（作者为湖北理工学院普通话培训测试工作站站长，
国家级普通话水平测试员）

# 如果没有你

## ——50岁写给普通话的一封信

肖劲松

普通话：

你好！提笔写这封信的时候，我刚刚过了50岁生日。不知不觉，与你相遇相伴，一路同行已28载。弹指一挥，白驹过隙，你仍是翩翩少年，我却"测"成了中年大叔。

40多年前，如果没有你，就没有从小喇叭的"小说连播""电影录音剪辑""新闻与报纸摘要"中给我语言艺术的启蒙；43年前，如果没有你，就没有从小学一年级语文老师的讲课中款款而来的她（她是全校唯一上课讲普通话的老师）；28年前，如果没有你，我就没有这样的工作机会，来到当时还十分宁静和安适的小城宜昌，第一次在课堂上教只比我小两三岁的师范生声、韵、调、音变；24年前，如果没有你，就没有陪我度过省级普通话水平测试员培训班"魔鬼训练"的15天……是的，如果没有你，我的人生轨迹也许会有很大不同，我可能在家乡某个单位、某所学校、某家工厂从事与普通话完全无关的职业，骑着自行车或摩托车在小城穿梭奔忙，上班下班、会友喝酒、成家养娃，平静而寡淡。人生际遇，机缘巧合也好，命里注定也罢，与你一路走来，终成现在的我。

小喇叭里传出来的普通话毕竟很遥远，很神秘。直到我背起书包上了小学，才听到老师说出最真实、最美的你。全校唯一讲普通话的朱老师教我们语文，她让我在家乡方言之外听到了一种抑扬顿挫的美妙声音。自此，我养成了用普通话朗读的习惯，靠着自己听广播、看电视（初中时家里有了黑白电视）揣摩你的平平仄仄、轻重缓急。多年以后，很多人都不太相信我来自鄂豫皖三省交界的老区麻城，因为在他们眼里，这个地方的人要说好普通话殊为不易。现在想来，能走到今天，一直从事与你有关的职业，兴趣才是最深层次的动力。

高考那年，因为傻傻地爱好文学，毫不迟疑地选择了中文专业。进校后的第一个学期，考进了学校广播台，做起了播音员，也终于听到小喇叭里传出了自己的声音。现代汉语课上，第一次接触到普通话语音理论，授业老师是常春先生。课堂上，大约我朗读过几次，给常老师留下了一点儿印象。毕业那年，宜昌师专语委办计划进一位工作人员，常老师就向时任语委办主任的刘芳老师推荐了我。其实，我与常老师接触并不多，从未套过近乎，也没有递过一根烟、敬过一杯茶。也许他是根据课堂上我的几次朗读，觉得我还可以做这份工作吧。那时候，老师对学生的关怀就是这么简单而质朴。再后来，我做了若干年老师，也是尽一切可能为学生的学习和工作提供一些帮助。我想这就是一种传承吧。

办完了工作报到手续，坐在办公桌前，看着课表，想着两个多月后即将上的新课，不觉暗暗着急，才发现对你的了解是多么肤浅和零碎。《现代汉语》《语言学概论》《语音学》《普通话》《教师口语》等各种教材一溜儿排开，学习也好，复习也罢，一切从零开始。一个假期下来，手写了一本教案，发音器官示意图、发音部位图、舌位图、复韵母动程图也能画得熟练而到位。新学期在惴惴不安中如期而至，初登讲台，开讲普通话，没想到这一讲就是28年。多年以后，当我能轻松自如，甚至能在没有教案和资料的情况下讲授普通话课程的时候，我觉得，我的青春没有白费，我的坚持终有回馈。

1995年7月，那是一个炎热的夏天，在华中师范大学一间极其普通的教室里，我与一百多位来自全省各级各类学校的教师、广电媒体的播音主持人参加了湖北省第一期普通话水平测试员培训与考核。那是我与你距离最近、时间最长、最难忘的一次相遇。

教室没有空调，没有多媒体，甚至没有音响设备，有的只是持续半个月的高强度的学习和训练。那时我还算年轻，自觉地坐在教室最不起眼的位置，与比我大二三十岁的前辈们一起刻苦而执着地纠正每一个发音，讨论错误、缺陷、方音及自然流畅的评测与把握。每一个人都神情肃穆，气氛显得十分凝重。

一本厚厚的《普通话水平测试大纲》在短短的半个月内被翻旧了，大家似乎在自觉或不自觉地传染着一种近乎偏执的认真情绪。从怀疑自己的发音到怀疑别人的发音，从纠正别人的发音到纠正自己的发音，反反复复听一份录音样本，纠结每一个音节的对错，用两天的时间拟订一份测试试卷，过起了日出而作、日落而息的简单生活。最后当我们拿到现在看来印刷得不很精致的测试员资格证书的时候，感觉痛并快乐着。

单调的学习生活、紧张的学习节奏、繁重的学习内容、反复的评测操作给我留下了什么？一个测试员的资格给我带来了什么？15天的磨练改变了我什么？其实并没有时间去细细琢磨。今天，当我回首往事，才发现不知不觉中，我和你已是一路相伴的朋友。

取得测试员资格后两年，真正的普通话水平测试来了，从一座县城到另一座县城，从一个考点到另一个考点，从一个考场到另一个考场。不是在考场，就是在去往考场的路上。从人工测试到机辅测试再到人机测试，20多年过去，我和你已是每天必见的老友。

2000年，国家级普通话水平测试员培训班；2004年，新的《普通话水平测试大纲》培训班；2010年，国家语委普通话培训测试中心特聘测试员培训班……你仿佛为我开启了一扇又一扇大门，鼓励我，鞭策我，让我一步一步坚实地走下去。

大概是2004年吧，湖北省普通话培训测试中心打来电话，安排我去省级普通话水平测试员培训班带班上课。接到电话的时候，完全没有心理准备，来不及细想就踏上了旅程。集中备课，分析录音样本，开讲。站在讲台上，看着讲台下的学员，仿佛看到了八九年前的自己。他们，也一如从前的我们，认真、执着而紧张。结业典礼那天，看着学员们拿到测试员资格证时那百感交集的表情，也一如从前的我们。我想，这也是一种传承。

2011年4月、2013年9月，我又先后赴香港、澳门执行普通话合作测试任务。测试、整理录音资料、核查分数、封存试卷、签上姓名，工作流程一如往昔，工作环境却是那么新鲜。1995年的我怎么也想不到，十几年后，会在这里与你相遇。

20多年过去，从邂逅到熟悉，从熟悉再到一路相伴相依，工作岗位换了很多个，与你却从未分离。今天，在进入人生下半场的时候，我这样向你坦陈：

做一名普通话测试员，不会因此而变得高贵，但能在这样一份单纯的工作中去理解认真、执着、公正的含义并赢得人们的尊重；不会因此而变得富有，但可以在每一个考生可喜的进步中发现自己对母语传承、发展所能创造的更大价值。可能默默无闻，在每年递增的测试人数和不断攀升的通过率的表述中不会具体呈现我的名字，但如果有一天，到测试中心的数据库或档案室，翻阅那些在别人看来枯燥的表格，一定会在最下方找到一个郑重的签名，那签下的是一个公正的评测，签下的是一份无私的奉献，签下的是一种最单纯的执着。

在我看来，普通话水平测试员就是在业余时间做不业余的事情。它可能会占用很多的休息时间，需要在夹杂着不同方言、用不同语速表达的稍纵即逝的语流中捕捉每一点细微的发音特征。耐心、认真和公正关乎每一个考生的切身利益，关乎整个普通话水平测试的公平。从这个意义上讲，我们从事的工作是最专业的工作，甚至是最精细的工作。它需要兴趣、热情、执着、耐心，需要不断学习和不断超越，更需要壁立千仞、无欲则刚的淡定。

在我看来，普通话水平测试员就是在自己的职业之外做一番事业。在世界各国都把语言作为软实力的今天，我们没有理由让自己的母语——蕴含着丰富文化因子且富有生命力的母语失去她应有的尊严和地位。当海外激荡着汉语热潮的时候，我们更希望普通话的推广和国民通用语应用水平的提高能给飞速发展的中国经济增添一种促进沟通、推动交流的润滑剂。从这个意义上讲，我们做的是一番事业，它不只是改变人们的口音和表达习惯，不只是让人们在求职时多一本证书，而是在拉近地域和地域的距离、人与人的距离，甚至是心与心的距离。

离退休还有十年，我想，与你的缘分还将继续，还真是“执子之手，与子偕老”了。

普通话，让我们相遇在下一个路口吧！

你的老朋友，一位普通话水平测试员

2019 年 6 月

（作者为三峡大学田家炳教育学院副院长、副教授，
国家级普通话水平测试员）

# 普通话为我的人生助力加分

邓　虹

我1983年考入华中师范大学中文系，4年后毕业留校工作，至今已32年。正如我的大学同学陈琼辉所说的那样，32年在桂子山兜兜转转，从中文系（文学院）到宣传部，再到公共管理学院（管理学院）、国际文化交流学院、校医院，真的很没有冒险精神。

我还真不是个有远大理想和抱负的人，我父亲是华中师范大学中文系57届毕业生，襄阳四中语文特级教师，感谢他老人家成功地引导我爱上看小说和讲故事。小学时我就想着以后当个小学语文老师，中学时我就想着将来当个中学语文老师，上了大学我的理想还是当一名中学语文老师。

不过，文学院12年辅导员的工作经历对我来说特别珍贵，我和学生们互为彼此青春岁月的见证人，年轻时的懵懂、热情、执着、直率，现在想来都是美好。普通话水平测试员证书就是这期间通过学习取得的。

生活告诉我们，寻常之人的职业生涯和人生之旅，不可能每天都是好日子，也不可能每天都是坏日子，既有风和日丽、顺心顺畅的时日，也有遭遇麻烦、困惑、坎坷之时。不过只要我们努力学习，不负时光，真诚生活，不错过生命中每一次美好的遇见，奋力前行的途中总有一些人或事为我们的人生助力加分。

1996年，我参加省级普通话水平测试员培训班学习时正值暑期，天气炎热，上课地点在七号教学楼，老师们教学态度认真，讲授的内容很系统，语音、字、词、朗读文章一项一项进行着。我大学期间是“推普”宣传员，也主持过一些比赛、晚会等，报名参加学习时以为会很容易通过考试而获得证书，完全没想到学习的内容如此之多，要求如此之严。学习一段时间之后进行预测，成绩很不理想，顿感压力很大。

老师诊断我的问题是方言语调较严重，平翘舌不分，前鼻音、后鼻音不分，“n”和“l”不分。我生长在襄阳，襄阳话基本没有卷舌音，“吃饭”的“吃”（chī）我们念成“cī”，也没有明显的后鼻音，英雄的“英”（yīng）我们念成“因”（yīn），“奶奶”（nǎi nai）我们念成“lǎi lai”，“牛”（niú）我们念成“liú”。

向标准靠拢，必须纠错，我当时暗暗下定决心。除了认真听课，课余时间翻阅字典，朗读、记忆容易念错的系统性字或词语，我每天早晚还坚持听中央人民广播电台的新闻节目，模仿播音员标准的语音语调，录下自己朗读的篇目，再播放辨识其中错误的语音，然后记录下来加以纠正。通过学习，我体会到标准的发音与好的听力同等重要，测试员需要良好的听力、扎实的语音知识功底、准确的语音辨识力和判断力。

结业考试，我的成绩顺利达标，一同参加学习并获得证书的还有付强、何小红两位老师。之后我们参与了省测试中心安排的多场测试工作，以至于有一段时间我们发现自己有纠正语音的强迫症，对不大标准的普通话很敏感，总想着如何纠正错误的发音。

1998年冬季，湖北省普通话培训测试中心的曹艳丽主任支持我们参加国家语委举办的国家级普通话水平测试员培训班的学习，我和何小红争取学院领导的支持，赶赴北京再一次系统地学习了普通话水平测试员必备的知识。

预测考试时，一位年长的女老师听了我的自我介绍后，笑眯眯地对我说：“你的声音悦耳，吐字清晰，可是语速太快了！快，就容易说错字；快，也是方言语调的特征。我们祖国的普通话语音之所以优美动听，是她悠扬独特的四声语调，每一句好听的话语结尾的语音基本都是上扬的，比如‘今儿这天气可真好啊！’‘北京烤鸭太好吃啦！’‘刘大爷，一大早儿，您这是上哪儿去啊？’多好听啊！若你放慢了速度说话，你的话一定更好听！听的人也会很开心！”老师的语音语调真的非常悦耳动听，悠扬、亲切。

北京的冬天真冷，但老师悉心的教导暖人。勤奋地记忆，准确地发声吐字，有节奏、有感情地朗读，有条理、有情节地讲述……功夫不负有心人，结业考试我们顺利通过，并获得了国家级普通话水平测试员证书。

通过学习普通话水平测试员所必须掌握的系统知识，我们的语音更规范了，口语表达更准确了，这也助力于我们的说话和表达，更助力于我们高效地工作和学习。

做思想政治工作时，我们重视“说”，更重视“听”。“听”能让我们发现大学生异样的情绪苗头，“说”能用温暖、有效的语言化解他们心中的疑惑和疙瘩，让他们轻装前行。

做管理工作时，我们珍惜每一次展示工作业绩的讲述机会，每一次认真充分的准备都是因为自尊自重和尊重听众。

策划大型校园文化活动时，在短时间内我们需要协调、联动校内外人力、物力资源，高频次的人际交流要求我们表达恰当、简洁、准确，需要我们干练高效，杜绝差错。

一辈子很长，一辈子也很短。普通人有自己的追求，更有自己的快乐。

职业生涯每一个踏实的脚印都值得记录，前行路上每一分收获都值得感恩！

记得民间文学资深专家刘守华教授担任华中师范大学中文系系主任时，他以一句俗话赠送给毕业生：“车到山前必有路，船到桥头自然直。”认真体味此话，的确蕴含着丰富的人生哲理。人生之路，一步一步前行，认真工作，努力向学就好，不必急功近利，无须多虑急躁，我们这样一路走过来，充实、踏实才有意义。我们的学生、我们的孩子同样会凭借个人的优势和努力，在新时代、新征程上发展自我，立足社会，人生有为。

（作者为华中师范大学医院党总支书记，文学博士，
国家级普通话水平测试员）

# 无法割舍的情怀

雷 峻

我是2005年加入普通话水平测试队伍的。14年的培训测试历史，在测试员队伍中不算长，也不算短，但它改变了我的生活方式，也给我留下了许许多多难忘的经历。

作为一名工科背景又在理工大学工作的测试员，获得测试员资格本身就不太容易。参加省级测试员培训之初，就领教了一个下马威——拼音标注摸底考核只考了90分（满分100分，92分及格）。要知道，对于不是专门学语言的我来说，汉语拼音的水平其实就是二三十年前小学一年级的语文水平，加上后来拼音的标注规则发生了很多变化，所以一时间有点蒙。看着很简单的事情，竟然有那么多功课需要补。在经过了炼狱般的艰苦学习后，我终于以优异的成绩如愿成为一名测试员，正式开始了测试工作。

测试的日子是辛苦的，也是快乐的。每一次的测试时间都是在周末，测试地点遍布武汉三镇。为了按时赶到考点，经常天不亮就要出门，一测就是一整天，极大地考验着测试员的脑力和体力。但就是在这样的一次次实测中，我的测试水平不断提高，迅速由一名“菜鸟”测试员成长为测试骨干。两年后，我便获得了国家级普通话水平测试员资格，五年后获得国家语委赴港澳测试员资格。14年来测试了多少人，已记不清了，仅从2008年开始的计算机辅助普通话水平测试系统里统计的机测工作量就达到了五万七千多次，据说已经连续多年位居湖北省第一了。

随着测试工作的不断延续，当测试能力稳定后，很多同行因为种种原因淡出了测试工作，很大的一个原因就是周而复始的重复劳动，让人难免觉得枯燥，也没有太多的成就感。而我坚持了下来，因为在这看似枯燥乏味的工作中，我却体会到了别样的情怀。

测试中的朗读项目，选取的都是很有意义的短文，虽然初衷是考查考生的普通话综合应用能力，而我每每听时，总会觉得在不断地受到启发，不断地感受百味人生。正如一篇文章里所说的那样："读书人是世间幸福人，因为他除了拥有现实的世界之外，还拥有另一个更为浩瀚也更为丰富的世界。现实的世界是人人都有的，而后一个世界却为读书人所独有……一个人的一生，只能经历自己拥有的那一份欣悦、那一份苦难，也许再加上他亲自闻知的那一些关于自身以外的经历的经验。然而，人们通过阅读，却能进入不同时空的诸多他人的世界。这样，具有阅读能力的人，无形间获得了超越有限生命的无限可能性。阅读不仅使他多识了草木虫鱼之名，而且可以上溯远古、下及未来，饱览存在的与非存在的奇风异俗。"我觉得测试员也是幸福人，能在测试中一遍一遍地享受着读书的快乐。

当我平时遇到不顺或挫折，听到考生读到"沈从文在'文革'期间，陷入了非人的境地。可他毫不在意，他在咸宁时给他的表侄、画家黄永玉写信说：'这里的荷花真好，你若来……'深陷苦难却仍为荷花的盛开欣喜赞叹不已，这是一种澄明的境界，一种旷达洒脱的胸襟……"时，内心便会得到些许宽慰；甚至一篇《香港：最贵的一棵树》，竟让我每次去香港测试时，都要抽空去太古大厦上的榕圃探究一番这棵神奇的树，仿佛朝圣一般。个中滋味，想必一般游客是无法体会的。

最后一道题是"说话"，考生围绕随机抽取的话题讲述三分钟。而这三分钟的单向交流，则让我觉得自己不仅仅是一名普通话水平测试员，更是一名幸运的欣赏者，能面对面地了解世间各式各样人物的故事，他们的经历，他们的内心世界，他们的喜怒哀乐……记得有一次，一名女生说道："我的愿望是大学毕业后能找一份好的工作，然后把第一个月的工资拿出来和我妈妈一起去北京玩一玩……"这本是一个很普通的话题开头，我和搭档也按部就班地听着，低着头记录着相应的评判细节，可是说到这儿，考生却突然沉默了半天。等我们抬起头来，发现考生已经泪流满面，她哽咽着说了句"这个愿望永远实现不了了，因为我的妈妈上个月刚刚去世……"，就再也说不下去了。原来这是一位贫困山区的学生，母亲含辛茹苦地把她养大，供她读书，懂事的孩子还想着今后好好报答母亲，结果突然的变故让这一切戛然而止。一时间，我感到自己很无力，当时自己所能做的就是尽快安抚她，平复她的心情，让她顺利完成普通话水平测试。除此之外，作为一名测试员，我什么也不能做，也不能打感情分。这种滋味无以言表。

类似这样的情况，在后来的人工测试中并不少见。正所谓，一个人的一生，只能经历自己拥有的那一份欣悦、那一份苦难。然而，我们通过测试工作，却能进入不同时空的诸多他人的世界。

当然，在测试工作中，除了接触成千上万的考生外，与不同测试员的合作，也扩大了自己的朋友圈，结交了很多热爱语言艺术的朋友，提升了自己的语言能力，丰富了自己的生活。虽然在测试时，我们基本上不动嘴巴，但毕竟来自各行各业的测试员们特别是从事中文方面教学研究的测试员们，大都喜欢语言艺术，比如朗诵、主持、演讲，等等。这里，我不得不提到华中农业大学的兰霞老师，她是第一期国家级普通话水平测试员，在测试员队伍中有着极高的声望。同时她也非常热爱朗诵艺术，经常参加各种朗诵表演及比赛，获得了很多荣誉。正是这样一位亦师亦友的大姐，慢慢把我也带入了她的朗诵圈子，让我也有了更多的机会向湖北地区众多朗诵艺术家们学习求教，并获得了很多登台表演的机会。尽管自己以前曾在湖北电台和电视台做过播音员、主持人，但在当时忙碌的工作中，其实是没有机会静下心来体悟、实践朗诵艺术的真谛的。自己虽然很早就喜欢朗诵，但后来在工科背景的学校里工作，也缺乏这样的人文艺术氛围，有时候甚至会有种莫名的孤独和惆怅，不知道自己的这些爱好能在哪里得到展现。自从参加了测试工作，仿佛打开了一扇朗诵语言艺术的大门，让我领略到了一个全新的世界。这几年，我的朗诵作品也呈现出井喷式的增长，除了和兰霞老师及其他测试员同行们参加各种大型文艺活动外，不经意间还录制了数百篇朗诵文章并在各种传统媒体及知名网络媒体上发布，2018 年还获得了“湖北省十大最美诵读者”的称号。

这就是 14 年来我的普通话测试经历，有艰辛，有喜悦，也有伤感。现如今，虽然测试手段发生了很大变化，虽然很多人和我渐行渐远，但普通话水平测试已成为我无法割舍的一种情怀，我的普通话水平测试故事仍将继续。

（作者为武汉理工大学宣传部副研究员，国家级普通话水平测试员）

# 25 年：与普通话水平测试同行

龙　莉

1995 年夏天，湖北省教育厅在华中师范大学举办湖北省第一期普通话水平测试员培训班（简称“省测班”），就此拉开了湖北省普通话水平测试的序幕。我有幸被安排给省测班做会务，从那时起便开始参与普通话水平测试工作。从最初的普通话水平测试员培训，到组织省内各市州进行人工普通话水平测试，再到计算机辅助普通话水平测试（简称“机辅测试”）。过去的 25 年，宛如一瞬，其中有艰辛，也有欢乐，有挑战，也有巨大的成就感与满足感。当下回首，往事历历在目。

## “魔鬼训练营”，测试员的摇篮

开启普通话水平测试的第一步，当然是需要一批业务水平扎实的测试员了，省测班应运而生。它在全省普通话水平测试圈内被称为“魔鬼训练营”，甚至有学员感叹其为“比高考还紧张的班”。

省测班的授课教师，是在全省范围内挑选出的业务专家，均具有普通话口语一级甲等水平，拥有深厚的普通话语音知识和极强的把握评分标准的能力。学员们则是全省教育系统、广电系统中经过选拔、推荐的业务精英。他们需要在短短的十几天时间里，快速提升自己的普通话口语水平，同时还有大量的听辨音能力训练。学员们早上五六点起床，集中上课、训练至深夜，这种超强度的培训几乎让所有学员“磨掉了一层皮”，真的是十分辛苦。

在经历了严谨而紧张的教学和训练之后，学员们最后仍需要翻越“三座大山”——通过拼音考试、口语测试和测评能力考核三门考试，才能正式成为普通话水平测试员，而其中的口语测试和测评能力考核采取一票否决制，往往让学员们备感压力。

回想起来，每期学员在省测班的心路历程几乎都是这样的：报到时脸上洋溢着自信的笑容，毕竟是经过严格挑选和推荐审核才能来参加培训的，普通话口语水平高，各方面表现都很优秀。开学典礼上教师代表的发言，使学员们对普通话的魅力与发展有了更深的感触，对这项事业充满了敬意和期待。口语摸底课上，第一次受到沉重的打击。在老师那里，学员曾经引以为傲的口语都或多或少地存在一些问题。接下来就是全力以赴地练习口语，60 篇朗读作品从早上 5 点就开始读，晚上 12 点以后还有学员为了不影响他人休息而在走廊上练习。30 个说话题目，每个都拟定详细提纲，反复练习。也有学员为了尽快提高口语水平，寻着机会就拉着老师或者口语好的学员听自己朗读，纠正发音。

听辨音和测评训练后，好像都染上了职业病，不管听谁说话都要评判一下发音是否到位，是错误还是缺陷，甚至和食堂的打饭师傅说上几句就想给人家判定一个普通话等级。

到口语测试和测评能力考核的那两天，学员则十分紧张、焦虑，害怕自己过不了一级。一级甲等、口语很棒的学员，则又会担心自己能否顺利通过测评能力考核。

结业典礼则是学员们心情最复杂的时刻，拿到测试员资格证书的学员无比激动，高强度的培训获得了认可，而这只是普通话水平测试与推广事业的第一步。没有拿到资格证书的学员十分懊恼甚至流泪痛哭，并暗暗下定决心继续努力练习，争取通过补考拿到测试员资格证书。

20 多年来，这个有着“魔鬼训练营”称号的省测班，共举办了 33 期，为全省培养了六千余名推广普通话的骨干力量。他们为我省语言文字工作特别是普通话培训测试工作默默奉献，创造了我省推广普通话工作的辉煌成果。

## 人工测试，一路狂奔

1996 年春天，湖北省教育厅开始启动普通话水平试测，试点单位是武汉幼儿师范学校和潜江幼儿师范学校，首次参加普通话水平测试的是这两所学校的 850 名毕业生。

1997 年上半年，全省普通话水平测试正式启动，首先是对师范毕业生进行普通话水平测试，全年共测试了师范毕业生 20947 人，而当时全省只有 181

名测试员。

由于测试员人数较少，早几年的测试都是采用团体作战方式进行，即全省统一调度测试员，组织测试队伍奔赴不同的市州。每支测试队伍有二三十名测试员，每个市州要连续测试一周左右，最长的甚至要连续测试两周，其中的疲惫不堪，曾被一位测试员家属调侃得淋漓尽致："远看像要饭的，近看像逃难的，走近一看，原来是语委办的。"

我印象最深的一次是去十堰测试，从十堰市区到竹山师范学校，大巴需要开好几个小时的山路。沿途的竹林美景映衬着竹山的美名，大家一路欢歌笑语，特别开心，似乎没有感觉到山路的崎岖、路途的遥远。没想到的是，到达目的地时，车一停稳，有位测试员就迫不及待地跳下去狂吐，原来也是忍耐了一路的辛苦。

路途辛苦仅仅只是体力的消耗，而考场上每天评测40位考生所要求与损耗的脑力劳动则非常人所能及。测试员们一坐就是200分钟以上。为了避免中途上厕所，测试员们就尽量少喝水；为了缓解考生紧张的情绪，再累也是面带微笑；为了做到对考生的公平、公正，不管多疲惫都集中精神评判好每一个发音。

省测试中心的测试场面十分壮观，也是最具影响力的了。一场测试设置40个以上的考场是常态，考生多的时候甚至会安排70多个考场，多的时候需要一百四十余名测试员。在测试繁忙季节，武汉市内的测试员是不够用的，常常要从周边的黄石、鄂州、黄冈、咸宁等地抽调测试员。

大规模的人工测试方式为来自不同地方的测试员们提供了很好的交流平台，大家互相学习，共同进步，很多测试员也因为一起搭档成了一辈子的良师益友、兄弟姐妹。测试过程虽然辛苦，但是快乐也一样同在。大家一起交流考场中的趣事，精进专业知识与技巧，在省内四处奔波的路途中，也海阔天空地畅谈人生。

他们是有着一样信念与热爱的"'推普'战士"。他们拒绝考生贿赂，严格审核考生证件，杜绝作弊；他们不计报酬，不惧辛苦，只为表达对推广普通话的热爱。因为这份热爱，所以即使工作量巨大，需要四处奔波，大家依然觉得快乐同在。

在各级语言文字部门的共同努力下，普通话水平测试的专业队伍迅速成长壮大，随后各市州及高校也相应建立了普通话水平测试工作站，更有效率地为考生提供测试，大规模地跨市调动测试员的现象正在逐渐消失。

## 机辅测试，继续前行

随着时间的推移与国家科技的进步，我们在全国率先将现代信息与数字化技术应用在普通话水平测试中，实现了测试手段的部分自动化。2007 年，经教育部语言文学应用管理司批准，我省试点机辅测试，即考生面对电脑进行普通话水平测试，测试员通过网络进行评测，普通话水平测试全过程通过国家信息管理系统进行规范化管理。传统的人工测试与高科技进行了融合与升级，为考生带来了更便利、精准的评测。

2008 年，武汉理工大学测试站率先建立了独立的测试机房，首次机辅测试人数为 1500 人，随后各测试站也逐步启动了机辅测试。2013 年 7 月 1 日，全省取消了人工测试，全部实现机辅测试，年测试量超过 28 万人次。

刚开始实施机辅测试的那几年，测试条件不是太好，虽然软件已经现代化了，但与之相配套的硬件仍未升级。有利用公共机房作为测试机房的，没有隔音，考生之间互相影响；有带着笔记本电脑去搭建临时机房的，满教室都是电源线、网线，走路不小心还会被绊倒；还有利用高考教室作为机房的，测试时把学生课桌移到后排……总之，各式各样的考场都有，很难做到规范统一。

近十年来，随着信息技术的发展，测试站对机辅测试的认识逐步加深，按照机房建设的规范和标准，积极推进标准化机房建设，完成了一系列复杂、艰辛的工作，建立起了规范、标准的普通话水平测试独立机房。目前，全省已建立标准化独立机房 75 个，全部使用防作弊指纹信息采集系统，测试人数也逐年上升，2018 年测试量超过 36 万人次，这也是我们的一个里程碑。

实践证明，机辅测试是测试手段的历史性技术变革，是现代语音技术和计算机信息技术在测试领域的应用，对提高测试质量和工作效率，节约人力资源，确保测试的公平、公正，促进测试管理的科学化和规范化等方面具有显著作用，对普通话水平测试的未来发展具有极其深远的影响。

## 2019，拥抱未来

为贯彻落实习近平总书记关于脱贫攻坚工作的重要指示精神，教育部、国务院扶贫办、国家语委研究制定了《推普脱贫攻坚行动计划（2018—2020年）》，扶贫先扶智，扶智先通语，推普脱贫攻坚战已经打响。在这个关键时刻，我们依然任重道远。历史的长河不会停止流动，我们也将不忘初心，通过拥抱人工智能、5G 等新兴技术，继续推动普通话推广与普通话水平测试的发展，未来将会书写更多、更精彩的故事。

（作者为湖北省普通话培训测试中心办公室主任，
国家级普通话水平测试员）

# 我和普通话的不解之缘

唐秀丽

## 一、缘起

小时候，家里极穷，一直到我小学五年级的时候，爸爸妈妈才在两个姐姐的苦苦哀求下，买了一台收音机。那时候，大我四岁的二姐小学毕业后没有考上初中，而只大我两岁的三姐，屡屡在学期中途被班主任清查学费而被责令在全班同学面前站起来，自尊心极强的她无法忍受便辍学回家了。估计父母也是不忍她们如此年幼，却不得不跟随他们一起背负起家里的重担，在每学期我的学费依然很困难的时候，为了安慰我两个姐姐，这台收音机才被请进了家门。

收音机是什么牌子的，如今我已记不清了，姐姐们也不许我碰，不过，那时我最大的期待，就是每天中午放学回家后，跟姐姐们一起收听我们最爱的电台节目。“听众朋友们，大家好！这里是……楚天经济广播电台的《吉祥鸟》节目，我是主持人孙汀娟……”电台的频率是多少已经模糊了，但每天中午的这一番话，却依然清晰。那时候的我根本不知道什么叫普通话，也不知道主持人说的就是普通话，只是单纯地喜欢这甜美的声音，所以，每到这时，我必然会跟随她完成我的“每日必修课”。平日的方言对白，比对着这柔情细语，于幼小的我而言，不啻是耳朵的一次洗礼。就冲着这听觉的盛宴，我贫穷的生活里有了一种不同于儿时玩伴的期许。

## 二、初识

清晰地记得到了六年级，我的语文老师，也是我们村小的校长，有一天，他从乡政府开会回来，给我们带回来一个全新的消息。正是那一次，我的人生字典里第一次有了“普通话”的概念。所谓普通话，就是把这个字，按照我们拼拼音的方式读出来。对幼时的我们而言，这是一个闻所未闻、见所未见的全新世界。因为特别，所以清晰。就着与会时听过的音频，老师要我们尝试着把他的理解付诸行动。当时的我，虽然学习成绩还不错，可由于家里贫穷而显得有些自卑，不敢举手，只是一边低下头默默地听着，一边暗自思忖。终于，在老师对同学们的努力尝试一一摇头之后，我怯怯地举起右手，满堂寂然中，唯闻我低微的声音缓缓流淌。随之而来的，是老师响亮的一记拍手："对！就是这样的！"掷地有声的这一句，加之脸上诧异、惊奇与欢喜之色，至今令我动容，它仿佛唤醒了我内心的一丝灼热。从我有记忆开始一直到故事发生的瞬间，这应该是最让我骄傲和自豪的时刻了。也是在那一刻，我稍稍给自己的自卑松了些绑；也是在那一刻，我用自己稚嫩的脸庞，仰望了一片崭新的天空。从此，我的眼神里也有了一抹闪亮之色，低埋的头，也会抬起，忙乱却坚定。

## 三、小试

三年初中，普通话似乎已经是很久以前的记忆了。小学时家境的贫寒让我自卑，却在初中时给了我更多的动力去学习，自卑竟转化成为强烈的自尊。毕业后，我虽然以优异的成绩进入了当时最难考的学校——随州师范学校，然而城乡之间的巨大差异让我更自惭形秽。这种自卑源于物质方面的极度缺乏，以及偶尔语言上的差异，同时也觉得自己是个土老帽。

班上的很多同学来自城区，他们不仅会说一口流利的普通话，有几个人甚至还说着完全不同的另一种语言。七弯八拐地一番打听，才知那叫武汉话。所幸的是，当时有好几个老师都是用普通话上课的，每每此时，我就会仔细地聆听老师或说或读的声音。我所有的，只是于心里的暗自模仿，至于当众说，从来都是不敢的。

就这样默默地过了近半年。有一天上晚自习，班上几个同学相约去报考学校的普通话水平测试，虽然六年级时语文老师脸上的表情依然历历在目，但那时的骄傲却不足以支撑我当时的怯懦，面对那些佼佼者，我选择默默地低下头。后来，装作不经意地打听了考试的形式和他们的成绩，二级乙等为最佳，有的是三级甲等，还有些甚至是没有等级的。每日的聆听，偶尔的普通话交流，再加上自己儿时对普通话的感觉，我想，大概我也可以考个二级乙等吧。

第二学期开始了，又结束了，第二次可以报考普通话水平测试的通知又来了。可能上次报考的有些厉害角儿（大家公认的）都没有通过，这一次，竟然没有人报名。想着反正也不会被班上的人撞见，考得不好也没人知道，更不怕别人嘲笑我不自量力，我一个人偷偷去报了名。至于练习，自然也只敢独自偷偷地在无人的地方进行。忐忑不安地等待最折磨人，学校通知可以去办公室查阅成绩了，惴惴不安的我小心翼翼地走进去，当老师把那个小小的红色证书递给我的时候，我竟不敢当面打开，出了办公室，环顾无人，轻轻地展开，二级甲等，是真的吗？是的，赫然就是！黑色的字，衬着红红的印章，煞是好看，内心的狂喜，都要将自己燃爆了。羞怯而自卑的我竟不敢把成绩公之于众。虽如此，伴随着内心那点小小的骄傲，这份喜悦，我跟同桌分享了。感谢这次普通话水平测试，它让我又一次找到自信，原来，自己也可以是一道风景。从此，我不会再在别人的风景里仰视。毕竟，天再高又怎样，踮起脚尖，就更接近阳光。

## 四、再试

1999 年，国家要求 50 岁以下的教师必须用普通话授课，还必须参加普通话考试并拿到相应的等级证书，且以前的证书全部作废。由于怀孕，较之我的大多数同事，我推迟了一年报考。考试地点依然在我的母校随州师范学校。三年的求学之路，普通话已经成了我的“挚友”，所以，在那个炎炎夏日，我自信满满地踏入我的主场。当时还没有机辅测试之说，也只依稀记得我的测试老师是两个十分年轻的女老师。从一毕业，我就要求自己，只要走上讲台，只说普通话。考前刻苦练习，此时只觉胜券在握。随机抽题—朗读—说话，一切都进行得顺理成章。考试结束后，我没有像其他人一样如释重负地走出考场，而是要赖似的笑问老师，可否指出我的不足之处。可能没有人会像我这样吧，两人相视一笑，很友善地说：“整体来讲，你读得很不错，只是分不清鼻音和边音，再就是前鼻音和后鼻音，虽然听起来有区分，不过后者明显感觉有些过了。但这也不怪你，这是我们整个湖北地区的缺陷音。”哦，原来还有这样一个名词啊！衷心感谢后，带着不解，我按照老师的指引，来到了另一栋楼的办公室，在那里，几个稍微年长的老师问了我几个问题。等我跟学校的同事会合后，他们都很纳闷儿，不知道为什么我要去两个地方。我也不解，后来经领队老师热心询问才得知：第一次的测试，测评老师给了我一级乙等的成绩，按照规定，但凡达到这个级别，必须要复核，而我所去的第二个地方，便是第二次考试了。听着同事们的赞赏，我也喜不自胜。当时，这个证书，在我们整个乡镇也是独一无二的。对普通话的坚持与热爱，让我明白了，任何变化都不是突然发生的。原来这一切，都是自己无意间一点一点积累起来的。

## 五、突破

迫于生计，工作10年后，我去了广东。有一次上课前，学生们问了我一个问题，他们说我们的语文老师真有意思，他上课的时候说的明明是错的，可是写的又是对的。你们都是湖北人，能告诉我们这是为什么吗？看着一脸困惑的我，他们解释说："今天语文老师给我们上课，课文的题目是《在山的那一边》，当时他一读出课文题目，全班哗然。"

"老师，你读错了！"

"没错呀，是山的là（那）一边啊！"

"不是山的là（腊）一边，是山的nà（那）一边！"

"是山的là（那）一边啊，怎么了？我没有读错呀！"

全班捧腹，老师没辙了，只好把"那"的拼音写在了黑板上，我们都觉得好奇怪，怎么写的就是对的呢？我笑了，摇摇头，没办法，这是我们湖北地区的缺陷音。学生应该是第一次听到这个名词吧，看着他们一脸懵的样子，化身语言导师的我立马兴奋起来："就好比你们广东人分不清z、c、s和zh、ch、sh一样，这就是你们的缺陷音啊，也就是书上提到的平翘不分。"应他们所求，我反复说"在山的那（là）一边"，他们都笑翻了。于是乎，平时一有时间，我就请他们教我该如何正确地发出"n"这个鼻音，已记不清在多少次的努力和感悟之后，我终于得其精髓了。

5年后返乡，我一直都很自豪，这是我最大的收获。接下来的时间里，在我一遍又一遍地发出两个不同的音时，身边的人一次又一次地摇头，表示不知所云，他们一脸茫然的样子实在让人忍俊不禁，而这快乐的源泉，当然来自我所挚爱的普通话。

## 六、飞跃

时间数轴的点已经指向了 2015 年，我从私立学校又回到了公立学校。有一天，学校工作群里的一条消息引起了我的兴趣。这不经意的一瞥，看到的正是湖北省普通话水平测试员培训的通知。说实话，当时的我还是有些举棋不定的，拿不准到底要不要去报名。那个名称如此高贵，我是不是离得太远了？不是一直自视语言天赋很高吗？难道怕了？不行，我必须拿到属于我的桂冠。已是报名截止日期的最后半天了，我做出了选择。照登记照，加急冲洗，填写电子报名表，最后一刻，报名，定格！

还记得在我报名以后，学校的一位副校长特意找到我，说："别的学校都有普通话水平测试员，虽然我们单位也有人参加过这样的培训，但最终都没能拿回证书来，我希望你可以实现这零的突破。"

因为有梦，所以奋不顾身。加之学校的期许，我必须马上行动，既然选择了远方，就只能风雨兼程了。

那是炎热的夏季，我带着行囊来到了华中师范大学，开始了我不平凡的培训之旅。那一年，培训时间已经由原来的十天改为一周了，看到日程安排表的一刹那，我倒吸了一口凉气，整整七天，从上午、下午一直到晚上，全都排得满满当当的，完全不给人喘息的机会。

报到的第一天晚上即有一场考试，是给 100 个字和 50 个词注音。想着培训之前自己做过的功课，觉得甚是简单，在仔细检查完试卷之后，心里暗自得意，100 分应该是铁定的了，之前感觉剑拔弩张的气息也觉消散了许多。试卷发下来了，小小的字，99.5 分，还有一个红色圈跃然纸上。老师弄错了吧？这是对的呀！"仇（姓氏）"这个字我记得很清楚，肯定是"qiú"，绝对没问题。一片吵嚷中，很多同学摩拳擦掌，想着如何理直气壮地在课堂上质问老师。老师来了，宣布成绩，无人全对。该怀疑自己吗？一个同学举手，道出疑问，果然是这个"仇家"。老师笑而不答，反问我们是否知道扣分的原因，全班哑然。最后，谜底解开："此字既是姓氏，在注音时，首字母必须大写。"恍然大悟、茅塞顿开、醍醐灌顶，诸如此类的词，立刻全部浮了上来，不禁懊恼自己的粗心大意，也羞愧于自己内心的小窃喜。

没日没夜的埋头苦读，追随着老师的精心讲解，不懈努力，逐渐培养起来的自信，达到心理预期的满足感……这一切的一切，都让整个培训的艰辛显得微不足道了。

判决之日即将来到，第二天下午就要举行最终的测试了，那也是决定我们是否可以拿到测试员证书的定音之锤了。头一天晚上是模拟测试，可能干扰较多，也可能操作不当，电脑打出来的分数等级让我心灰意冷，显示屏上毫无情感的“二级乙等”几个字，羞对这几天的自己，于失落和不甘中，一夜无话。

第二天上午，检测前仅剩的半天时间，老师让我们提出自己的问题，因为模拟测试成绩而低沉的我，已经处于快要放弃的边缘，但不服输的内心还是驱使我混迹于其他的同学中，故作轻松地听着他们的问与答。然而没想到的是，正是这一次的“混迹江湖”，我有了质的飞跃，一个我从未听过的词“归音”撞击了我的耳膜。哦，原来这就是问题所在。接下来所有剩余的时间，我将自己掩埋于“归音”的字海词海里。下午就要正式测试了，这就是我的最后一役。

自信和焦虑交织中，最终测试如期而至。既要听，还要记，又要算，紧张中夹杂着些许忙乱。虽然考场里凉风习习，整个考场的温度非常适宜，但我的手心还是不知不觉沁出汗来。时间到，交卷，阅卷，焦急地等待，假装毫不在意地闲聊……我和大家一样，说着口是心非的话语，暗自祈祷，希望自己可以拿到足以证明自己的那张纸。

终于，集合，念名，取证。虽已工作了二十载，感觉自己又重新回到了小学生的状态，我只是一个企盼拿到好成绩的孩童。已经念过很多人的名字了，还没有我，心渐渐下沉，却不得不表现得心如止水。突然间，我仿佛听到了天籁之声——没有听错，我的名字，出现了。场上的掌声依旧响起，虽然每个人上台领取证书的时候，都会有很多人鼓掌，不过，内心里，我却以为大家给我的掌声是最热烈的。或许每个走上台的人都是这样的感觉吧。

我们市一共来了八个人，只有四个通过了考核。让我内心狂喜不止的，可能不仅仅是这50%的通过率，也不仅是我为学校实现了零的突破，或许还有我内心的期待吧。别人能够做到的，我为什么做不到？一路走来，正是这句话成就了现在的我。看着周遭一张张展开的笑颜，不正好印证了苏格拉底的那句话：“世界上最快乐的事，莫过于为理想而奋斗！”感恩华中师范大学的这次培训，让我的飞跃成为可能。或许，她就是温柔了我的岁月的那个“人”吧。

## 七、亲历

拿到了梦寐以求的普通话水平测试员证书，我终于不再艳羡那些每每可以接受测试任务的兄弟姐妹了。2018年，在通过了机辅测试资格的考核之后，我迎来了自己的第一个测评任务。照例是两人一组，可能因为是“首秀”，领导很照顾我，只给我分配了80个考生的测评，还很贴心地把我和我的一个朋友分到一组。因为不用顾及会被嘲笑，因此只要有一丁点儿的疑问，我就马上“骚扰”他。感谢朋友，让我的第一次亲历不至于太羞涩。

对照标准，对照贴心的提示，第一个语音，就这样开启了。很认真地把每一题都听了两遍，很认真地做了标注，很认真地记载下错漏之处，很认真地算分……如此这般，既为了当初培训时老师的教诲，更为了自己内心的那份坚守，唯恐待人不公，但求无愧我心。这是我的第一步，虽然走得蹒跚，却也走得坚定。未来测试的路还很漫长，我沿途走着，不求像张爱玲一样，每一脚踏在地上都是一个响亮的吻，却愿身后的脚印逐渐清晰而悠长。

## 八、番外

故事一：1999年，国家要求所有的教师必须持普通话证书授课，也就是我怀孕的那一年，先生是语文老师，按照规定必须达到二级甲等水平，而他从一上班就用方言教学，所以，培训老师的角色自然非我莫属了。记得已是学期结束放假之时，每天早上，我这个严师都逼着他早起，吃完早餐后，我坐在一个大脚盆旁边洗衣服，他就在我身旁，拿着下发的培训资料刻苦练习。因为我老是警告他，以他的水平，不勤奋，是肯定拿不了“二甲”的。现在想起来，觉得自己实在太厉害了，不用看书，就知道他哪个字读错了。看来，每天上课的时候跟学生讲普通话就是有优势。临近考试的前几天，因为他的儿化音说得不是太好，我特地挑了一篇《老鼠偷油》的阅读材料，让他反复练习。文章特别有意思地给老鼠的三个孩子分别取名叫“没了皮儿”“剩一半儿”“见了底儿”，一次又一次地纠正、模仿，直至无误。先生考试去了，下午回到家里，喜形于色，我就知道过了。当他问我：“你知道我抽的是哪篇文章吗？就是《老鼠偷油》！”“什么？什么？真的有这么巧的事吗？”乐哈哈，笑嘻嘻，各种欢乐飘在房间的每个角落。

故事二：2018年上半年，同事找到我，希望我帮他的女儿辅导一下普通话。孩子还在上大学，但普通话等级一直没有达标，考了好几次，用她自己的话说，就是千年“二乙”。为了工作，必须得拼。我先用那本自己戏称是“沾染了我斑斑血泪”的书替换了她自己的新书，然后在学校空旷的办公室里，随意找了一些话让她读。孩子可能因为考了几次都没有过关，显得有点儿不自信，每读一句话，都要抬头看我一眼。我不言语，只是每每在她出错之后，很细致地把出现的错误记下来。那段话读完后，我按照自己记下的错误，把她的主要问题进行了归类。对于已经无法更改的缺陷，我劝她干脆放弃，而可以改观的，就是她以后努力的方向。终于，在我们共同的努力和期待中，同事兴奋地告知我，他的女儿拿到“二甲”了！闭上眼静思，仿佛看见花，看见梦，看见幸福和希望。

人们常常戏说，老师是靠嘴皮子吃饭的人，所以我们的普通话好些，似是天性，我却不以为然。因为有了心里的这份挚爱，我会给它一阵花香，也给自己一个希望。这香或浓或淡，都是属于自己的静美。感恩普通话，让我在寻找日月的旅程里，用心灵的善良去感知秋叶的温度和脉搏的跳动。因为有你，所以有我。

（作者为随州市曾都区东关学校教师，省级普通话水平测试员）

# 乡音缺席的超现实生活

李子玉

真实的生活，其实比超现实主义更“超现实”。

那时，如果说乡音是一块泥塑胎记，我至少认为我的那块可以完形为坯，可以做陶瓷了。因为从中学到师范的一大段光景，我就以声音甜美、圆润、饱满而引人注意，且时常获得一些奖项。但是，有那么一次机缘，让我和熟悉的生活隔离了，脱胎换骨，远远颠覆了自我感觉，超越了我对现实的定义。它是魔性的，好多年了，一条逼仄而炫目的长廊，反复出现在我梦境里。它从幽暗处延伸，一直引我走向光亮的来处。我站在一扇窗檐上，张开翅膀，一下就飞了起来。我怀疑是梦，低头细细地打量，果真有羽毛，白色的，顺着夏至未至的风，柔柔地颤动，一掠一振。原来，我真的是一只鸟。

在那里，我是通过一只鸟的瞳孔过滤这个世界的。15 天特殊的日子，一句句夸张变形的南腔北调的口齿发声，一个个彼此倚靠着的散发着不同气味和热量的肩臂，一双双深切热望凝神会意的眼神，和我的两只圆黑豆般的瞳孔重叠在了一起。

还是回去，到现实之前的现实吧。

20 年前的 6 月，20 多岁的我和县直中小学的 7 位老师，前往武汉学习普通话。远离繁忙的期末工作，开启一段说走就走的旅程。原以为这次和以往的学习、开会一样，轻松愉悦，乐乎乐乎。哪知一报到，我们就傻了眼，此次学习的全称是湖北省第七期普通话水平测试员培训与考核。测试员？干什么的？学什么？怎么学？我们一无所知，一脸迷惑。在负责报到的工作人员的详细解答下，我们才略知一二。又问询了其他县市的参训者，我们的心一下子揪在了一起，抻也抻不开。由于地方差异，信息不对称，他们来之前已在当地培训考核过口语，成绩早过了“一乙”。所以他们此次只需要培训考核听力、考核细则，而我们连口语考试的内容都不知道。时间紧，任务重，没有任何准备，却要动真格，看来是要打一场硬仗了。

吃苦，我从小就不怕。50 篇朗读作品，一天读 10 篇。50 个说话题目，一天写 10 个。反复读，反复说。和来自同乡的室友肖玲约定：下一秒，忘掉家乡话，每天一睁眼，吐字成词，坚决说普通话。深呼吸，尝试，调整，再尝试，调整，心无旁骛，潜心修炼半个月。

紧接着，就被架上了。第一节课，老师点我朗读课文《济南的冬天》，这篇文章我才教过，能背，熟哇。我有感情地读了一段，自觉发挥得不错，等待着老师的赞许。凭什么呢？从小到大，一直听的是表扬，学生时代，也曾拿过省级朗诵比赛一等奖。可是，陈老师微微一笑，不急不缓地问道："你是荆州人吧？边音鼻化，鼻音不够纯正，平翘舌也有些问题……"我一下傻了，自得之意，立马变成自惭，羞得无地自容。想想在家乡时，我还笑过用"小棍 l、门框 n"区别边鼻音的做法呢，今天才知道这其实是五十步笑百步。好，定个小目标，化整为零，一个问题一个问题地解决。

还好，同学来自湖北各地，他们热心耐心，教了我很多。记得武穴的一位张老师，我叫她张大姐，更是心细如发，助我，慰我。她教我边鼻音，一遍一遍，不厌其烦。在昏黄的路灯下，在斑驳的树影里，她教我看她的口型，给我做手势，又给我打比方，甚至不嫌脏，让我把手指伸入她的口腔去感受。她使出了浑身解数，可我就是学不会。我万分沮丧，第一次觉得自己笨，觉得自己就是差生，觉得无论如何也学不会了，这不是吃苦就能解决的，从未有过的挫败感深深刺痛了我。我双手抱头，口吐长气，无用感袭击了我。我大脑一片空白，整个人好似被吸入一条很黑很长的隧道。不知何时，我的手被另一只柔软的手握住："不着急，你天天练习，反复琢磨，一定会找到感觉的。"大姐的声音轻轻的，但语气笃定，充满过来人的自信，把我的心一下稳住了。那个夜晚，我们漫步在校园的小路上，她说，我听。清风徐徐，不时送来栀子花的芬芳，发丝偶尔随风拂过脸颊，我们轻拢慢敛，一张明丽的脸庞深深印在了我的脑海里。谢谢这位姓张的姐姐，虽然我连她的名字都不知道，但是记忆的河流中永远有她这朵善解的浪花。

找感觉。在课间休息的间隙，在食堂排队的空档，在往返宾馆的路上，在一切琐碎的时间里琢磨：把右手四指并拢曲向手掌，然后快速弹开；舌头像石头突然从口腔里甩出来；捏着鼻子检查气息是否从鼻腔通过。一百次，两百次……一定要用大姐教我的方法学会边鼻音。我和不会发边鼻音的肖玲一起，争分夺秒，勤练苦习，暗暗发誓一定要赶在考试前拿下。

培训课程安排得很紧，我们必须起得比鸡早，睡得比狗迟，如此才能弥补在家乡未做的功课。每天过了凌晨才睡觉，四点多拨开眼睛就读书、说话。50篇作品，50个话题，必须非常熟练，不要在自然流畅上扣分。奇怪的是，一旦认起真来，好像每个字都怪怪的，每个字都拿不准，每个字都想查字典核实一下。记得有一次读单音节字，肖玲指着“烁”问我怎么读，我一下乐了，笑得在床上打滚，笑得她莫名其妙。好久我才忍住：“你儿子叫什么?”她愣了一下：“杨烁。”“烁”，她也笑得前俯后仰。为了避免类似的尴尬，我们把说话题都一一写成了可说3分钟的文字。我说给肖玲听，她也说给我听，以免我们还不习惯用普通话进行思维，到时又要想内容，又要想发音，顾此失彼。

超强度学习了一周后，我们俩都浑身酸痛，像害了场大病。有天晚上，一个叫秦旭的女同学来到我们房间读书，指点互学，读着读着，突然昏倒在床上。我们吓得大声喊服务员，手忙脚乱地送她到医院。还好，医生诊断为劳累过度，输了一天液，补充能量后才好。就是在病床上，她也手不释卷，话不离口，不敢放松。第二天，我们自习一天，可是得完成作业：编制五套试卷。我们拖着疲惫不堪的身子，累趴在床上。第一题：100个单音节字，要求每个声母、韵母、声调都要均衡出现。编制这一题就不知死了多少脑细胞。有几次，我们狠狠地把纸和笔扔在床上，大叫几声，真想一走了之。可是我们瘫在床上一会儿后，又互相调侃，互相鼓励，直到重新拿起纸和笔，圈圈画画。

试卷考核和听力考核结束后，口语考试就要来了。

临考口语前两天，紧张的气氛不亚于高考。偌大的餐厅里静悄悄的，没有一个人说话。这些来自湖北各地的普通话骄子，人人都不自信，人人如履薄冰，生怕一张口就是个笑话。

直到考试前一天，我的边鼻音还存在问题，有时正确，有时错误，间歇性不稳定。眼看第二天就要考试了，我把自己关在了洗手间。在哗哗的水流中，我捏着鼻子，感受发鼻音时鼻子的振动，感受发边音时的与鼻子无关。

舌尖抵住上齿背，软腭下降，打开鼻腔通道，气息完全从鼻腔通过，浓浓的鼻音；舌尖靠后，软腭上升，关闭鼻腔通道，气息完全从舌头两边发出，清晰的边音。水，清凉的水，一节一节的水柱，抚摸，碰触，水珠缓缓地开启……再试试，舌尖前行，后退，伸直，弯曲——辣，那，刘，牛……舌头像一条摇头摆尾的鱼，在口腔里自由来去，对了，对了，我激动得手舞足蹈，大喊大叫。在哗哗的水声中，我不由得泪流满面。

考室设在宾馆的206房间，门关得紧紧的。里面什么样子？老师凶不凶？找先考的同学打探情况。终于要到自己了，紧张得不行，手直颤抖。终于进去了，反而有了豁出去的镇定。两位年轻的女考官，和颜悦色，很亲切。抽题，准备，考试，紧凑从容。

出来后，有一种浑身轻松的感觉。过与不过，都不再是我能左右的了。悬着的心终于放了下来，只要不负过程，天意负不负我，已经不重要了。

我们默默地收拾行囊，轻轻地整理每一本书，静静地等待考官的裁决。

第二天，成绩出来了。我们有四位过关，拿到了普通话水平测试员证，还有四位无缘。我不知道怎么安慰他们，只是觉得这种培训考核太残酷。看着他们落寞地走回房间，我心里很不是滋味，更觉得自己只是一时侥幸，因为我知道，我还有很多问题需要解决。这条路，我才刚刚抬起一只脚。只是因为幸运，这只抬起的脚，可以按照规则，放在出线口。

回家后，暑假县里分期分批培训了全县教师，我每一期都没落下。后来在黄良梅老师的指导下，我在理论和口语实践上都有了巨大进步，感谢黄老师，特别是她为我分享了“电力”这个词的发音技巧。她说：“为什么容易读成‘diàn nì’，因为‘电’归音在‘n’上，舌头一偷懒，直接拼‘i’就成了‘ni’。舌头应该迅速后移，找到‘l’的位置，再拼‘i’就对了，舌头打个滚。”真是一语惊醒梦中人，让我寝食难安的边鼻音终于拨云见日，脱口而出。她打趣地说，她到北京花了4000多块学会了这个词的发音。可她却毫无保留地教给了我，此中情谊，如珠润蚌腹，一直激励着我也像她一样，默默打磨自己，直到发散出温泽的光。

肖玲也一直坚持学习，在家干活都说普通话。拖地时说“拖地拖地”，做菜时念“炒菜炒菜”，走在街上，花花绿绿的广告牌都成了她的口语训练材料，以至于她爱人戏谑地称其为“普通话疯子”。后来她到武汉补考，不仅过了，而且分数挺高。

20 年来，我一直在坚持开展普通话的培训考核工作。当我听到地方味儿十足的普通话，我希望自己是温柔的陈老师；当我看到急得面红耳赤的学员，我提醒自己做热情、耐心的张大姐；面对手足无措的考生，我会想起 206 室和颜悦色的考官；我更是经常想起黄老师，经常和肖玲、秦旭交流，为我市的“推普”工作做着力所能及的事。感谢学校给我提升的机会，感谢十多天炼狱般的生活，感谢帮助我的老师、同学。人生能有这样一段刻骨铭心的学习岁月，能有一段认识自己、突破自己的旅程，是幸运的。

又到六月，不知你是否看见一只小鸟，站在陌生的窗台上，扑了扑翅膀，飞向了更高、更远的天空。

我们往往会满怀深情，怀念那些曾经有过抵抗、挣扎而又在妥协中渐渐释放掉一部分原来的自己的过程。从笨重变得轻盈，又不断地在轻盈里注入一部分新的自己，等量复原，这时可能会发现原来的那个自己永远也回不去了。现实，一直就站在另一个现实的肩膀上。

此致，那一份乡音缺席的超现实生活。

（作者为荆州市公安县实验中学教师，省级普通话水平测试员）

# 普通话，连接你我他

张 婷

华中师范大学三号教学楼的 B404，是我的办公室。推开 B404 的门，就打开了我普通话水平测试世界的大门。

工作日的时间，B404 总是人来人往，应接不暇。有来办事的，有来咨询的，有来道谢的，也有来吵闹的；男男女女，老老少少，林林总总，千姿百态，尽显人生百态。

2013 年 7 月之前的每个周末，B404 总是人满为患，热闹非凡，因为我们在进行普通话水平测试。最多的时候，我们一天会安排 70 多个考场，接纳 2500 多名考生。如此大规模的测试，在我们这里经常可见，测试员一般要配备 140 多人。他们一般来自武汉市各个测试站，人手不足时，黄石、黄冈、鄂州、孝感等地的测试员也会来支援。大家经常这样见面，好多测试员都成了好朋友。同时，我们还会安排学生助理近 90 人，负责考务和录音。由于测试频繁，面对的是来自五湖四海的考生，我们的学生助理也得到了很好的锻炼，以至于他们在面试和走上工作岗位时，都明显地比其他同学更加自信、更有能力，这让我无比欣慰。

2013 年 9 月以后，每个周末，B404 便喧嚣不再、悄无声息了，因为我们开始实行计算机辅助普通话水平测试了，测试员不需要到测试现场，学生助理也只有不到 10 人。虽然一天的测试量有 700 人，但整个测试现场没了人声鼎沸，一切都是那么井然有序。

作为一名从事了 15 年普通话水平测试的管理人员，我见证了普通话水平测试从人工测试到机辅测试的转变，感受着技术的不断更新而带来的新的管理理念的冲击：从依靠广大的测试员队伍进行打分，到机器通过深度学习进而自动判断普通话等级；从依靠人工、依靠经验进行管理，到通过指纹、声纹等技术手段实现管理等。有欣喜，有彷徨，更有挥之不去的过往。

依稀记得多年前暑假的一天下午，天气异常炎热。我在办公室值班，门外响起慢吞吞的脚步声，忽远忽近。我坚持听了一会儿，忍不住推开了门，只见一名满头大汗的男士，五十开外，手里拿着一顶草帽，一个裤腿卷在膝盖处，一个裤腿卷在脚踝处，用一口浓郁的方言怯生生地说："请问，这是省里报考普通话的地方吗?"看我一脸疑惑，他用夹生的普通话又复述了一遍。这次，我听懂了，将他请进办公室，慢慢聊了起来。原来，他是一位偏远山区的乡村代课老师，现在有一个机会转正，只是普通话怎么都无法达标。我问他："您是教什么的？数学?""不，我教了快 30 年的语文了。考了好多次，每次都是 70 多分，但我必须拿到'二甲'啊！要不然我就无法转正了。我已经到要退休的年纪了，每天都在拼命地练，我认为我读得都对呀，为什么总考不过呢?"我陷入了深深的沉默中。这样一位一辈子辛勤耕耘在乡村、工资微薄的代课老师，他只是要求转正，只是想得到认可，能够享受退休金。可是……我无法面对，也不知如何安慰。想了很长时间，我缓缓地说："您现在应该很难在短期内达到'二甲'，不过您可以通过正确的训练达到'二乙'，只是不能再教您喜爱的语文了。"他抽动了一下，摇了摇头，一脸悲伤。忍住伤感，我请了一位测试员对他进行了辅导。在他临行前，我佯装轻松地送了他一本《普通话测试教程》，说了些鼓励和祝福的话语。望着他离去时瘦削的背影，我难过了好久。

年龄越大，越慢慢开始接受，有些人、有些事物，会瞬间悄然离场，不给你任何告别的时间，唯有顺应改变，砥砺向前。当然，生活也会不经意地给你惊喜，给你希望。

2018 年 9 月的一个午后，桂子山上满是沁人心脾的桂花香，我正神游着，思绪突然被有节奏的敲门声拉了回来，恍惚中，看到门口站着一位 1 米 9 左右的金发男孩，像个门神，占据了整个门框。我以为是国际文化交流学院的学生要到隔壁教室上课，正准备来句英文："What can I do for you?"只听见他用纯正的普通话问道："我可以进来吗?"好动听的嗓音，不看真人，一定以为他是北方人。我不禁正襟危坐起来。原来，他是武汉理工大学的一名留学生，汉语言文学专业硕士，美国人，非常迷恋汉语。听说我们这里考普通话的次数多，想来报名。我问道："你应该去考 HSK（汉语水平考试的简称，针对母语不是汉语的人群）呀!”他一边摇着头一边说：“不不不，那不是我想要的。我在研究汉语，我一定要和中国的学生一样去考 PSC（国家普通话水平测试的简称）。”我笑了，能说出这样专业的术语，说明他真的了解我们国家的普通话水平测试。于是，我很快地给他报了名。一查，发现他已经考过几次了。从 2016 年下半年开始，考试成绩从 70 多分到 80 分，再到 85 分，不断地进步。他就吃亏在前两题，好多字不认识。过了两天，他又出现在 B404，很有礼貌地敲了敲门，轻轻走到我面前，说道：“老师，我想请教您一个问题。”只见他拿出了一本商务印书馆出版的《普通话水平测试大纲》，页脚都翻卷了。我很惊奇，因为这是我们给测试员培训准备的教材，他居然有。“我已经读过两遍了。”他很认真地告诉我。“我可以来请教你吗，老师?”望着他真诚的脸庞，我笑了，真挚而坚定地告诉他：“上班时间，随时都可以。”

之后的一段时间，他每周会来一次，一定是带着那本书，一定是书上写满了各种注释。11 月的某一天，他告诉我，他要回美国一趟，可能短期内来不了了。我开心地送给了他一本《新华字典》，他喜出望外，双手接受了，还羞答答地感谢我。就是这样的一个 90 后美国小伙子，让我感慨万千。随着中国不断扩大对外开放，汉语逐渐成为国际语言，越来越受到世界各国的重视和青睐。

普通话，真的是一座桥梁，不分地域，不分人群，连接着你我他。

看着 B404 门口不断出现的新面孔，我思忖着：今后的 10 年、20 年，谁又会来书写你和我关于普通话水平测试的故事呢?

（作者为湖北省普通话培训测试中心干部，
省级普通话水平测试培训教师）

# 那年夏天

胡 进

夏天，是一个充满芬芳气息的季节，栀子花的馥郁、茉莉的清香、兰花的幽雅，那些色泽洁白、香气四溢、富有灵气的小白花儿，总是围绕着记忆中的点点滴滴……

让时间的弦推移到2007年的那个暑假。那年夏天，音响店里、城市广播里飘荡着清新、优美的《栀子花开》，一首撩动无数人青春思绪的歌曲。城市的小巷子里，总是会有小贩高声地吆喝、售卖我最喜欢的栀子花。莫名地喜欢栀子花，喜欢夏天；对于普通话，这门语调和谐、词语文雅的语言，我也是无可救药地情有独钟。如果用一种花来代表夏天，那一定是最美的栀子花；如果用一种语言来代表我此生的最爱，那一定是最好听的普通话。从小学一年级的班级领读，到中学时代当仁不让的朗诵、演讲比赛主力，到接受普通话的系统学习，一直到成为一个普通话专职老师，这一路走来很是艰辛和坎坷，我却孜孜不倦、乐此不疲。也许是与生俱来的天赋和好感，也许是骨子里对语言和文字的敏锐，也许是语言和文字同花儿一样都具有灵性和无法抗拒的吸引力，我彻底痴迷沉醉，无法自拔。

那年夏天，天气非常炎热，可是再艰苦也阻挡不了我和我的小伙伴们奔赴武汉，投进我的母校华中师范大学的怀抱，参加为期半月的湖北省省级普通话水平测试员的培训学习。记得那时，荆州还没有火车站，我们三个带着沉重的行李箱，一路辗转，历经四五个小时的行程，终于到了湖北省普通话培训测试中心指定的报到地点。当时已是下午，太阳好像格外青睐“四大火炉”之一的武汉，炙热地烤着大地。我们热得大汗淋漓，脸上的妆容也被破坏得面目全非。报到的有一百二三十人，他们都是活跃在各级各类学校的老师，个个堪称普通话的精英。只见他们脸上洋溢着自信的笑容，只听得他们说着标准而铿锵有力的普通话。听说普通话水平测试员的通过率只有百分之六七十，接下来的15天也被业界称为“魔鬼训练”。看着一个个强大的对手，我不由得倒吸了几口凉气，瞬间冷静了下来，我深深地知道，接下来的培训学习一定是一场硬仗。傍晚时分，天色渐暗，白天的酷热减轻了许多，我们行走在校园里，似乎闻到了一阵若有若无的栀子花香，心情也放松了许多。

因为住的地方是我们自己学校安排的驻武汉办事处，离培训的一号教学楼很远。每天早上，天刚刚显出鱼肚白的亮光，我和我的小伙伴们就赶紧起床，洗漱梳妆，然后匆匆赶往公交车站。当时武汉的公交车以拥挤、闭塞而著称，偌大的公交车上挤满了上班、上学的人们，有的被挤得不耐烦了，操起了典型的“汉骂”，全车的人被挤得尽乎麻木，空气似乎被热得停止了流动。我们三个来自荆州的异乡人，心领神会地对视一笑，觉得还是普通话好，因为它极其文明，居然找不出恶心叭叽的骂人脏话。我像丹顶鹤一样单脚站立，一只脚放在另一只脚上，身子斜靠在座位扶手上，望着窗外迅速向后移去的景物。在某个街角，居然也有人在叫卖栀子花，那个卖花的老奶奶头发花白，脑袋后面挽着个小小的髻儿，旁边还扎了一朵绽放的栀子花。她笑脸盈盈地卖着篮子里的宝贝，不急不恼，每次拿出花儿时，总是弯下身子，小心翼翼，生怕惊扰了花儿。她一定是位热爱生活的长者，因为她是一个爱花的人，我这样想着。因为这一幕，早上的一路也就变得不那么令人烦躁了。

上课的地方，是在我熟悉的一号教学楼，那里书声琅琅，花香阵阵。为了防止我们在学习中被根深蒂固的荆州方言所困扰，我们三个小伙伴被分到三个不同的班。我在一班，我清楚地记得带我们的是国家级水平测试员杨海斌老师。对我来说，这个省级普通话水平测试员的证书至关重要，一是为了在语言上得到权威的认证，二是想证明自身存在的价值。因为长期从事普通话课程的教学工作，我希望我的普通话水平能够被更多的人认可，也好对自己几十年来对普通话的付出有个交代。我如同一个虔诚的朝圣者，一个初进校园的小学生，如饥似渴地学习，认真听讲，勤记笔记，掌握发音方法，了解发音规律，熟悉测试细则。杨海斌老师斯文儒雅，普通话标准，音色厚重而充满磁性。他的讲解生动而又详细，他还会和我们讲他与普通话的故事，分享他如何从一个纯粹的理工男成长为一位优秀的国家级普通话水平测试员。这些让我很感兴趣。在我看来，一个人成功的要义，一是兴趣，二是坚持，而最有效的是将两者结合。

中午时分，休息的时间很短，吃饭也只能匆匆忙忙。天气很燥热，出去走走，就热得头昏眼花。母校的校园又大又美丽，此刻我却无心浏览在阳光下灿烂开放的栀子花，实在是少了那样的兴致，索性在教室的桌子上趴一会儿，让上课时紧绷的神经得以休息片刻。手臂被压得发麻，脸也被压得变了形，整个人疲惫得不行，但是一想到此行的重要目的，喝口水，拍拍头，强打精神，鼓励自己，既来之，则安之，努力之。对于我这个生活规律、必睡午觉的人来说，不能睡午觉真是一种莫大的折磨。然而，为了心中的梦想，为了顺利拿证，我必须坚持。有时，盯着窗外骄阳似火的夏天，开得那样繁盛的栀子花，我似乎感受到一种生命的意义。

下课回到住处，已经是晚上六七点，我们三个小伙伴先是四处觅食，然后一同搭车回住的地方。好不容易，一路风尘仆仆赶回住的地方，已经是晚上十点钟，因为学习的压力，我们不能早睡，而是不断相互提醒，相互抽查，复习当天的学习内容，不敢有丝毫的懈怠。同行的小青，是个喜欢每天早睡的家伙，可是当时，她也没有对自己降低要求，而是非常用心地学习。有时累得倒在床上，又忽然从梦中惊醒，嘴里还重复着白天学习的内容；有时还贴着面膜，仍然不停地读读背背，实在困极了，头歪在一边，睡着了，脸上的面膜忘记了撕去，手里还紧紧捏着那本蓝色封面的《普通话培训测试指要》。还有小岚，因为水土不服而闹起了肚子，她总是咬牙坚持，即使拉得有点轻度脱水，也不曾放弃。有时实在疼极了，就盖着毯子捂一阵，然后再爬起来继续学习，一学起来就到了深夜，甚至到凌晨两三点。看着小伙伴们那么刻苦努力，我也深深地被感动了，暗下决心，我们三个一定要成功考到测试员证书。这个世界永远没有天上掉馅饼的事，不劳而获很多时候只存在于童话故事里。而那若干个难以入眠的夜里，是泡在一次性纸杯里的栀子花陪伴我们度过的。买来的时候，它们只是翠绿硬挺的小花苞。可经过一天两天的浸泡，它们就会焕发出勃勃的生机。没有枝叶，没有泥土，没有阳光，它们也照样开放，还是那样繁盛，那样美丽。

测试员的学习要求很高，考核也异常严格，要经过五次近乎严苛的考核，一次性通过，才能拿到证书。第一次是普通话拼音测试，这是我们极其拿手的一项。因为小学拼音基础比较扎实，这一项对我们来说不算难。我们很快做完了，稍微检查了一下，就交卷了。交卷的时候，恍惚觉得自己回到了童年，忆起了一年级拼音考试的场景，心里不免有几分喜悦。第二次是设计普通话水平测试的样卷，要根据《普通话水平测试大纲》的要求，进行全四题的编制。这是一项非常需要耐心又相当烦琐的考试，虽不需要当场完成，但是如果没有已有的样卷作参考，完成起来也是相当有难度的。当年网络还不是很发达，手机还不能上网，我们几个几乎做了一夜才勉强完成。第三次是完成测试评分细则的考试，要对每一条款烂熟于心，每一规则了如指掌，我们是白天背诵，晚上温习，连说梦话也是在不断重复那些句子。所有的付出，一定会有相应的回报。第三次，我们又闯关成功。第四次是现场听测试录音进行评分。这是一项需要对评分细则熟悉，注意力高度集中，在短时间内精确打分的考试。打分的时候，教室里没有任何人讲话和进出走动，大家都凝神屏息，竖起耳朵，仔细倾听，谨慎打分，唯恐有任何的疏漏。当我第一个交卷后，监考老师对我点头微笑，暗示我通过了，此刻的我长长地舒了一口气，紧张的情绪渐渐得到了缓解。第五次是接受普通话水平口语测试。这一次，我被幸运地安排在第一个考。考试前一天，我已经做好了充分的准备，吹了满意的发型，早早休息。第二天，我精心化了淡妆，穿上心爱的白裙子，洒上带有茉莉花香味的香水，神采奕奕地走进考场。考试非常顺利，我再次看到评委老师们满意的微笑，那颗悬着的心缓缓地放下了，但还是有几分忐忑，因为第二天是结业典礼，颁发证书。我很难想象，万一不过，我将如何面对失败。考试结束后，我们再次行走在校园蜿蜒曲折的林荫道上，相互打气，相信自己，我们一定可以通过。身边，走过一群青春洋溢的学生，有个长头发的女生，带来一股清冽的栀子花香。那一刻，我想，不会白来这一遭吧，这里这么美，可惜，明天我们就要回去了。

第二天，是激动人心的结业典礼，发证的日子。我们早早地赶到会场，看到其他的培训学员也基本到齐了。大家拘谨地相互问好，故作轻松地笑笑，都在紧张地等待着最终的结果。母校的大礼堂灯火通明，湖北省普通话培训测试中心的工作人员正在有序地忙碌着。我们三个坐在一起，多年的同事，15 天的同居生活，让我们的情谊更加深厚。我们各自下意识地咬着嘴唇，手指紧紧地攥在一起，等待着念我们的名字。下一个，再下一个，我们的心几乎提到了嗓子眼儿，终于听到我们三个人的名字。我们激动地跳了起来，欢呼着拥抱在一起，说不出任何别的话来。15天，难熬的半个月，终于结束了，我们几乎笑出了眼泪。现场，也有一些学员很遗憾地没有考到证，他们有的当场号啕大哭，我能理解他们的心情，但是在那一刻，我们的心里充满了成功的喜悦。

在这一百多个学员当中，有一位即将临盆的孕妇，她让我由衷地敬佩。我想，拿到证书一定也是她多年的心愿，她是不是想把这个证书当作给心爱的宝贝的见面礼，我不得而知。每一次上课时，老师总会关切地问她，身体吃不吃得消，她也总是很坚定地表示："我可以的。"每一次下课后，她会一边摸着肚子，一边复习学习内容。当我们关切地望着她时，她会朝我们抱歉地笑笑，我们也会点头微笑，给予她鼓励。当时，我儿子不到两岁，我自己也是母亲，我知道做母亲的不易和辛劳。半个月，我第一次离开他这么久，有时会思念得流下眼泪，打电话时，几度哽咽。但是，我一点都不后悔，我既是母亲，也是老师，同样是一个有梦想和追求的人。那天，是那个妈妈的预产期，如今，她的孩子有十二岁了吧。所有为梦想而拼搏的人都值得长久的赞颂，不是吗?

如今，又是夏天，今年的雨水太多，气温不高，据说栀子花开得不好，那些种花的专家感到很遗憾，有的只开了几朵，有的才挂起绿绿的花骨朵儿，长势不是那么讨喜，可是这些又有什么关系呢?如果心中有一座栀子花园，又怎会惧怕风雨?

耳畔又传来宛如天籁的歌声，栀子花开呀开，像晶莹的浪花，开在我们的心海……

（作者为荆州教育学院教师，省级普通话水平测试员）

# 普通话是一门艺术

陈　欣

在写这篇文章之前，我要问自己三个问题。

第一个问题：什么是普通话？

普通话是国家通用语言。小时候，我并不理解国家通用语言的含义，只知道周围人的通用语言都是方言。只有我，因为家里的方言语系特别繁杂，所以一直说普通话。自由切换普通话与方言，也成为我的专长。作为一名女生，我从小到大的表演项目，从来就不是女生所擅长的唱歌、跳舞，而是说相声、演小品、排话剧，朗诵和演讲更是家常便饭。

那个时候，我并没有意识到普通话给自己的生活带来怎样的影响。

1999 年，我大学本科毕业，成为一名高中语文教师。就在同一年，学校语言文字工作会议将普及普通话和语言文字规范化的要求纳入培养目标和有关课程标准，普通话的重要性一天比一天凸显。因为我的普通话是一级甲等，所以，无论是学校的公开课、节目主持、辩论赛，还是省、市、区各级各类比赛，我都自然而然地被推选出去。

因为普通话，我获得了比别人更多的机遇和挑战。

2009 年，我博士研究生毕业，成为一名大学中文专业课教师。进入新岗位的第二年，我们学校成为“国家级普通话示范校”。“说普通话，写规范字”的文明风尚，不仅仅存在于随处可见的校园标识上，更渗透在每一个师范生的行为习惯中。普通话与师范生之间的紧密关联，毋庸置疑。

我们学校有“推普周”“推普员”，有普通话、教师口语、文化素养等一系列课程，有 16 个师范专业……在这样的氛围中，湖北省第二师范学院的学子已经不再满足于普通话的基本发音，而是逐渐将重点转移到普通话的朗读技巧、表现力等方面。

这些未来的教师们，谁不希望拥有一个充满激情的课堂？谁不希望成为一名打动人心的教师？谁不希望让教书成为一种享受？谁又能说普通话不是一门艺术？

从此，各级各类的普通话培训成了我工作和生活的重要组成部分。

第二个问题：什么是普通话培训？

早在学生时代，我就开始了各级各类的普通话培训。

一方面，自己接受了很多普通话培训指导；另一方面，我也辅导过无数的各种类型的学生。他们有各自不同的需求：有要考级的，有参加各种技能大赛的，有即将面试的，有准备演讲的，有渴望提升朗诵技巧的，还有纯粹希望提升自我修养的。现实的需要对普通话是刚需，但推动这些刚需的，则是学生们对普通话的无限热忱。

我培训的对象，有老师，有学生，有几百人的大群体，也有单独的一对一的个体。但是，无论培训的对象是谁，我都会先问对方一个问题：是“要我学”还是“我要学”？如果是“要我学”，培训就必须锁定短期时效，直接授人以鱼：在最短的时间，根据培训对象的不同特点和现实需求，制订培训学习计划。如果是“我要学”，培训就得放眼未来，侧重授人以渔，教会方法，指引前行。但无论是“要我学”还是“我要学”，进入普通话的艺术境界才是培训的最终目的。

普通话并不是冷冷冰冰、没有情感温度的方块字，也不是生硬念出来的四个调值。它有时是炽烈的如火山喷发的激情，有时又是恬静的潺潺流淌的小溪。普通话培训并不是单调的、枯燥的、乏味的，而是青春的、活力的、激情的。我们可以比赛说绕口令，可以在优雅的旋律中体味作品的情感，可以在反复吟唱中进入艺术作品的世界。普通话培训从来都不是目的，只是手段，关键是激发培训者和被培训者心中涌动的情怀。

第三个问题：什么是普通话水平测试？

20年前，我成了湖北省普通话水平测试员；之后，逐渐成长为湖北省普通话水平骨干测试员、国家级普通话水平测试员、赴港澳普通话水平测试员。至今，经历的普通话水平测试，大大小小上万场，绝不夸张。我时常想，普通话水平测试从人工测试到机辅测试，我们究竟丢失了什么，又收获了什么。

在人工智能的大背景下，很多东西都发生了变化。

普通话水平测试也因此被拆解成一个个声母、韵母和调值，输入到机器中，让机器来评判普通话水平测试者的等级。这种拆分可以让工作更简单、更标准，可以在短时间内处理大量的普通话水平测试数据，让测试工作变得更加高效，而测试成本则更加低廉。

我们看到了人工智能的优势，而很多资深测试员却很怀念人工测试的时代。

那个时候，根据测试人数，分成若干考场，每间考场两名测试员，一个资深的，一个新进的，老带新模式，各自打分，分差超过标准会展开讨论。考场还会有一个大组长，在各个教室之间穿梭，查看各考场的情况，对上午、下午的考试情况进行分析、总结和引导。对于被测试者而言，他们可以在测试过程中得到眼神的暗示、微笑的鼓励、简短的提醒，处处充满了人情味儿，处处皆是温度。

人工测试的温度和机器测试的效率，共同构成了今天的普通话水平测试。在未来的普通话水平测试中，人的因素仍然要优先考虑。我们既要考虑在测试过程中，普通话水平测试员充满人情味儿的评判指导，也要考虑被测试者的心理和情感需要。

普通话，就是普普通通的话。但是，普通并不意味着平淡，并不意味着说不出自己的精彩。声母、韵母和调值，只有说出来才具有不一样的意义，只有用心才能领会。苏轼的《琴声》中云："若言琴上有琴声，放在匣中何不鸣？若言声在指头上，何不于君指上听？"普通话的美妙，与悦耳的琴音一样，需要我们各方面共同努力，这样才能一起领略艺术的境界。

（作者为湖北第二师范学院教务处副处长、副教授，
文学博士，国家级普通话水平测试员）

# 蝴蝶的梦想

彭江帆

半导体收音机的年代，声音架起彩虹，世界在声音的另一端摇曳生辉，春暖花开。

母亲是回到家里就要打开收音机的，节目播完，一句“播音江帆”会惹得她同声念出，会声一笑，我没出生，“江帆”的名字早就准备好了。母亲说，收音机里的声音才是整个世界的声音，说土话是走不出大山的。母亲希望我说着整个世界都能听懂的声音，走到繁星闪烁的浩大世界里去。

读初中时，我第一次听到了德摩斯梯尼嘴含石子练习朗诵的故事，我知道，有颗“石子”已经放在了我的心上。

加拿大“蝴蝶总理”让·克雷蒂安，他模仿德摩斯梯尼含着石子矫正自己的发音，嘴唇和舌头都被石子磨烂了，母亲心疼得流泪，他却安慰母亲：“每一只漂亮的蝴蝶，都是自己冲破茧蛹的，我要做一只美丽的蝴蝶。”我知道，我的心中开始有了做一只美丽蝴蝶的梦，说着这世界最动听的声音，给予这世界最温暖的气息。

1996年，在师范学校担任口语教师的我接到通知，去湖北省第三期普通话水平测试员培训班学习，当时我激动的内心时而像石子一样坚硬，时而又像蝴蝶翻飞般绚丽。当时上课与食宿都在一栋楼里，一连10天我没出过那栋楼。为了练习鼻边音，我感觉舌头都已经不属于自己。我早早起床在轻拂的风中朗读，每晚枕着白天纠正的发音入眠，在老师严厉而又满怀期待的目光中找准发音的方法，与学员讨论着一再出错的症结。当我的口语测试得到小组最高分时，班主任龙莉老师那双美丽澄澈的眼睛从此永远闪亮在我的心底，龙老师笑眯眯地说：“你的麻花辫挺好，可惜就是扎反了。”啊！那一天我才知道自己不知多少年把麻花辫扎反了，脸羞得通红，但那也阻止不了我满心的欢喜：我骄傲地成为一名湖北省普通话水平测试员了。

测试员是嘴中含着“石子”练就的，也只有永远含着这个“石子”，才能当好一名优秀的测试员。

第一次参加测试是与王伶春老师一起，她是湖北省第一批国家级普通话水平测试员，湖北省普通话水平测试组组长。我抑制不住地紧张，手足无措，很难进入工作状态。是王老师用信任的眼神鼓励了我，让我忘记一切地进入到声音的辨识、判断中。她毫无保留地将自己的测试心得传授给我，耐心指点我。遇到两人分数评判超过三分的情况，她就从录音中找出样本，和我一起重新听一遍，一个音一个音地教我怎样评分。

湖北省普通话培训测试中心对我的成长呵护有加，1997 年派我参加中央普通话进修班学习。培训班里我的年龄最小，在很多经验丰富的老师面前，我基础不扎实，专业缺陷多，自卑得抬不起头。是班主任刘新珍老师满脸微笑地走近我，喊我“彭老师”，用真诚的尊重唤起了我的自信，使我从总躲在教室一角到主动找老师请教。记得当时宋欣桥老师微皱眉头对我说：“彭江帆，听起来你的翘舌音有问题啊!”我压根就没怀疑过自己的翘舌音，赶紧向宋老师请教。宋老师耐心地一遍遍纠正和示范，让我终于弥补了自己的不足。得益于严苛的专业训练，我才能在后来的口语测试中考出一级甲等的好成绩。

含着“石子”的苦练，让自己冲破茧的束缚，渐渐蜕变为蝴蝶，以后每次参加测试工作，我都觉得自己是一只幸福的蝴蝶。

人工测试的那些年，我们测试的足迹遍布了全省各个地市州。每到一个地方，都要带上密封的试卷，装在麻袋里，肩挑背扛。炎热的夏天，一天要完成 40 位考生的测试任务，投入进去就像上足发条的齿轮，不能停，不能松懈。但每一次感受都是愉悦的，参与其中的每一位测试员也都是快乐的，留在记忆里的味道也都是甜蜜的。这些年里，我们的普通话培训测试工作从无到有，规模从小到大，范围不断拓展，由学校面向社会，由人工测试发展为机辅测试，我见证着“推普”事业的发展，内心总涌动着一种自豪和骄傲。

有测试就有培训。作为测试员，在更多的时间里，我还要负责普通话水平测试的培训任务。20 年前多是中小学教师参训，他们中有满头银发临退休的老者，有正在哺乳期带着孩子的母亲，室内坐不下，有人就站到窗外听。培训一般都在暑假，没有扩音器，也没有电风扇，任汗水一遍遍湿透衣裳，我响亮地范读着，学员们齐声跟读着，收获的幸福也在我们心中生长。现在，我的培训对象拓展到了国家机关公务员、事业单位人员、窗口服务行业人员。培训人数最多的一次有 800 多人，当我说出开场白“普通话，中国最美声音”时，现场立马安静下来，我们的心通过普通话紧密相连。

母亲年老了，遥望外面的世界，她早已不靠半导体收音机了，电视里有清晰的画面，网络上有最新的资讯，但母亲仍旧对优美动听的普通话情有独钟，她不止一次对我讲：“亮亮妈一口土话，带着亮亮这么小就一口土话。”亮亮是邻居家的小孩，刚满六岁，是母亲心中不能不讲普通话的一代。母亲笑眯眯地看着我说：“讲普通话的人，就与讲土话的人不一样。”母亲所讲不一定符合逻辑，但嘴含石子的自我改造，被改造的不只是声音，更有声音所表达的人生方向。

“字如珠玉，思如兰香”，我们的普通话清朗上口，款款入耳，似高山流水，如磬相击。我曾如此眷恋声音的美好，执着表达的规范，也享受着工作的喜悦，我早已把自己和普通话培训测试事业紧紧联系在一起。23 年的工作历程，我是幸福的，从一名普通的山里妹子成长为普通话一级甲等的国家级普通话水平测试员、赴港澳普通话水平测试员，被湖北省普通话培训测试中心聘为业务骨干，先后多次荣获省、市级语言文字推广工作先进个人。

被石子磨破唇舌的让·克雷蒂安之所以成为加拿大历史上第一位连任两届的总理，是因为他心中有“我要带领国家和人民成为一只美丽的蝴蝶”的志向。生命中常有无法回避的“茧”，但有些东西我们却可以选择，比如自信、毅力、勇气，对生活的热爱之情，对命运的挑战之勇，对未来的执着以求……就像普通话培训测试对于我的人生影响，不只是当年那个稚气少女灿烂蝴蝶的梦想，更有对破茧成蝶的美丽向往。

（作者为武汉市新洲区教育局语委办副主任，国家级普通话水平测试员）

# 普通话培训测试纪事

陈晓云

不看不知道，一看吓一跳。回头一看，我在普通话培训测试的道路上竟然不知不觉走了 20 年。伴随着这个事业的发展，我奉献了自己的微薄力量，得到了湖北省普通话培训测试中心和学校领导的关怀，得到了朋友们的帮助。过去的事情就像一粒粒珍珠，在岁月的河流里闪烁着光芒。

## “日本”的尴尬

这里说的“日本”不是指一个国家，而是指一个词的语音。

我读中学的时候是在 20 世纪 80 年代末，那时晚自习有一个读报时间，念报纸的同学会站在讲台前读给大家听。当然读报用的是方言，极少有人会用普通话，因为不会。那年代农村学校没什么人说普通话，老师也说不好普通话。我对日本这个国家的认识就是从读报时间开始的。报纸刊登的主要是一些有关中日友好交往、发展经济一类的新闻，跟以前看抗战题材的电影不同。记得学校组织看过一次《黑太阳 731》，里面的镜头太过悲惨，现在回忆起来，电影画面如在眼前。

就是这样一种印象的留存，我还是念错了“日本”的发音。当时是要搞一个普通话口语面试，我们学生轮流到老师办公室去。我进去的时候，里面有两位老师，老师坐在办公桌旁，我面向老师，他们问了我几个问题，就拿起一份报纸对我说：“你普通话怎么样？把这篇文章念一遍。”我不会说普通话，也从未用普通话读过报，心里只能干着急。文章标题中的第一个词是“日本”，正文里也出现了好几次。我硬着头皮高声地把“日本（rì běn）”念成“二本（èr běn）”。我知道自己念错了，但是正确的应该怎么念，我也不会。当时理直气壮、声振林樾的场景，真让我羞愧。

## 自己的教材

“九板十三腔”本是一个音乐名词，人们用它来形容戏曲音乐节奏变化多、唱腔种类多，但在咸宁，它却是用来形容本地方言的。每一个来咸宁的人，无不对这里方言的特色和个性感到惊讶。咸宁市包括现在的咸安区、赤壁市、通山县、通城县、崇阳县、嘉鱼县四县一市一区，人们通常称为鄂南地区，面积9861平方千米，方言内部差异很大，不同地方的人语音存在很大的差别，有的甚至根本听不懂。比如常见词“窗户”，赤壁市称为“窗眼”，通城称“纱窗”，咸安称“格子”，通山则称“大盘”“格子眼”“槅门”，可谓丰富多彩。

因为鄂南地区方言内部差异大，与普通话差异大，有特色，因此引起了海内外学者的关注。20世纪80年代，著名语言学家王力先生曾来这里进行专门调查，就住在咸宁行署。这里的人学习普通话相对困难，在普及普通话过程中，教成年人说普通话尤其困难。

1999年，我经过考核成为一名省级普通话水平测试员，正式走上了推广普通话的道路。当时国家很重视推广普通话，咸宁的“推普”力度很大，很多人努力学习，但是语音纠正起来还是很困难。我特别理解他们学习普通话的苦恼。为了教学和培训普通话能有更好的效果，我们学校三位测试员决定编写一本针对咸宁人学习普通话的教材，学校也非常赞同。我负责普通话与方言的词汇、语法部分。为了将普通话与方言进行比照，只要一有空，我就找不同县市的人聊天，向他们请教方言问题。我往崇阳的一位汪老师家跑得最多，因为崇阳话最难学。跑的次数多了，他一见我来就说：“又来哇事（说话）撒。”2000年，咸宁版《普通话水平测试指南》由湖北教育出版社出版发行，虽然初次尝试，有诸多不足，但在培训教学时大家还是给了我们很多肯定和鼓励，说这是一本咸宁人学习普通话的“自己的教材”。

## 较真的考生

测试过程中能遇到各种各样的考生，有的人性格粗犷，有的人做事较真。我就碰到一个特别较真的考生，他是一名来自通城的男老师。那天下午考完试后，他在走廊里等我，对我说：“这个测试是真测试，考试成绩过得硬。”

我说："怎么啦？有什么感受呀？"他告诉我，他在通城参加了三次测试，每次成绩都在78分至79分之间。第一次测试成绩出来后，他对成绩产生了疑问，觉得是人工测试，测试员的主观因素应该会影响评分的真实性。特别是"朗读"和"说话"这两项，有的人长得漂亮、会打扮，有的人长得丑、穿得邋遢，有的人声音悦耳，有的人喉咙沙哑，这些肯定会影响考试成绩。再说，测试员评分的时候不停地标记算分，难免也有出错的时候。因此，他后来又报考了两次。他说，三次测试时间不同，测试员不同，测试出来的成绩却相差无几，只在零点几分之间，这个评分实在让人服气。我趁机向他普及普通话测试的知识：普通话水平测试是对一个人普通话的标准程度的测试，跟性别无关，跟美丑无关，跟嗓音关系也不大，重要的是你发音要准确。另一方面，试卷是经过语言学家论证的，涉及的语音全面，是可以完整、准确地反映一个人的语音面貌的。测试员是经过省测试中心培训和严格考核后才上岗的，能力是靠得住的，工作态度也是有要求、有监督的，测试评分是值得相信的。通城人把"说话"念成"哇事"那是要扣分的。

这位较真的考生信服地点点头，说："这个考试设计科学，要求严格，成绩过得硬。"

## 领导的"老师"

从2010年起，咸宁从赤壁市开始启动三类城市语言文字工作评估，2013年全面推开到崇阳、通城、嘉鱼、通山、咸安5个县（区）。咸宁市实行"以测促训，以训保测"的工作方针，将普通话水平测试作为重要工作内容，工作量非常大。我们学校承担了其中的培训和测试任务。当时我已成长为国家级普通话水平测试员，在学校语委办负责日常工作。我们学校配合市语委、市教育局在这一年内组织了普通话培训测试16次，培训人数近万人，测试达到8000多人。

因为评估需要，没有达标的人是要参加测试的，所以当时很多行政机关人员来参加测试。他们平时工作的对象主要是当地人，说话也以方言居多，来参加测试的时候很多人很紧张，怕考试不能通过。有一位市领导来到我们学校参加测试，因为怕说得不标准，紧张得额头都沁出汗了，到测试的"说话"部分，更是结巴口吃起来。考完试后，他对我说："这个考试真不简单，考得我一脸汗，比我在台上做报告还紧张啊!”回想那段时间的感受，用一句话可以形容，那就是“累并快乐着”。

工作期间难免陪同领导出差或接待来访的客人，有时领导向对方介绍我的时候说：“这位是陈老师，他是我的老师啊!”领导年龄比我大，资历比我老，我何以成为领导的“老师”呢？那是因为咸宁市启动三类城市评估时要对学校教师以及党政机关、新闻媒体、窗口服务行业人员进行普通话培训测试，我是培训老师之一，而我的领导以及学校的一些同事是培训班里的学员。取得普通话水平测试的合格证是取得教师资格证的必要条件，所以学校领导和老师参加培训格外认真，课后也不停地提问，努力纠正错误的发音。工作之余小聚，有时领导也会向我举杯，并说：“先向老师敬一杯酒。”我诚惶诚恐，心里充满感激和敬意。领导不仅是对我个人劳动的肯定，更是对学校语言文字工作的表态，也是对国家“推普”事业的高度认同。

## 投入地“说”一次

普通话水平测试经历了两个阶段：一个是人工测试阶段，一个是机辅测试阶段。人工测试阶段组织考试不是一件容易的事。学校编排测试难的是数据的录入和考生信息的反复核对。如果有的考生报名后因为实习或其他原因离校了，联系起来就很麻烦。各县市组织测试难度就更大些，参加测试的人员分散在各地，各个年龄段都有，具体情况都不一样，因此各地的测试主要由当地教育局来组织，这样，场地和人员安排就方便些。

人工测试时，两名测试员和被测试人隔着桌子面对面，互相之间是能见着面的，被测试人员在“说话”部分有时卡了壳，说不出话来，测试员可以作简短的提示，让考生继续流畅地表达，这样可以有效地考查考生的语音面貌。当然有时考生不能流畅表达，不是因为紧张或忘了该怎么说，也可能是回忆往事太过投入等一些意想不到的原因。有一次，我们到通山县去测试，地点是在一所小学。一名语文老师参加测试，40 多岁的年纪，讲话的声音也很好听。测试的“说话”题目是“我最尊敬的人”。她饱含深情地回忆了母亲勤劳、坎坷的人生，以及对子女的慈爱和教诲，情到深处，不能自已，掩面而泣。我们深深地理解一名乡村教师的情感表达。生活有诸多不易，也许很少有机会让她专门表达对亲人的感情，以至于她忘了身在考场。

## 普通话与方言的“二重唱”

有人说测试评分是个技术活，我不同意，那绝对是技术活加体力活。测试的时候不停地标记、算分，一个接着一个，一干就连着几个小时。吃饭的时候最让人快乐，紧张的劳动结束了，大家可以放松放松。一次到嘉鱼县测试，吃饭的时候，少了一套餐具。教育局的一名干部就对一名女服务员喊：“服务员，来个碗。”嘉鱼县的“碗”和“吻”语音不分，于是这句话听起来就成了“服务员，来个吻”。这个故事后来成了“经典”。以后再到嘉鱼去，吃饭的时候见到这位干部，我们就用嘉鱼话说“服务员，来个碗”。大家都很高兴，气氛很融洽。

测试给了测试员们很多见面的机会。老朋友们欢聚一堂，互相致意，互相问候，大家互相探讨测试的业务，或者海阔天空，畅所欲言。咸安有一位老师，老家是崇阳县的，虽然快退休了，但干事情比年轻人还利索。有一次测试午休的时候，他给我们讲崇阳话的故事，说崇阳人是“中央”来的。因为崇阳方言平翘舌不分，送气音和不送气音不分，“崇阳”的音听起来就是“中央”的音。她说崇阳方言留存了很多古汉语包括古楚语的特征，念起古诗一类的韵文，就像音乐一样动听。讲到高兴之处，她提议我用普通话和她用崇阳话一起诵读白居易的《琵琶行》，因为我是男的，我们可以组成男女声“二重唱”。普通话语音宽广响亮，崇阳话语音平仄错落，一时间真是“大弦嘈嘈如急雨，小弦切切如私语。嘈嘈切切错杂弹，大珠小珠落玉盘”。

2014 年，在省语委办和省测试中心的帮助下，我们学校建设了普通话测试机房，开始了机辅测试。这一时期，湖北省各个测试站点先后都开始了机辅测试。测试员们在家打开电脑或手机就可以接收测试任务，足不出户就可以评测打分。因为普通话水平测试而欢聚，这样的机会以后很难有了。时代的脚步不停歇，科技发展日新月异，人们运用科技的本领越来越强，未来的普通话水平测试会是怎样的呢？这值得我们畅想。

（作者为咸宁职业技术学院教授，国家级普通话水平测试员）

# 汉语拼音一线牵

彭 杨

上大学时我学的专业是外语，但我对普通话情有独钟，入校后就一直在校广播台担任播音员，这让我很是得意。

临近毕业时，恰逢全国普通话水平等级测试进校园，我们所有师范专业的学生在毕业前必须进行测评考试。当时，我们对普通话水平测试很茫然。为了考前突击，学校立即召集了一批普通话学生推广员，而我就是其中的一个幸运儿。

简单的培训后我们就上岗了。我被分到有“光棍系”之称的数学系。一进教室，还真是名副其实，密密麻麻的阶梯教室里只有几个女生。说是普通话培训，其实也只是从简单的 ɑ、o、e 开始，“摸着石头过河”。可是大家都学得很认真，口语训练时，每个人都非常踊跃。

几天后，一个人悄悄地引起了我的注意：每次他都抢坐在第一排；每次上课，他都认真地记笔记；每次上完课后他都会塞给我一张小纸条，上面列满了一条条请教的问题。对这个如此用心良苦的好学生，上课时我会特意关照他，多给他练习的机会，及时给予纠正。后来我才知道，他来自贫困农村，从小没说过普通话，拼音早已忘光了，现在只能一切从零开始。以后我们就常常在一起就拼音的学习进行交流，有时我还专门给他开小灶，久而久之，我们成了好朋友。在帮助他学汉语拼音的同时，我也积累了很多土办法，像“手势辅助发音法”就被很多推广员借鉴。经过努力，他的声母、韵母的发音都已过关，声调也基本正确。他以前不用普通话交流，语感较差，我就鼓励他从听、模仿着手，渐渐地，他能用普通话与人正常交流了，但语调总是很怪，问题主要体现在音变的不规范和轻重音上。为了解决这个问题，我花了很多时间，天天像个话痨似的与他说话，从最初的没话找话到总有说不完的话，渐渐地我们的心也越来越近了。他经常会送一些小礼物作为回报，我也毫不客气地照单全收。

测试的时间一天天逼近，我们的复习也进入了最后的冲刺阶段。那时我已经和数学系的学生们打得火热，大家都哥们儿长哥们儿短地叫。为了缓解他们的考试压力，我们常在上完课后胡侃一番，围绕一个话题天南海北地聊。其实这也是我精心设计的——说话训练。现在的他已“改头换面”，能自然地融入我们当中，用较流利的普通话进行交流，还狂言：“我要过‘二甲’。”

考试的前一天，我的使命也基本完成，数学系全体学生还特意为我举办了欢送会，会上，有人读绕口令，有人来三句半，有人朗诵诗……我真是太感动了。更让我惊喜的是，他居然写了一首诗——《献给我的汉语拼音老师》，并深情演绎。大家都说这小子是司马昭之心——路人皆知。

临近毕业，普通话测试成绩出来了，数学系二级通过率达 95.9%，还有几个过了一级，而他居然过了“二甲”。得知这个消息，我欣喜若狂。还没跨出校门，就体验了为人师的小小成就感。

晚上自习回寝室的小路上，我远远地依稀看见他的身影，我的心狂跳，我知道我们的故事开始了。

毕业分配时，由于我的普通话成绩优异，学外语的我居然阴差阳错地成了一名普通话老师，这一切真是天意。

弹指间 20 多年过去了，我早已成了他的妻子。每当我们俩吵架的时候，儿子就会说：“ɑ、o、e……”我们便会相视一笑，一切释然。

汉语拼音，你让我拥有了心爱的工作，收获了爱情，也收获了一生的幸福。

（作者为湖北信息工程学校高级教师，国家级普通话水平测试员）

# 普通话水平测试带来的笑声

翁 燕

我在普通话水平测试员中有个外号，叫“哼哼”。这还得从一次测试说起。一次测试结束，有位老师过来对我说：“哈哈，今天我知道你的姓还有一个读音，有个考生，看到‘翁’字，犹豫半天，结果读出一个‘哼’音!”结果，这就成了我的一个特别有代表性的外号。

其实，从事普通话水平测试工作以来，这样的趣事还有很多。20多年的测试生涯，我经历了从测试员和考生面对面测试（简称“人测”）到计算机辅助测试（简称“机测”）的改变，还经历了普通话水平测试试卷、作品的几次更迭，这其中有很多值得回忆的有趣故事。

在人工测试的过程中，测试员经常会遇到学生读错字的情况。记得印象最深的是一位测试员讲了一个读错字的笑话，有位考生遇到“臀”字，先发了一个“殿”的音，测试员老师偷偷笑了一声，被考生听到了，他赶紧改读成“屁”，老师笑得更厉害了，考生说：“老师您不要笑，我虽然字读错了，可是我的部位找对了!”

还有很多考生因为紧张，经常把字看错、读错。老测试员中流传着一个故事。一位考生出来告诉同伴：“我今天很倒霉，遇到了一张很多生僻字的试卷。”同伴连忙问：“那都遇到了什么字?”这位考生说：“一个放牛的‘牛’还要加一个单人旁，我想了半天，最后读了一个‘牛’字，你说难不难?”还有的考生把“捌”读成“别”，把“潘”读成“蕃”，都是因为考试时太紧张了。

读错字的现象很多，读错词语的现象也不少。记得一次试卷上出现了“嚏喷”这个词，一位考生可能不认识第一个字，读成了“嚏（fèn）……喷”。还有考生会把“左边”读成“右边”，把“贫困”读成“贫穷”……

朗读作品中的趣事更多。原来的作品中有一篇名为《珍珠鸟》的文章，原文中有一句："真好，朋友送我一对珍珠鸟。"可考生一开口就读成了："真好，朋友送我一对珍珠岛。"我和测试同伴调侃道："这个朋友真有钱，出手就送珍珠岛！"

还有一篇作品《妈妈喜欢吃鱼头》，里面有一句话："外婆用没牙的嘴津津有味地啜着。"可一位考生读得太快了，读成了："外婆用没嘴的牙津津有味地啜着。"我当时想了半天，总觉得哪儿不对劲，只是不知道哪儿不对，后来仔细回味了一下，结果大笑不止。

有些考生态度不认真，没有经过认真准备，考试的时候把简单的内容都读错。我曾经遇到一位考生读作品《荔枝蜜》，将全篇中的"荔枝"都读成了"茄子"，特别是文中一句诗"日啖荔枝三百颗"，这个考生读成了"日炎茄子三百颗"，真是让人无语！

说话项出现的笑话更有趣。很多考生比较怕说话题，觉得自己在三分钟之内无话可说，就会选择罗列的方式凑字数，拖时间。一次遇到一位考生选择的说话题目是"我喜爱的动物（或植物）"，这位考生一开口就是："我喜欢的动物有很多，有小猫、小狗、小兔子、小鸡、小鸭、猪、牛、羊、马、猴……"接下来就不停地罗列他所知道的动物，大到狮子、老虎、大象，小到蜘蛛、蚂蚁、屎壳郎，最后还说出了跳蚤，他自己都不好意思地笑了。

一位考生说"难忘的旅行"，说自己最难忘的旅行是由南到北的旅行，那就是从湖南到湖北的旅行……听着这样的表述，我只能说"没毛病"。

话题"我喜欢的季节"，有考生说，我最喜欢的季节是春季，因为春季百花齐放，到处都是缤纷的色彩，田野里有金黄的麦子，树上挂满了红彤彤的苹果……听他这么一说，我感觉时间都错乱了。

还有一些考生说话的时候出现了文学常识错误：有些考生让曹雪芹穿越到了唐朝；有些考生让黄鹤楼跑到了江西；有些考生把乾隆变成了康熙的爷爷；有些考生把陕西的省会搬到了太原。

除了这些测试内容中发生的趣事，在考试过程中，由于对考试环节不了解，也会发生一些有趣的事儿。

根据测试要求，普通话测试第一题、第二题应横向朗读字词。可一位考生面对考官坐定后，就开始竖着读字词，我提醒："横着读。"这位考生马上左转 90 度，横坐在凳子上，侧身对着测试员，继续从头开始竖着读。我和搭档一脸愕然地看着他，然后重新提醒："请面对我们坐，然后横着朗读字词！"

机辅测试开始后，如果考生没有提前了解测试要求，也会出现一些状况。有个考生说自己的考试电脑坏了，寻求帮助，结果我进考试间一看，发现原本应该用鼠标点击屏幕中的"下一步"，这个考生却用手指不停地戳显示器，以为这是触摸屏。

机辅测试需要在候考室录入考生指纹，然后到测试间用指纹登录方可考试。可有的考生在测试间反映指纹录入显示错误，我提示道："你刚才录的是哪个手指的指纹?"考生这才反应过来，候考室录的是右手拇指指纹，结果在考场里却用右手食指指纹登录，那肯定无法识别了。

我喜欢普通话水平测试工作，回忆这些从普通话水平测试考场里传出的有趣故事，让我忘却了在普通话水平测试工作中的那些劳累和心酸：曾经为了支援其他地区的测试工作，我们辗转于全省各地，十天半个月连轴测；测试过程中，为了不影响考试进度，不敢多喝水；夏天在没有空调的教室里，测完起身，凳子都是湿的；冬天在门窗紧闭的房间内，工作结束，手都冻僵了……

普通话水平测试员队伍是一个具有凝聚力的队伍，因为在普通话培训测试工作中我们志同道合，我们都热爱语言文字工作；我们也是一个欢乐的集体，在一起经常会交流一些培训测试工作中遇到的逸闻趣事，开心的笑声不绝于耳。

（作者为鄂州职业大学副教授，国家级普通话水平测试员）

# 我与普通话水平测试这些年

孙冬妮

1997年夏天，武汉还是闻名全国的“四大火炉”之一。我被当时的工作单位选派参加湖北省第四期普通话水平测试员培训班学习，半个月的时间吃住在华中师范大学培训中心，条件非常艰苦。酷暑天的房间没有空调，只有一台小电扇转个不停。全班学员和华中师范大学的暑期留校学生一起在食堂抢饭吃，稍微去晚一点就只能饿肚子。可贵的是，大家经受住了考验，经过刻苦努力，克服了各自的地方方言难点，口语和测评能力均顺利过关。那时的我和大家一样，庆幸自己终于拿到了普通话水平测试员的合格证书，可以回到单位交差，因为单位承诺过关才可以报销全部培训费用。当时的我绝对没有意识到自己即将踏上的这条测试路，在未来会怎样紧紧伴随并改变我一生的命运。

20世纪90年代，刚刚大学毕业的我在当时的襄阳师专从事教学工作。教书育人是我从小的理想。在这样的城市工作，平淡无奇，节奏不快，小日子也过得舒心惬意。作为一名普通话水平测试员，我经常参加学校或其他单位的测试工作，这也算是教书育人工作之外的生活调剂。

2002年，我考入武汉大学文学院攻读汉语言文字学研究生。2004年底，即将硕士毕业的我突如其来地面临人生的一大抉择。就在那一年，国家语委对全国的城市语言文字工作进行评估，当时武汉市受评的高校之一是我正在就读的武汉大学。因为武汉大学没有建立普通话培训测试站，在评估后的整改阶段，学校提出要尽快建站。这是一个专业性较强的新部门，建站任务落到了武汉大学文学院头上。当时万事俱备，急需熟悉测试业务的工作人员。学院知道即将从汉语言文字学专业毕业的我是一名经验丰富的普通话水平测试员之后，决定说服我毕业后留校工作，负责测试站的新建和日常运行。原本一门心思打算毕业后就回到原来工作的高校继续教书育人的我经过深思熟虑，最后毅然决定离开熟悉的舒适地带，接受这一新的挑战。

就这样，因为普通话水平测试员的身份，机缘巧合之下，我离开了工作8年的地方高校，全身心投入到部属高校的普通话水平测试管理工作中来。工作的平台和工作的性质都发生了翻天覆地的变化，我的人生从此步入了新的轨道。

从武汉大学人文馆一无所有、家徒四壁的地下室开始起步，武汉大学普通话测试站经过多年努力发展，从2004年开始到现在，为近3万名考生提供了普通话培训和测试服务。如今，在人文馆和教学楼先后建立起两个高标准的计算机辅助普通话水平测试机房，测试总机位已经达到了38个，位于全省之首。这里面付出了多少艰辛、多少汗水，只有全程参与其中的我能够深深体味。

普通话水平测试经历了从传统的人工测试到机辅测试的巨大转变。我很幸运地从一开始就见证着普通话水平测试工作的不断成长和变革。

传统的人工测试中，测试员们利用每个周末和寒暑假期，奔走在不同的测试机构，有时在高校，有时在机关单位。特殊时期还会“集团作战”，连续转战于各地市州不同的学校和单位。记得在20世纪90年代，为了完成各地师范院校语言文字达标任务，省里组织了大批的测试员，利用假期在襄阳、宜昌、十堰等城市进行师范院校的普通话水平测试工作，测试对象是在校师范生和当地教师。因为当时实行的是当地测试员和外地测试员一比一搭配测试模式，所以，各地的测试员被大量调动使用。我们经常连续奔波于不同的地区和学校，有时候早上起来参加测试，下午测试完毕就马不停蹄地乘车赶往另一个地区，晚上住在当地招待所，第二天起来继续在新的单位测试。这样连续作战一周甚至两周，风雨无阻。超负荷的工作使不少测试员病倒了，但即便如此，大家还是咬牙坚持。有的测试员前一刻还发着高烧，打着点滴，后一刻就又走进了测试工作的考场。有一次，测试员们连夜奔赴位于深山里的竹山县测试，当时交通不便，山路弯弯，道阻且长，大家坐在车上一路提心吊胆，生怕大巴车在山路上有什么危险，还好，有惊无险，深夜安全赶到。还有一次到恩施参加城市语言文字工作评估工作，那时候恩施还不通火车，省语言文字专家工作组（大部分是骨干测试员）坐客车早上从武汉出发，一直到深夜才到达目的地。近些年我们国家的高速公路、高铁等发展很快，相信再也不会出现这样令人终身难忘的经历了。

21世纪以来，随着科技的发展，普通话水平测试模式发生了根本性变革和历史性转变。按照教育部语用司的相关要求，湖北省语委根据我省实际，要求各市州和高校测试站积极创造条件，从2013年7月1日起，全省市州和高校测试站全部实行计算机辅助普通话水平测试。经过几年艰难的转型，我们终于从传统的人工测试模式过渡到了机辅测试时代。由于机辅测试不再要求测试员集中测试，使得测试员之间面对面交流沟通的机会越来越少，热闹非凡的测试员"集团作战"、大型或小型聚会时代一去不复返了，这也让我们越发怀念从前的人工测试年代。但是，实践证明：机辅测试与传统的人工测试相比，测试程序规范了，测试手段优化了，测试成本降低了，工作效率提高了。这应该是语言文字应用水平测试以后发展的方向。

值得庆幸和永远留在记忆中的是，我经历了普通话测试从人工测试到机辅测试的历史性变革，见证了两个时代的更替。让我们共同期待普通话水平测试工作的明天更美好！

（作者为武汉大学文学院党政办副主任，国家级普通话水平测试员）

# “悦读”：追梦无惧

杨海斌

世界语林之大，我却钟爱神州音。“神州音，华夏情，四海同音，万众一心，实现顺畅交流，构建和谐社会……”记得2002年省级普通话骨干测试员培训班上，我的班主任王伶春老师以此责任意识帮助我们树立了语言规范意识，开启了大家用心品味汉语之美和“推普”之路。

## 泪湿竹帛　笑看困境

“报告，我是来重修的，上次测评能力考核没有过。”

“老师好，我这次来是参加普通话水平测试的，去年，其他考核都通过了。”

第一堂课，冷气十足的房间内，我汗流浃背。在学员们自我介绍时，我什么都没有听到，只陆续听到上届补修、补考的学生前来报到。作为教育系统工作者、“身经百战”的工科生，面对各项考试，向来从容淡定。此刻，我却不由自主地连续深呼吸起来。

座位安排也巧，我左边是教汉语的，右边是社会学教师，前面是教声乐的，后面是播音员。同学们颇具“戏谑性”，鼓励性地推荐我为班长，说是“金鸡独立”，让我天天踩站“梅花桩”，方便促我改方音，苦练内功，外树形象。

“听说培训班考核，要过五关斩六将，这里是‘魔鬼训练营’，时间短，任务重，要求高，通过率非百分之百啊！”

“嗯，有国际音标学习、汉语拼音测试、理论知识考试、评分细则考核、普通话水平测试、测评能力考核。”

听到学员们的交流和培训班的要求，我觉得自己会输。

次日中午，随着几个拼音测试成绩不足92分的同道之人跌坐室外石阶，

91.5分的我哼唱着“打开窗，寒风袭面，却不感寒意，无奈心已冰冻”。首战告负，大家泪珠接二连三地落下，砸在地上，碎成千万片。班主任王老师不知何时来了，轻轻递给我两本资料：一本是她收集整理的《记少不记多》，讲学习普通话的方式方法，一本是《普通话培训进阶教材》。它们均有着红色的封皮、精致的装帧。

翻开书时，失落的串珠浸湿了一大片文字。渐渐地，我被书中的内容吸引了，心无旁骛地读着。五度标调规范了音高，很适合工科生理解、掌握音高、音长、音强，“21、522、353、214、51”让我很快掌握了语流音变，秀才认字认半边，令字旁的字中，除了“拎”外，韵母全部读“ing”……哇喔，我豁然开朗。当遇上挫折和失败，跌倒了无妨，仍需坚强地站起来，找方法，不放弃对即将来临的未来的信念，一切皆可重新来。

向窗外望去，白素馨的气息在带露的芳草上流连，夹竹桃的芳香撒满大地。身处“梅花桩”的我，微展颜，欣赏美的心已沉浸在这让我坚强的世界里。

## 夜展书卷　品味风雨

“班长，你理论考试100分，全班第一；普通话水平测试准一级甲等，就要送北京复审啦，领导在找你正音辨音，班主任要再听你口语即兴表达3分钟……”

三更灯火五更鸡，正是男儿发奋时。课余，我用凌晨五点卫生间的灯安慰着自己。优秀学员睡意正浓，我却常和“站桩”同学聚在橘色灯下，轻展一纸书卷，任思绪随墨飞舞、飘散……每坐在桌前，手捧名篇佳作，我静静品味着。同学们报喜的时刻，窗外下着淅沥串珠，绵绵长长，敲打着玻璃的节奏，让我在书中坠得更深了。

是啊，老师知识渊博、幽默诙谐；同桌语感喜人，模仿各地方言栩栩如生；教材采用的著作字句优美，音频、视频曼妙无比，好听耐听，让我仿佛在和戏曲家、哲人、志士对话，谈论人生、理想，心中阳光明媚。

## 践行“推普”　追梦无惧

随后一年，我乘列车赶赴北京参加国家级水平测试员培训。我卧在首都一处嫩绿柔软的草坪上，抚摸着逐渐熟知的《现代汉语词典》《普通话水平测试大纲》《朗读作品 40 篇》，轻轻地吟，悠悠地品，不远处一棵开满桃花的树似也被书吸引，枝条摇曳，花瓣儿喷吐出幽香的气息。静静地想，沉沉地思，我沐浴在金色的阳光里，萦绕在四周的书香中。

书中的文字和语句，在花香、墨香的浸润下，自然流畅地轻入我的心扉。细品众文人骚客的文字，那出口成章、落笔成文的豪情与我热爱大自然的心情、对梦想的向往简直就是推杯换盏，我宛若与相识多年的朋友，觥筹交错后在清香中微醉。

阅读，“悦读”。

书就像生活的养料，没有它，生活就不再精彩，不再丰富，不再令人激动。

书给我送来了阳光和风雨，给我送来了坚强和欢乐。

站在象牙塔里，主持了一场又一场的普通话水平测试复审工作，幸福的回忆，莫过于“魔鬼训练营”那段时光，它让我这个工科生在困境中拾得“悦读”，拓展了素质，提升了能力，赠予我愉悦豁达、勇往直前的心境。

（作者为华中科技大学水电与数字化工程学院党委书记、
高级职员，国家级普通话水平测试员）

# 那些美好的记忆

莫运晓

那一年，街道口还是武昌最厉害的堵点。春天的早晨，春雨淅沥，去武汉理工大学的路，毫无悬念会被堵死。我几乎是连滚带爬地穿过喧闹的街道，带着半身泥水，穿过静谧的校园，走进会议室，心情微微烦躁。

推开会议室的门，迎接我的是熟悉的面孔，这是每年一度的全省骨干测试员会议。参会的是多年一起从事普通话水平测试的同事、朋友，亦师亦友，相聚甚欢。一天的会议，收获甚多。主席台上，王晖老师说起“美好”这个词：“我们进行普通话推广与测试工作，是一件美好的事情……”我抬头望向窗外，不知何时，雨已经停了，虽然没有彩虹当空，但蓝天、白云是那么清新、温柔……

回首这些年来普通话水平测试的日子，思绪太远，回忆太长，撷取20年间记忆长河里的几朵小小浪花……

## 一、满足一刻

20世纪末，刚开始进行普通话水平测试的时候，测试员不多。1998年，武汉市的测试员还不到100名，考场集中在中专职校，一天的测试工作量常常是一两百人。有一次，我们在郊区测了一天，坐在回程的小巴上，疲惫的我们默不作声。领队郭晓枫老师翻看着手中的笔记本，说：“老师们，这半年我们已经测试了8000人了。”顿时，车里一片欢呼。疲劳，早被扔到九霄云外去了。

## 二、欢乐一刻

有一次，考试对象是郊区人员，方音很重，上午考完出场，我头昏脑涨，迎面走来一个人跟我打招呼："考完啦？"我对他说："考完了。"我心里在想："这个考生的普通话好棒，要是都这个水平，我也不会很累了。"不过，我又觉得声音比较熟悉，于是赶紧回头去看那个"考生"，哈，原来是测试员同事。这时候，我听前面正在哄堂大笑，便快走几步赶过去，正听见一个测试员同事在学考生说方言："家里的狗子被闹死了。"方言惟妙惟肖。哈哈大笑中，疲劳也一扫而光。

每场考试完毕，测试员们都会交流考生们的方言笑话，这不但能放松身心，而且还可以作为教学案例，笑声中收获良多。

## 三、尴尬一刻

测试工作跟其他技术性的工作一样，需要对照标准用心和多加锻炼，这样方能熟练准确。有一次在新洲测试，我带的是一个刚参加测试工作的测试员。我是慢性子，所以我们俩上午最后一个出考场，比其他考场慢一个小时。离下午考试开始只有一刻钟了，我俩赶紧交了试卷，狼吞虎咽地吃完饭，迅速进考场，开始下午的测试。下午的测试进行得顺利，也不见人来催我们。出考场的时候，正看见复审和领队站在考务办公室门口等我们，我想也没想就交了试卷上了班车。看着班车上的同事们，我得意地说："我下午紧赶慢赶，没拖大家后腿吧？"旁边的同事对我翻了个大大的白眼说："我们车都开出去很远了，才想起来你还在考场，这不，回来找你了。"

事隔多年，我和那位搭档见面还会说起这件事情，然后相视捧腹。

## 四、暖心一刻

在某个郊区中学考场测试，来了一位年纪很大的老教师，说是在考试前不小心把眼镜打碎了，拿起试卷，眼睛都快贴到试卷上了，艰难地读着。这时候复审进来了，问清楚情况，帮他把第一、二题用大字抄写在黑板上，考试顺利进行了。

我们难忘那些年、那些人、那些事，那些一起走过的美好时光：春天在武汉大学测试，樱园游人如织、摩肩接踵，我们心无旁骛；夏天在武汉测试，热如火炉，我们挥汗如雨，仍专心致志；秋天在华中师范大学，丹桂满园，我们端坐在八号楼，目不斜视；冬天吹气成霜，我们凝神屏息，专注测评。

难忘测试中间的咖啡小憩，难忘奔赴郊区的大巴上热闹的闲聊……普通话水平测试把我们召唤到一起，有这样一群朋友，紧张的测试时光也变得温馨有味。

美丽的汉语，阴、阳、上、去令人迷醉，抑扬顿挫，悦耳悦心。雅言正音普通话，让我们的汉语更加规范，更加美丽。普通话水平测试员，正是这美丽的守护者。普通话水平测试，多么美好的事业，让我们如此投入、乐此不疲。

时光流逝，岁月不停，普通话水平测试与时俱进，进入了机辅测试时代。我们再也不需要带着试卷、秒表、录音笔奔赴不同的考点，再也不需要乘坐大巴车长途奔波。面对电脑听评考生说话时，我们也会对有趣的、疑难的语料在网络上展开热烈讨论，终究面对面探讨的机会极少了。

每一次再见面，我们都不由得怀念一起测试的时光，也不由得感慨：你的皱纹爬上眼角，我的鬓边星星点点落了白发。但是，我们也会惊叹：你眼里的光华未变，闪亮依旧；我的笑靥未变，灿烂如昔。这是因为我们都是普通话水平测试人，心怀对美丽语言的热爱，我们执着地热爱普通话水平测试这项美好的事业。

（作者为武汉交通职业学院美育教研室主任，
国家级普通话水平测试员）

# 初心守望“普通” 回首已不普通

孙和平

说起普通话水平测试，我可是个“老人儿”。为什么是“老人儿”呢？因为国家在出台开展普通话水平等级测试文件以前，我就在这条战线上工作了。那时候是师范专业毕业生需要进行普通话合格证考试，在岗教师评职称，也需要拿到普通话合格证。这个合格证考试分笔试和口试两个部分，不管成绩是多少，只要笔试达到60分，口试也及格，就发放普通话合格证。那时候，我在湖北省蒲圻师范学校，负责语文基础知识和教师口语之类课程的教学工作。每年到了六月份，我就开始投入到普通话合格证考试的相关工作中。为了迎接考试，我不仅担任了本校的普通话培训工作，还在寒暑假期间到蒲圻各中小学对教师进行普通话培训。我是湖北宜昌远安人，我的家乡话属于西南官话，和地处鄂南地区的蒲圻县（今赤壁市）的方言相差很大，每每遇到听不懂的地方，都会感叹中国语言之丰富。

## 故事一：普通话与汉语方言最显著的区别性特征

记得有一次，我到蒲圻县一所小学去做普通话暑期培训，白天上完课，晚上要继续上课。晚上到学校上课之前，在门岗处，看门的老师傅知道我是教普通话的老师，不是本地人，可能听不懂本地方言，便用不太顺畅的普通话跟我打招呼：“孙（sēn）老师（sī），你吃（qiā）了夜（yà）饭没有？”蒲圻方言说“孙”，会脱落“u”，老师的“师”本是翘舌音，发成了平舌音，“晚饭”说成了“夜饭”，“夜”不读“yè”，读“yà”。就这一句简单的问候，很有中国人情味儿。中国讲究“民以食为天”，所以问候一般是问“吃饭了没有”。这个看门的老师傅虽然普通话很不标准，但是我仍然能听出并判断他在用普通话与我交谈。为什么呢？因为他用的不是方言的声调，是普通话的声调。我们知道，在普通话音节中声调是必不可少的，在世界语言之林，汉语属于汉藏语系。跟英法等印欧语系的语言相比，汉语语言的最大特点是声调区别意义。汉语是有声调的语言，声调是普通话和任何一种汉族方言语音的最显著和最基本的特征，反映着语言的基本面貌。此后，这个活生生的语言案例也被我用到普通话教学中了，即便声母、韵母不太标准，只要是用普通话的四类声调的调值在念书、说话，我就能判断此人使用的是普通话。反之，即便声母、韵母都与普通话发音相符，但使用的声调是方言的声调，那就只能判定此人使用的是方言而不是普通话。

## 故事二：普通话水平测试新纪元

时光荏苒，转眼到了 1994 年。这一年 10 月 30 日，国家语言文字工作委员会、国家教育委员会、广播电影电视部颁布《关于开展普通话水平测试工作的决定》。1995 年 7 月湖北省开展首届普通话水平测试员培训，我作为首届学员参加培训，并作为学员代表在结业典礼上发言，拿到了省级测试员证书，成为传说中的湖北省“黄埔一期”普通话水平测试员。1997 年 5 月，我被湖北省普通话培训测试中心选送参加国家级普通话水平测试员培训学习，并取得了国家级普通话水平测试员资格。普通话水平等级测试没有笔试，只有口语水平测试。普通话水平等级测试与汉语水平能力测试不同。普通话水平等级测试属于标准参照式测试，主要是考查普通话的标准和规范程度。从此，普通话水平测试进入新纪元。

## 故事三：过硬的测试员培训与考试

说起普通话水平测试员资格证的培训与考试，那还真是过硬。首先是严格审查被选人的资格和能力，然后再选送到培训班学习。培训期间，学员都具备高度的学习自觉性，学习那叫一个紧张啊！不分白天黑夜，学员们真是学“疯”了！然后是紧张的考试阶段，考试有口语水平能力测试，也就是需要拿到普通话水平测试的一级乙等以上的成绩，另外还有测评能力的测试，要听评不同类型、不同等级的应试人的音频材料，并给出公平合理的分数，每一关都不容易。记得那时候还要手动编制试卷，第一题读 100 个单音节字词和第二题读多音节字词，每一个声母和韵母的覆盖率都要按照要求在 2500 个一级常用汉字和 1000

个次常用汉字中来挑选。一般来说，要编制一份符合要求的试卷，大概要用整整一天半的时间。后来的普通话水平测试用了机制试卷，就没有手动编制试卷这个环节了。说普通话水平测试员资格证的培训与考试很过硬，主要是要拿到测试员资格证，这两项考核必须全部通过。若考试没通过，可以给补考的机会，总之两项考核必须全部合格，方能拿到测试员资格证。有了测试员资格证，经过聘用才能上岗从事普通话水平测试工作。

开展普通话水平等级测试初期，由于测试员数量有限，测试基本都是由省里统一组织。那些年，湖北省高度重视测试员的培训与资格证发放，培养了一批又一批测试员。测试员渐渐多了，各地也有了一定数量的测试员以后，省测试中心开始选派组长、复审和骨干测试员，同时安排当地测试员配合开展测试工作。作为湖北省“黄埔一期”普通话测试员，同时又是国家级普通话水平测试员，我积极参加湖北省组织的各级各类普通话水平测试，经常被派往全省各地进行普通话水平测试工作。

## 故事四：心有余悸与温暖升腾

记得那是2000年，我和杜宇虹老师被派往恩施测试。由于要带试卷到恩施，我们被特许乘飞机。返程我们是乘船沿长江到宜昌，然后再乘车回武汉的。当时到恩施的飞机是小型客机，机场在武汉王家墩，称为王家墩机场。我和杜老师是在2000年的5月乘小飞机到恩施的，就在这一年的6月，受电闪雷鸣的恶劣天气影响，飞机在武汉失事，机上人员无一生还。现在想起那一段行程，还心有余悸。

还有一次，我和徐根玉老师作为组长和复审，带着一些骨干测试员前往十堰测试。由于十堰辖区内还有好几个县市区，交通也不够便利，我们先在十堰市会合后再分两条线路开展测试工作。记得我带着一批测试员测试包括郧县在内的那一条线。当时在测试时，我遇到一位来复审的考生。那时，所有考场测试达到92分以上，即一级乙等以上的人，都要到考场设置的复审室重新由复审员进行复审，经过复审，仍然是92分以上的，才能发放一级普通话等级证书。记得那时是暑假期间，这位应试老师大概四十多岁将近五十岁的年纪，穿着一件洗得发白的衬衫，仔细看，衬衫的领口和袖口部分有些地方已经洗破了，但是整体看上去干干净净、清清爽爽。按照当时的测试经验来看，一般四十多岁将近五十岁年纪的教师，普通话大多不够好，80 分以上都比较困难，何况是 92 分以上。我当时是那一次考试的复审员，我和这位教师攀谈，得知这位教师是老师范毕业生。他在师范读书期间，就被要求学习普通话，并且深刻认识到了普通话学习的重要性。毕业分到学校教学工作岗位后，仍然坚持用普通话教学。他起初也被人嘲笑过，但是他坚持用普通话教学，后来人们也就习惯了。他因为长期坚持使用普通话，所以多年来，普通话水平不断稳步提升，在这次普通话水平等级测试中，才会有 92 分以上的好成绩。他还说自己家的几个藤条箱子里装的都是书。与这位老师交谈时，一些词语在脑海中跃动，诸如“清爽干净”“两袖清风”“品行高洁”等。在一个交通不太便利的相对偏僻的地方，能够遇上这样一位甘于清贫、坚守标准的教师，何其幸运！想象着他的学生在他的教育教学中受益的画面，我的心中有一种温暖在升腾。

## 故事五：坚守初心与回首展望

追溯以往，我这大半生与普通话结下了不解之缘。1984 年我考入蒲圻师范学校。入校不久，因为普通话标准，音色不错，被选入学校广播台担任播音员。在校三年，基本就住在广播台。1987 年，我毕业留校担任舞蹈教师。在担任舞蹈教师期间，湖北省语委的领导到学校检查、验收语言文字工作，在与学校教职工座谈后，总结说：全校师生就属孙和平老师普通话最标准。我深受鼓舞。那一年，正好教普通话的老教师退休，学校急需一名普通话教师，学校做工作让我接任。我也非常喜爱这项工作，便向学校领导提出了唯一要求——继续深造。那时候，蒲圻师范学校的人事编制与进修深造由当地教委主管，我转学中文的批文要当地教育局领导批准。当地教育局领导不同意我转行，说语文老师目前比较多，而音、体、美老师很缺乏，你们学校不需要的话，可以调离这个学校，到其他学校去任教。由于对语言的热爱，我坚持要转行，后来领导看我决心很大，也就同意了我的要求。接下来我考取了湖北大学本科，就读汉语言文学专业。读书期间，我还在学校代课，承担教师口语、语文基础知识、普通话培训等课程的教学任务。本科毕业，我又有一个机会，参加了中央普通话进修班。这一次学习，曾有一篇文章为证。这篇文章叫《10 年小于 100 天》，是我谈到在中央普通话进修班的收获需要我用一生来咀嚼、领悟时，一位普通话培训班的学员写下的文字。后来也到了谈婚论嫁的年龄，结婚，生养孩子，孩子长到五岁，感觉学业触到了天花板，要想进一步提升，必须再深造。在挣扎与博弈中，我终于又上学了，来到了华中师范大学，读中文教育硕士。这一次上学，我更加珍惜，没有代课，常常泡在学校图书馆、自习室，梳理知识体系，查漏补缺，认真研读相关资料。值得在此文提到的是，湖北省普通话培训测试中心就设在华中师范大学。从1998年到2001年，在读研究生期间，我多次被省测试中心派往全省各地，担任组长、副组长、复审等职务，带领骨干测试员到各地测试。

坚守初心，从广播台播音员到普通话培训教师，再到湖北省首届普通话水平测试员、国家级普通话水平测试员，从人工测试到如今的机辅测试，从蒲圻师范学校到现在工作的湖北科技学院，我仍然守望初心，担任湖北科技学院语委办主任，兼任普通话培训测试站站长。多年来，我在这里感受着工作的快乐，同时也收获了荣誉和赞扬。1997年，我被国家语委授予“全国语言文字工作先进工作者”称号；2010年，我被国家语委普通话培训测试中心授予“全国优秀普通话水平测试员”称号；2012年，我被湖北省语委、省教育厅评为“湖北省语言文字工作先进个人”。同时，随着时代变迁，顺应社会需要，我不断拓宽、拓深语言文字工作领域，先后获得“全国青年普通话大赛优秀指导教师”（教育部语用司）、“中华诵优秀指导教师”（教育部）等荣誉称号。

普通话中的“普通”，其实就是普普通通的意思。从汉民族共同语的历史走向来看，从孔子倡导的雅言到汉代的通语、元明清时期的官话，再到新中国成立之后确认现代汉民族共同语为普通话，汉民族共同语一步步走下神坛，走向民间。普通话普通而又不普通。说它普通，是因为我们的汉民族共同语如今已经走进千家万户，走进老百姓的心里，如此亲切而贴近生活；说它不普通，是因为，从文明进程的推进来看，“一个国家和一个民族语言规范化的程度标志着这个国家和民族的文明程度”，从语言规范化的角度，语言本体的三要素（语音、词汇、语法）都要规范，做这种语言测试的人既要达到这三要素的高度融合，同时还要能够具备评判能力，那真不普通了。

（作者为湖北科技学院教务处副处长、语委办主任、教授，
国家级普通话水平测试员）

# 22 年回眸

李爱国

22 年前，我还是一个刚大学毕业留校工作的毛头小伙子。22 年后的今天，我依然战斗在普通话水平测试第一线，虽然韶华已逝，青春不再，但对语言文字工作的那份情怀依旧。

22 年，作为一名普通话水平测试员，我见证了我们湖北省普通话水平测试从无到有、从人工测试到今天的机辅测试。我们的测试手段在不断改进，我们的测试效率在不断提高。

1997 年，我大学毕业。那一年，我们学校第一次参加全国普通话水平测试，记得当时颁发的证书还是手工填写的压钢印的红色封皮本本。我当时考了“二甲”的高分，毕业后留在了校语委办工作，成了一名专职的普通话水平测试管理人员。1997 年底，我和校语委办尤翠云主任参加了湖北省第四期普通话水平测试员培训班的学习，当时湖北省人民广播电台的华岳、刘静两位老师为我们授课。但遗憾的是，由于我当时鼻边音不分，培训班结业时我未能达到“一乙”。回来后，我痛定思痛，在尤翠云老师的指导下苦练鼻边音。第二年，我补考通过“一乙”后，才拿到测试员证书。

在后来的测试管理工作中，我逐渐发现当时测试中存在的一些问题：第一，当时的准考证上面没有照片，有些同学就喜欢冒名顶替，考试作弊；第二，当时的测试打分卷和标准答案是分离的，测试员打分时要“左顾右盼”，工作强度大，效率也不高。我及时向省测试中心提出了改进意见。后来省测试中心完全采纳了我的改进方案：报名时要么采集数码照片，要么提交两张照片，只有本人与准考证照片、存根照片一致，才被允许考试；测试员用的打分卷也由两张变成了一张。

普通话水平测试是一项既严肃又艰巨的工作，但对多才多艺而又活泼开朗的测试员来说，不同地区交叉外派测试，既是组织的一种信任、一种荣誉，同时也是一种难得的生活体验。十几年的外派测试中，我们的足迹几乎踏遍了湖北的山山水水，既领略了西部房县的神秘野人谷，也踏上了红色黄冈。在洪湖，我们猫在小学生的课桌上，一蹲就是一个星期。在十堰、襄阳，我们“打一枪换一地”，辗转于各个县城。车在崇山峻岭间爬行，我们一边吐得晕头转向，一边还引吭高歌，苦中作乐的情形，毕生难忘。

1999 年暑假，我接到省测试中心通知，需外出测试半个月，妻子离预产期只有一个月了，那时她只有 24 岁，身体正棒，一点都不娇气，见我犹豫不决，她便说：“你去吧，家里也没啥事。”临走时我反复叮嘱：“你在家一定要多吃水果、新鲜蔬菜，要加强营养啊!”她满口答应。就这样，我把她一个人扔在家里，自己参加普通话水平测试去了。回来后，我迫不及待地问在家咋样，她轻描淡写地摸着大肚子说：“我拎水时摔了一跤，不过伢还蛮结实，冇得么事。”我汗一冒，又问她吃了啥，她说：“天天都吃红辣椒、小龙虾。”我心里一沉，万一孩子有个三长两短，我们这不称职的爹妈真要后悔一辈子! 8 月 30 号，一个健健康康的小公主降临了，不过小家伙浑身又腻又厚的胎脂着实吓了我一跳，医生说一两天后会自己吸收的，我这才放下心来，安心当上了奶爸。孩子的语言天赋很好，特别喜欢与人交流。再后来，我的妻子也成了一名普通话水平测试员。女儿在复审的录音声中一天天长大，考上了大学，我们两个“空巢老人”，依然在湖北省普通话培训测试中心管理系统的陪伴下，继续着我们的生活。

22 年来，作为测试员，我测试的学生、教师达数万人。不仅如此，作为一名语言文字工作者，我走出校园，走进机关，宣讲写规范字、说普通话的重要性。当我第一次走进公安局、检察院，看见满满一礼堂的制服时，那种震撼，是在学校所不能体会到的。也就是这些机缘，我结识了很多机关单位的朋友，每逢他们单位有演讲、朗诵等活动时，总是请我去当评委或者辅导老师。

近年来，港澳地区主动要求参加普通话水平测试的人数逐年增多，因此，赴港澳测试也成了我们语言文字工作的重要组成部分。2018 年，在省测试中心的安排下，我得以去北京参加了赴港澳测试员专题培训班。除此之外，我还在我校国际学院担任汉语水平考试课程的授课教师。“有朋自远方来，不亦乐乎!”能与世界各地的国际友人分享我们优美的语言和灿烂的文化，实在是一件非常有意义的事情。

推广普通话，宣传汉语用语规范，并不意味着消灭方言。为了记录语言，记住乡愁，国家语委启动了语言保护工程。2017年以来，我相继承担了赤壁方言和大悟方言的调查、拍摄、整理工作。项目标准高、要求严，一个项目往往要从年头做到年尾，很多拍摄内容都是反复推倒重来，验收组的专家们一丝不苟的敬业精神，令我敬佩。

“书同文、语同声”是统一的中华民族的象征，也是增强民族向心力的重要举措。同时，以语言为载体，保护方言，传承文化，也是一件造福子孙、功在千秋的大事。保护语言、研究语言、开发语言、利用语言，在语言这一领域，我们当代学人还有许多事情要做。作为语言文字工作者中的一员，我乐在其中。

（作者为湖北科技学院副教授，博士，国家级普通话水平测试员）

# “推普”路上“刘执着”

刘红民

“骨髓的‘髓’念错了，应该读‘suǐ’，他念的是‘suí’；血液的‘血’念成‘xuě’了；交叉路口的‘叉’应该读‘chā’，他读成‘chà’了……”新闻主播一开始播报，我就习惯性地挑错、扣分。这种条件反射的评判，是我当了测试员后落下的一种职业病。有一次和妹妹逛街，我看到一家理疗店门口的广告牌上写着“针炙推拿”，就进店找到老板，对他说：“你把‘针灸’的‘灸’写成‘炙’了，快点改过来吧!”妹妹说：“你真是走到哪里，就把‘推普’工作做到哪里呀!”时间长了，家人送了我一个外号——“刘执着”。

## 我执着，我探究，我进步

2013年，利用暑假，我把首届《中国汉字听写大会》的视频从头到尾、认认真真地看了一遍。一边看，一遍记，每一场比赛的场外主持人、读词考官以及裁判说的话，我都做了记录。记词、记释义时，遇到有疑惑、拿不准的地方，我就做记号，查字典求证。有些错误是很明显的，比如将“揣度（duó）”读成“揣度（dù）”，将“占（zhān）卜”读成“占（zhàn）卜”，将“强（qiǎng）迫”读成“强（qiáng）迫”，将“噤若寒蝉”的“噤（jìn）”读成“噤（jīn）”，将“大宛（yuān）”读成“大宛（wǎn）”；还有些将“坎坷（kě）”读成“坎坷（kē）”，将“鳗（mán）鱼”读成“鳗（màn）鱼”，将“舴（zé）艋”读成“舴（zhé）艋”，等等。

给我印象最深的是在最佳个人晋级赛时，主持人报了一个词“圩顶（xū dǐng）”，并解释：“头顶凹陷。《史记·孔子世家》上说孔子生而首上圩顶（xū dǐng）。”本场的裁判之一孟蓬生研究员马上纠正说应该读“yú dǐng”。为什么要读“yú dǐng”呢？孟裁判没有解释。

带着这个问题，我查阅了《现代汉语词典》《新华字典》《现代汉语规范词典》，字典里面“圩”只有两种读音：圩，xū，集市；圩，wéi，低洼地区周围防水的堤。词典里没有圩顶的词条。

我在学校的图书馆继续查找资料。《汉语大词典》中有“圩（yú），窊，凹。圩顶”。《辞海》中有“圩（wéi），又读‘yú’，低洼地区防水护田的土堤；凹，中间低而四周高。《史记·孔子世家》生而圩顶”。这些就是说，“圩”既可以读“wéi”，又可以读“yú”。《康熙字典》中“圩”只有一种读音：“yú，岸也。《史记·孔子世家》孔子生而圩顶（yú dǐng），故名丘。”也就是说，“圩”在古代只有“yú”一种读法，这可能就是“yú dǐng”读法的根据。《康熙字典》之类的专业工具书通常只有专家学者才会使用，我们常用的工具书里查不到这个词语，让一名初二的学生写出来是有难度的，当然比赛是淘汰赛，没有难度就淘汰不了选手。我觉得如果在让选手听写这些生僻词时，读词考官在解释时能够加上古代读法和现代读法就完美了。

分析、思考、寻找，获得答案，这种收获的喜悦是旁人无法体会的。能够敏感地听出别人语言中的错误，并敏锐地做出判断，说明我的听音、辨音能力提高了，这也是普通话水平测试工作带给我的成长和进步。

## 我执着，我较真，我成长

“你喜欢吃粳稻米（gěng dào mǐ）吗？”“喜欢。”生活中，我们会听到这样的对话。大家说“粳米（gěng mǐ）”而不说“jīng mǐ”。由于普通话水平测试中常会出现“粳米”这个词语，为了避免考生读错，在进行培训的时候，我往往会强调这个词语的正确读音。

2011年3月9日《楚天都市报》上一篇题为《水稻院士张启发认为“粳”字读错了》的文章引起了我的兴趣。10日和11日，《楚天都市报》追踪报道，连续刊文对张院士的质疑做出回应：《新华字典》编纂方认可张院士的建议，但“粳”字是否更音还需教育部审批。教育部语言文字应用所的回应称，“粳”字更改读音不是不可能。

从那以后，我便开始关注“粳”字的更改读音问题。2016年10月20日，我有幸见到了张启发院士。当我和他聊起5年前的“gěng”与“jīng”之争时，张院士告诉我，他给研究生上课的时候，学生常常说“《新华字典》上‘粳’读‘jīng’”，他觉得有必要纠正学生们的读音，“粳稻，是我国南方主要农作物之一。'gěng' 这一读音延续了几千年，水稻科研人员没有读 'jīng' 的，中国的农民也都读这个音。对于我们长期工作在生产一线的水稻人来说，如果下乡说 'jīng' 稻，农民朋友听不懂，私底下就会笑话这人只是个花架子，纸上谈兵”。张院士认为，“以水稻为研究对象的水稻人不应读错，延续了几千年 'gěng' 的读音不应该消逝于我们这一代，拥有几千年历史的 '粳' 文化关乎中华科学文化的国际地位”。

张院士说，现在他给研究生上的第一堂课，就是讲“粳”的读音。为此，他专门制作了 PPT，涉及中国稻作物历史、文化传统和民俗习惯等方面，用《说文解字》《康熙字典》解析“gěng”发音的合理之处，以及“gěng”的读音在学术界的重要性。我向张院士讨要这节文字课的课件，他爽快地同意了。

学习张院士的课件，我被他严谨的治学态度和执着的研究精神深深地感动了，一个水稻专家对“粳”字的较真，不仅仅是一个简单的读音问题，而是事关中国源远流长的稻作文化能否留存，关乎中国水稻学界能否赢得世界学术界重新界定水稻亚种命名的大事件。

为了推动“粳”字读音调研进程，2011 年 7 月，张院士向全国水稻界专家征集意见，共收到来自全国 14 个省、3 个直辖市共计 185 名专家的建议书，其中中国工程院、中国科学院院士 12 人。专家们全部同意张院士对于“粳”字读音的论证，并附上亲笔签名。同年 9 月由中国工程院院士袁隆平、游修龄、朱英国等 185 位共同签名起草了《关于修订粳（gěng）字读音的建议书》并呈送国家语言文字工作委员会、中国社会科学院语言研究所及商务印书馆。他们建议，尽快就“粳”字读音进行必要的考据研究，在充分论证的基础上，《新华字典》在下次修订中收录“粳”字的“gěng”音，并将其指定为广播、电视的标准读音。

一个水稻专家研究起文字学来都这么认真，我们从事普通话培训测试工作的人员更应该像张院士一样，知其然，知其所以然，干一行，爱一行，钻一行。2011 年至今，8 年过去了，《现代汉语词典》第 7 版和《新华字典》第 11 版对“粳”字的读音并未做出调整。对此，我还将继续关注。

## 我执着，我有心，我快乐

有一次，我在小区散步，发现一棵树，树形优美，树皮光滑，呈灰褐色，树牌上写着"朴树"。我回家告诉女儿："我见到朴树了！"女儿问："当姓的时候，'朴'不是应该读'Piáo'吗？"

歌手朴树难道应该读"Piáo shù"？我暗想，赶紧查字典。不查不知道，一查有奥妙。当姓的时候，"朴"读"Piáo"。歌手朴树，原名濮树，1996年签约麦田音乐的时候为简略笔画而定艺名"朴树"，大家习惯叫他"Pǔ shù"。

朴，还有朴刀的"pō"、朴素的"pǔ"和朴树的"pò"三种读音。朴树（pò shù），《新华字典》里的解释为"落叶乔木，花淡黄色，果实黑色"。真是此"朴树"非彼"朴树"啊！

遇到不认识的字、拿不准的字，不猜、不蒙，不念半边字，勤查字典，弄清楚这个字的正确读音，是我从事普通话培训测试工作后养成的习惯。

逛街或者出门旅游途中，我也会十分留意地名、路名、店名，这也是我这些年养成的习惯。

从宁波出发去普陀山旅游的时候，经过姚隘路，我发现路牌上标音"Yaoga Lu"，《现代汉语词典》中"隘"并没有收录"gà"这个读音，这引起了我的兴趣。我发现"隘"是宁波地名的特色用词，使用频率颇高，北仑有邬隘、李隘、林隘、下周隘、上周隘、周隘陈、施隘周、王隘、上王隘、里隘、丁隘等，鄞州有邱隘、殷隘、张隘、余隘等，宁波俗语有"东乡十八隘"之说。宁波以隘为名的，大多位于平原，而非山口。这些有历史渊源、有群众基础的特殊地名，在宁波都得以保留。有宁波人提出应该考虑"名从主人"原则，让"隘"的"gà"音进入权威字典、辞书，因为它记录的是一种历史、一种文化。旅游长知识，测试工作让我拥有一双善于发现的眼睛，让我的旅游更加充实。

普通话培训测试工作，培养了我灵敏的耳朵、敏锐的眼睛，它影响着我，改变着我，让我领略到中华语言文字的博大精深。执着、较真是对中华语言文字的热爱和尊重，是愿为弘扬中华文化献上一份小小力量。

"功成不必在我，功成必定有我。"漫漫"推普"路，自当勉励前行！

（作者为荆州中学高级教师，国家级普通话水平测试员）

# 冬日里那抹暖阳

柯晓敏

回想两次全省普通话调查的经历，有太多的滋味在心头萦绕，有苦涩，有难堪，有感激，也有感人，而留给我印象最深的就是那次在菜场调查十几名菜农的故事。

那是2018年1月的某个星期六，天空正下着毛毛细雨，寒风吹在脸上像刀割一样，离普通话调查数据上传的时间只有几天了，而我还有十几个人没有着落。望着灰蒙蒙的天空，说实在的，我有一百二十个不愿意，但为了全省普通话调查数据及时上传，我一咬牙，打了一把雨伞就出门了。路上行人非常稀少，偶尔有一辆农用车从身边驶过，寒风直往脖子里钻，我不由得裹紧了围脖。来到菜场，除了十几个摊主围在一起打牌、烤火之外，再也没有见到其他人。我在人群中寻找着可以配合我调查的对象，终于一位五十岁左右的大姐映入了我的眼帘。我把大姐叫了过来，告诉她，我要买菜。大姐非常高兴地带我来到了她的摊位前，问我要买什么，我说要买两斤土豆、几根黄瓜。大姐手脚麻利地帮我称好，装在了塑料袋里。趁着大姐称菜的当儿，我赶紧跟大姐说明来意，大姐一听笑哈哈地说："哎呀，我平常都是用方言讲话的，不用普通话的，你现在叫我讲普通话，我还真不知道怎么讲。"大姐边说边不好意思地用手摸了摸头。我笑着说："不要紧，我只是做个录音，作为一个数据收藏而已，你平时跟顾客是怎么讲的，现在你就怎么讲，不用紧张的。"大姐被我一说，有点心动了，我趁机鼓励她："不要紧，我们可以先熟悉一下材料，然后再读。"大姐终于被我说通，说："那好吧，我试试。"我告诉大姐录音的方法，然后又试了几次音，正式录音就开始了。首先读的是《白杨礼赞》选段，第一次由于太紧张，她读了两句话就卡住了，并不好意思地摆着手说："不行，不行，我不行！"大姐又开始打退堂鼓了，我笑笑说：

“没事，多来几次。”大姐又重新读了一次，这次非常好，虽然有些磕磕碰碰，但还是勉强读完了。刚一录完，大姐就迫不及待地说：“放给我听听。”我把录好的音放给她听，她又直摇头说：“不行，不行！不标准。”我鼓励她说：“很棒，可以上传啦。”听我这样一说，大姐才放下心来。接下来录问题录音，有了刚才录选段的经历，大姐这次放松多了，一次性通过，非常顺利。这一次听完自己的答题录音，大姐显得异常兴奋。她主动问我：“你还要不要调查别人?”我说：“要呢，还要调查十几个人。”大姐热情地说：“我们这里刚好有十几个人，我叫他们都来帮你录。”话刚说完，她就开始大声地叫起来：“大伙儿都别打牌了，都过来帮姑娘录个音。”大伙儿一听，全部丢掉了手中的牌，聚集了过来。十几个人七嘴八舌地围着我询问，我耐心地给他们一一解释，然后给他们讲录音方法，菜农们也都非常兴奋，一个一个自觉排队录音。此刻虽然外面还下着雨，寒风依然凛冽，但是菜场内却异常热闹，十分温暖。在大伙儿的帮助下，我的十几个录音任务终于完成了。

临别时，大姐笑着说：“姑娘，你买菜是假，找我们录音才是真的吧！那些黄瓜啦、土豆啦，你就统统放下吧！”虽然家里不缺菜，但是为了向大姐表示感谢，我还是说：“要的，要的。”

谢过大家，我提着土豆、黄瓜从菜场出来，不知啥时候雨歇了，风停了，太阳从云层中透射出一缕缕金色的光芒，洒在我的身上，暖遍了全身。

一群朴实的陌生劳动者，虽然他们说着并不标准的普通话，但是他们有一副乐于助人的热心肠，他们就像冬日里的那抹暖阳，一直温暖着我的心窝。

（作者为黄石市阳新县经济开发区中心小学教师，省级普通话水平测试员）

# 响彻藏区的普通话

王艳玮

2008 年 8 月，作为华中师范大学援藏工作小组的带队老师，我和四位在读研究生从武汉天河国际机场出发，途经成都，最终抵达了拉萨贡嘎国际机场。这次援藏任务的目的很明确，四位研究生作为援藏教师，帮助拉萨师专开展中文、英文等课程的教学活动；而我这个多年的教务人则被安排到师专最大的教学部——语文和社会科学系担任迎接教育部和西藏自治区教育厅的教学评估工作。

在经历着头晕目眩的高原反应的同时，我们一行人顾不得欣赏西藏的异域风景，便一头扎进了当地学校繁忙的教学和迎评工作中。不知道是不是西藏地区的普遍现象，我们所在的学校中有超过三分之一的教职工是从内地援藏而来的，这造成了教学教务工作的严重不连贯，也给迎评工作带来了巨大的压力。一方面是堆积的杂乱无序的材料，另一方面是无从下手的自评报告大纲。正在这令人崩溃的时刻，办公室的藏族老师旺青突然拍了下我的肩膀说："王老师，听说您是普通话水平测试考官啊。周末和我一起去给学生们做测试吧！"这位皮肤黝黑、身材魁梧的本地老师前两天还鼓动我给学生们上英语课程，被我以水平不够和迎评任务艰巨的理由婉拒了，没想到他得知了我的测试考官身份，再次发来邀请，看来我是无法拒绝他的热情了，只得先答应下来。

周末很快就到了，我和旺青老师坐在学校的教室内开始了测试工作。之前在武汉多年的测试经历让我原有的颈椎疼痛雪上加霜，然而，对普通话推广的兴趣和热情一直支撑着我积极参与。在这里，看着一个一个皮肤黝黑、眼睛黑亮的藏族学生努力地发音，让我对普通话水平测试甚至对援藏有了新的感悟。刚到藏区不久的我，印象里面这些孩子们在课间玩耍时一般用藏语交流，只是在课堂上回答提问时才说普通话，所以，我以为他们的普通话水平会比内地学生略逊一筹，实际情况却让我大吃一惊。大部分藏族学生的普通话发音非常标准，无论是内地学生失分严重的鼻边音、平翘舌，还是前鼻音与后鼻音，其发音的准确程度，都超出了湖北考生的平均水准。然而，在总分方面藏族学生的普通话水平测试结果却不尽如人意，最大的拦路虎就是第四题“说话”部分。虽然藏族学生前三题的综合表现整体较好，但是到了第四题却出现大量无话可说的尴尬场景。尽管旺青老师和我偷偷地引导学生，甚至偶尔违规地提示他们话题，依然无济于事，很多学生的第四题多以严重缺时而令人惋惜地掉落等级。或许是习惯了，旺青老师并没有对这种现象表现出惊讶，测试结束之后他自然地和我相互道别就离开了，而我则需要坐在原地按摩一下自己的颈椎，如此才能缓解这一整天工作带来的僵硬和酸痛。

就在准备离开教室的时候，我在门口遇到了一个藏族女学生，前几天她曾帮老师送书到办公室，向我问询，因此我记得她的名字叫多吉措。测试中令我费解的现象促使我向多吉措提出了自己的疑惑：为什么大家都能很好地应对前三题，却大量地栽倒在“说话”这个项目上呢？作为班干部，多吉措不像很多藏族学生看到我这个汉族老师会有畏惧心理，她大大方方地谈了自己的感受，让我茅塞顿开。原来，藏族学生从小使用的都是藏语，藏语本身有些类似拼音的文字，所以藏族学生在学校学习汉字时是通过拼音学发音的，这一点与内地学生学习汉字时是以方言发音为基础是不一样的。因此，藏族学生很清楚地知道平翘舌、鼻边音、前鼻音、后鼻音是不同的字母和发音方式，从而达到准确而标准的发音效果。另外，藏族学生虽然能够准确发音，但是平时生活中较少用普通话表达和交流，因此在考“说话”时出现卡顿甚至无话可说的现象。在感谢多吉措帮我解答疑惑之后，我问她毕业之后想做什么，她忽闪的大眼睛突然有了些害羞的神情，说自己想成为一名语文老师。她说这样自己就可以漂亮而自信地在学生面前讲授知识，培养一个又一个的藏族小朋友成为科学家、文学家、艺术家，把西藏建设得更加繁荣了。没想到这个藏族小姑娘竟然有着如此令人钦佩的志向，我不禁被她感动了。回想起刚才测试中她和很多同学一样没有拿到理想的成绩，结合自己在内地给学生做培训的经历，我就让她去问问同学们是否愿意来参加普通话培训。我的话音刚落，多吉措的眼里突然闪出光芒，她猛地点了点头，然后原地转了个圈，踩着藏族舞蹈一般的步伐离开了，沿途留下了我听不懂的悠扬的藏语歌声。

接下来的一个月，在学校的支持下，我给有意愿的学生做了多次培训，讲解了普通话水平测试的流程、技巧和意义，鼓励这些藏族学生平时多用普通话交流，并在生活和学习中更多地用汉语、汉字来表达，生活中也可以多看一些文学书籍和影视作品。在培训中，藏族学生非常活跃，不但主动和我沟通，而且经常在兴致高的时候全班一起唱起藏族歌曲，笑容洋溢在每个人的脸上，仿佛我们不是在上课，而是在举行一场演出，参加一场盛会。从那个时候开始，我越来越多地在上下班路上、在办公室里，甚至在市区买东西时被人叫一声“王老师好”，回头一看都是这些可爱的藏族学生。不仅如此，学生们越来越愿意主动地说普通话，和汉族老师交流，了解和学习内地的信息和知识。多吉措还邀请老师和同学们到她家里动手去做糌粑食品，享用藏族食物和酥油茶。之后，师生间逐渐兴起了以普通话交流和学习为主题的沙龙活动，我也得以了解到很多藏族的文化和传统。

令人印象深刻的一次活动是一个周末，我们几位老师和学生们相约去爬山。由于已经适应了高原的生活，加上一直以来忙于工作而没有充分了解这座风格独特的城市的缘故，我也欣然加入了爬山的队伍。秋天的拉萨风景宜人，空气中的氧气含量却比夏天更低，我们几位汉族老师爬山的过程中基本上是两步一小喘，三步一大喘，以弥补体内氧气的不足。也好，利用每次的休息多给自己一点机会，用眼睛去沐浴高原的蓝天、白云、雪山构成的壮丽景色。藏族学生们在多吉措的带领下轻松地在前面开路，不一会儿就远远地把我们甩在了后面。我们抬头向上看去，感慨学生体力好的同时突然看到了天上盘旋的山鹰。这些展开翅膀的大鸟在蔚蓝到极致的天空中如鱼儿游泳一般惬意，让我们恍惚间仿佛也飞翔在空气稀薄的高空中。正看得入神，远处传来了歌声：“长长的头发，黑黑的眼睛，好像在什么地方见过你，山上的格桑花开得好美丽，我要摘一朵亲手送给你；纯纯的笑容，傻傻的话语，烙印在我的心头难忘记，头上的彩蝶啊飞得好甜蜜……”原来是多吉措他们在山腰停了下来，大声地唱着歌曲给我们打气。平时这些藏族孩子们在课堂内、走廊里、操场上多是唱藏语歌，今天为了鼓励我们，改用普通话大声地歌唱，顿时让我们恢复了精神，大步追了上去。终于，站在山头，我们看着远处的拉萨市区被皑皑的雪山环绕其中，市中心的布达拉宫在金灿灿的阳光下庄严肃穆，内心不免唏嘘，深深地被西藏人民从古至今形成的独特文化所感动。休息的时候，我们问起孩子们将来希望去哪里，这些孩子们七嘴八舌地回答“成都”“北京”“上海”……究其原因，孩子们的眼睛都闪亮了起来。他们的回答无不怀着对大城市的向往，对科技和经济发达地区的崇拜和羡慕，对祖国传统文化的渴求。作为一名普通话推广员，我深切感受到这些身处边远地区的孩子们对中华文化浓浓的热爱和强烈的参与意愿。我仿佛可以看到，他们走向藏区的各个角落，走向祖国的各个城市，用普通话搭建起一座座藏汉交流的桥梁，让文化交融、传播，互促互进，共同发展。

半年的援藏时间很快过去，师专的迎评工作顺利完成，我和孩子们的普通话教学课也要告一段落了。临走的时候，孩子们围成一圈给我们唱歌、朗诵、献哈达送行。恋恋不舍的我们也给孩子们留下祝福，希望他们学好文化知识，借助普通话这座桥梁，早日如愿地进入各行各业，成为祖国发展的栋梁，努力建设西藏，让更多的人能够感受到藏区特有的文化和风情，进一步提高中华文化的世界影响力。

扎西德勒，洁白的拉萨！扎西德勒，可爱的藏族师生！扎西德勒，伟大的中华文化！

（作者为华中师范大学本科生院干部，省级普通话水平测试员）

# 情系普通话

关纯维

我是一名普通话水平测试员，从事测试工作近十年了，我热爱这项工作。前几年，普通话水平测试采用人工测试的方法，为了公平公正，一个考场通常有两名测试员担任考官。在测试中，测试员必须全神贯注，如若不这样，听错或听漏一个字都可能会影响应试者的成绩。每次测试工作都是从早上开始，到下午结束，测试员一直处于紧张状态，完成一天的测试工作，疲惫是可想而知的。尽管工作辛苦，我却从中获得了丰富、多元的体验和认知。

## 坚毅与美好

在测试工作中会遇到很多同行，他们多数在学校担任教职，也有其他行业的从业者。大家志同道合，为了推广普通话而相聚在一起。在一次测试中，我的工作搭档给应试者评定成绩时非常自信、果断，我那时刚接触测评工作不久，很羡慕他的测评能力，就向他请教。交谈中，我得知他是一名黄陂籍的邮递员，我对黄陂话的认知来源于湖北演员田克兢的方言小品。我没想到黄陂人也能说一口标准、流利的普通话，便问这名测试员是如何做到的，他骄傲地回答："练出来的。"我心里暗暗佩服他：有志者事竟成。

有一位名叫姗姗的测试员，给我留下了很深的印象。我与她在一次测试中相识。工作搭档是在测试当天随机抽取的，我俩被分在一组。她是一所师范大学的研究生，我在以前举行的很多次测试中都见过她，她总是面带微笑，与熟识的测试员打招呼。在我俩这次合作中，她谦和有礼，表现出极强的责任心。与她相处，如沐春风。我想这些品质得益于她的家庭教育和学校教育。她将来如果从教，也会成为一个受学生爱戴的老师。她让我对 90 后这一代青年人有了新的认识，他们并不冷漠、骄傲，而是充满了热情与真诚。

## 感动与喜悦

我供职于一所高校测试站，应试群体主要是大学生。测试中我遇到过许多考生，虽然我们的相聚只有短短的十几分钟，但我从这相聚中感知到不同人物的人生，体会到人世的爱与感动。有位考生在说到她尊敬的人时，说起她幼年丧父，母亲含辛茹苦地将她抚养大，说到动情处，泪光盈盈，她的言语打动了我，我深深体会到母爱的伟大和孩子对母亲真挚的爱。

测试中如果能遇到语音面貌好的考生，那么测试就不单单是一项工作，它还是一次听觉上的享受，能缓解测试工作中的疲劳，让人感受到一种偷得浮生半日闲的喜悦。曾有一位衣着得体的考生，在测试时侃侃而谈，沉稳大方。她说自己将要从事社区服务工作，已经通过笔试，一会儿得赶去参加面试。她认为普通话能实现人与人之间更好的交流与沟通，对此我深有同感。她标准的普通话肯定能为她的面试加分，我在心里默默为她祝福。

## 考场中的小插曲

测试中也会遇到令人捧腹的趣事。在一次测试中，应试者以男生居多。在第三题“朗读短文”测试中，有个考生朗读短文《胡适的白话电报》，短文内容是，在新文化运动中，胡适用白话文描述自己婉拒朋友提供工作的好意，他在电报中回复说：“干不了，谢谢!”考生念到这里时，口中蹦出的却是：“不干了，谢谢!”我当时一愣，为了不影响考生，只好憋住笑。虽然错漏字个数不多，但不同语句所表达的含义却大相径庭。那天在这句话上出错的考生很多，我想造成这个现象的原因主要是紧张及马虎大意。现在，偶尔想起当天的情景，我脸上还会泛起笑意。

有一次，一个带有浓重方音的考生在测试结束后没有马上离场，而是走到我和另一名测试员附近，怯生生地说了一句话。我们以为他想要取回证件，就告诉他证件已经交还给他了。他脸红了，又重复了刚才那句话，同时还把手指向我们面前的评分表，我们这才恍然大悟，他是想打听他的成绩。“成绩”和“证件”，在不标准的普通话里，发音的确很接近。在笑过之后，我深感普通话的推广依然任重道远。

考试中也遇到过学生当面求情的场景。有个考生说他只有取得二级甲等以上的证书，才可以获得在某个单位工作的机会，他以前测试只取得了二级乙等证书，希望这次我们能高抬贵手。我们委婉地拒绝了他的请求，他露出了失望的表情。虽然我们也有恻隐之心，但测试员的工作准则是不能违背的。推广普通话的要旨是通过话语来传播正能量，传播正确的价值观。当然，这种不和谐的声音出现的概率很小。

## 获得新知

在给考生测评的同时，我也学到了很多知识。语言是随着社会发展而不断变化的，我们在过去很少使用的词语，在今天被广泛使用。比如“去到”这个词语，我初听时质疑它的规范性，并考虑是否在语法规范项目中给考生扣分。为了保证测评的准确性，我查询了一些文献资料，发现“到”可以作为动相补语使用，“去到”这个词语符合语法规范。测试工作促使我去学习。通过学习，我增长了知识。

通过考生在第四题“说话”项目中所叙述的内容，我这个“体育盲”知道了球星科比的全名、战绩、影响力，了解到了电影《忠犬八公的故事》的情节和许多网络作家及其作品。测试工作为我打开了一扇领略流行文化的小窗。

测试需要测试员对考生进行身份验证，在这项工作中，我知道了一些罕见的姓氏和由生僻字组成的名字，也曾念错考生的姓名，在考生善意纠正之后，便记住了这些字，同时也被中国文字的博大精深和意蕴丰富的姓名文化所折服。

## 继续前行

近些年来，普通话水平测试已由人工测试转向机辅测试。相较于人工测试，机辅测试不再要求测试员亲临现场对应试者进行测试，而仅需通过计算机测试系统对第四题“说话”项目进行人工测评。它提供了更宽松的工作环境，使工作节奏更为舒缓，让测试工作变得更轻松。

始于初心，源于热爱，测试的目的是“以测促学”，是推广普通话。不论测试方式如何改变，我热爱普通话、致力于推广普通话的初心不变，我愿继续为推广普通话尽绵薄之力！

（作者为武汉工程大学法商学院讲师，省级普通话水平测试员）

# 人间百味我独有

## ——我的测试亲历

吴洪琳

作为一名省级普通话水平测试员已有很多年，从人工测试到机辅测试，拥有了很多难以忘怀的经历，难得有个机会将这些不足为外人道的故事一吐为快，就在此畅快淋漓地说一说吧！

做测试工作这些年，最开心的记忆当属在华中师范大学做人工测试的那几年。接到任务通知，早早起床搭乘奔向华中师范大学的公交车，然后在三号楼集合，等待考生们鱼贯而入进行测试。最开心的时刻，莫过于测试结束后集合去桂香园餐厅吃饭。也许我生来是个吃货，只是被教师这个职业掩盖了本性。当桂香园的瓦罐鸡汤、脆皮卤鸭、清蒸武昌鱼以及某些只出现过一次或者几次的特色菜肴被服务员放上圆桌时，我的眼里就没有别的东西了，吃饱喝足了回三号楼休息室眯一会儿，就开始准备下午的测试工作了。我在很多地方都做过测试，吃过最惨的是盒饭，一条一掌长的油煎鲫鱼或者豆瓣鲫鱼，几片青菜，半个蛋或者一个蛋，几片肉，若干土豆丝和豆干。为什么说惨？因为专注测试一上午，肚子里早已空空如也，必须吃。可武汉的盒饭都是传说中的辣，尤其是不见辣椒的辣味。吃过这重口味的盒饭之后只能猛喝水，测试员的水是不限量供应的，可测试时是没有时间上厕所的，喝水多了得去厕所，去厕所就会耽误测试工作，所以，吃到最惨的盒饭是会耽误正常测试工作的。那时年轻，心中总有点怨念，后来发现别人的测试工作没有延误。老测试员们也有不能吃辣的，她们在吃盒饭的时候会挑食，宁可饿一点，也不吃太咸辣的食物。我学到了，后来再也没吃过盒饭了。

记忆里唯一看到星光的一次是到地区做测试，因为考生数量多，测试员不够，所以便提前召集测试员并且预告可能需要加班。那天，测试工作从早上七点半开始到晚上十一点才结束，中间吃饭、休息半小时。记忆深刻是因为那次仿佛一场激烈的没有硝烟的战斗。安排的饭菜很丰盛，可是大家都吃得很急很快，半小时的吃饭时间空出来至少十分钟，餐桌上留着完整的鱼盘，几乎都这样，因为吃鱼费时。我记得那天的清炒丝瓜，真的很顺滑柔嫩，一吸溜就下去一大筷子，中饭吃完出来看到满头阳光，晚饭出来看到夕阳暗淡，测试结束出来抬头皆是星光。那是一个晴朗的周末。

记忆里奔波最远的一次是到一个县城做测试，因为当地没有测试员，省里就近安排我们几个测试员过去做公务员普通话水平测试。那次坐了四个小时的客运汽车，提前半天到达，县里给安排了住处，招待所很干净，新蒙的绿色纱门、纱窗，还有粗大的两盘蚊香，这些依然挡不住我这个异乡人产生的“吸蚊力”，第二天走到测试地点，我已然一身新旧蚊包，一边安排测试录音，一边风油精、清凉油、花露水各种涂抹，可又怕熏到考生，特别不好意思地把测试座位调离得远一点。考生年龄都比我大，方言很重，可都很认真，很重视这次考试。一个小县城，虽然当时也许并没有对这些考生进行系统的考前培训，但每一个考生都在考试之前认真地说：“尊敬的老师，您好！”说来也奇怪，那天吃了些什么，我这个吃货竟然全然不记得，只记得那些被尊重的感觉，记得对测试工作的认真。有个大叔考生说话时情绪激动，我并没有打断他，只是低头假装看不到大叔的眼泪。等大叔快平复了，我就提示他继续说，尽量不要太激动。因为他们认真，所以我们要更认真。

记忆里最忙碌的测试日子是从周末转移到了周一，这标志着机辅测试的全面展开。终于有真正的双休了，好开心，可是再也没有聚餐的机会了。食物之所以好吃往往是因为饿了，在高强度的测试工作后能吃到舒服的食物，它们都可以让我称为美食。而机辅测试普及后，食物的香气就突然从我的测试记忆里消失了。而今到华中师范大学、武汉大学等曾经测试过的地方时，已不再有兴趣去吃那里的食堂了，想来也难得再有机会向测试员同事推荐湖北工业大学北门的豆皮之类的信息了，就且容我缅怀一下吧。

虽然不再有聚餐，可是有一盘菜不得不谈，那就是传说中的“西红柿炒鸡蛋”（番茄炒蛋）。不知道哪里的培训员传授的半吊子应试技巧，可坑了一大批考生。初入机辅测试，只用听第四题，感觉自己就是在听故事，有的人是编故事，但是更多的人会说真实的故事。而这盘“西红柿炒鸡蛋”在真情流露的说话中就显得很突兀了。因为一个考生说他最尊敬的人会做西红柿炒鸡蛋，这不奇怪，奇怪的是将西红柿炒鸡蛋的油放几克，西红柿要切多大的块，如何翻炒，这些细节说上两分钟明显就是偏题了。这么明显和严重的扣分内容竟然没有人告诉这个考生？带着疑问的我很快就听到了各种版本的西红柿炒鸡蛋。“难忘的旅行”是因为吃到了西红柿炒鸡蛋；“谈谈美食”是因为西红柿炒鸡蛋是最好吃的美食；“我最喜爱的书籍”是记载有西红柿炒鸡蛋的书；“谈谈科技与发展”是因为古人不会做西红柿炒鸡蛋，所以考生要教大家做西红柿炒鸡蛋……诸如此类生硬的开头，然后就是背菜谱，这让我的测试工作至今都弥漫着淡淡的番茄炒蛋味。因为听得多了，我已经会六种西红柿炒鸡蛋的做法了，这算不算测试工作的福利？而今，听到这种背菜谱的事儿少多了，偶尔冒出来也是让人会心一笑。可怜的考生，你为什么不去参加普通话培训呢？明明可以好好说话的，却因为这蹩脚的应试技巧导致丢失更多的分数，实在不划算。每每和测试员们交流，都为这些孩子们惋惜不已。

在机辅测试的培训课上，老师说：“以后大家就可以泡一壶茶，晒着阳光，懒懒地瘫在躺椅上，戴着耳机做测试了。”那时我对机辅测试工作的憧憬是淡淡的茶香和阳光的味道。后来，开始机辅测试了，茶有，阳光也可以有，躺椅也还行，耳机是必须的，缺的就是“懒懒地”。每次接到任务，我都赶紧忙完手头的事情，根据工作数量选择泡茶还是泡咖啡，坐或者躺都不重要，重要的是手要能打字，能计数。精神高度集中的测试工作，怎么会出现“懒懒地”场景？我吐槽这慵懒的用词。姿势可以懒，工作不能懒。咖啡的刺激性太大，往往测试结束后人会很疲倦，还是红茶好，听测试内容的时候不困，测完立刻就能倒头睡，第二天神清气爽，继续上班。

从吃的说到喝的，如果不是吃货，肯定没有这些细细碎碎的情结。我承认，我是一个喜欢从工作中发掘乐趣的人，所以我才会更喜欢这份工作。

（作者为长江工程职业技术学院教师，省级普通话水平测试员）

# 普通话测龄的算法

申定羽

新老普通话水平测试员一见面，总会亲热地问："您是哪一期的？测龄几何？"何谓测龄？顾名思义，当然是指从事普通话水平测试工作的年限了。对此疑问，刚刚上任的测试员多娇羞一笑："嘿嘿，刚毕业，还小呢！"老资格的测试员则朗声大笑："呵呵，我是第×期的，×年了。"

屈指算来，我的测龄该是多少呢？

大学毕业分至一所师范学校任教，开始从事"现代汉语""普通话口语训练"等课程的教学，自此与普通话工作结下不解之缘。幸运的是，刚参加工作不久，就被抽调出去参加鄂西北片的中等师范学校普通话检查工作，一路从竹山、郧县到枣阳、襄阳、随州。那还是 20 世纪 90 年代初的事情。普通话水平测试的内容与现在有些相似，不过仅分为三项——读字词、朗读短文及口头作文。那时的我，太年轻了，一点出门经验都没有，所以闹出不少笑话——不是被锁在车中下不来，就是走着走着就掉了队。最经典的要数在随州的那次：我负责字词项测试，虽然是初春时节，却战战兢兢、汗流如注。为什么呢？随州方言与我熟悉的襄阳、郧阳方言完全是两码事，我竟然听不懂带有随州口音的普通话。而第一位考生恰恰方音很浓，他读得抑扬顿挫，我听得稀里糊涂，竟然听着听着就找不着他读的字词了，一着急汗湿衣背。幸亏带队领导发现了我的窘况，安排负责朗读项的老师与我调换，才摆脱了这种尴尬境地。若干年后，当我再次见到那位带队领导时，他笑着说："哈哈，几年不见，小朋友终于长大了！"只有我知道其中的深意。如果这样算的话，我岂不是近 30 年的测龄了！

还是从 1995 年参加湖北省第一期普通话水平测试员培训班开始算起吧。1995 年暑期，我们来到武汉，开始了为期两周的培训生活。住宿条件非常简陋，如此炎热的夏天，四个人同住一间仅有一个吊扇的宿舍，整个楼层共用卫生间、淋浴室。第一期的学员年龄参差不齐，老的老，小的小，老的五十多岁，小的才二十出头。不过，大家干劲十足，教室里、宿舍里总是"蛙声一片"，无论老少都抱着普通话书大声朗读。直到现在，那些文章仍深深地印在我的脑海之中。同年底，我到湖北省监利县参加湖北省语言文字工作现场会，会议现场第一次按照《普通话水平测试大纲》测试普通话，可惜我仅仅测试了四个人。如果从这次开始计算测龄，我该有 24 年了吧。

对我来说，真正意义上的普通话水平测试大练兵应该是 1997 年。那年武汉市内的师范院校都要进行普通话水平测试。湖北省普通话培训测试中心从全省各地调来大批人马，我也有幸被抽调到武汉。这次的测试于我和当时的许多测试员来说，意义都非同寻常，因为这是我们第一次如此正式地将所学知识运用于如此大规模的测试实践之中。

1997 年的测试记忆非常深刻，可能有人会说第一次这么辛苦地工作，当然记得了。的确，每天从早到晚地测试，从一个战场辗转到另一个战场，说不累，那肯定是"逗你玩儿"的。不过，与带队的组长、复审员相比，我们还不算累，因为他们不仅和我们一样参加白天的测试，晚上还要加班加点地检查、核对各考场的分数表，复审当天的测试录音，岂不更辛苦！但是，第一次，宝贵的第一次啊，我们都沉浸在莫名的紧张和兴奋中，投入测试就忘了自己。在饭桌旁，在宿舍里，彼此交流测试心得，四处搜集"测试花絮"。

那年参加普通话水平测试的考生应该是最紧张的考生，因为这是全省范围内的第一次测试，考生毫无经验可循，所以闹出的笑话特别多。至今让人津津乐道的是关于"横着读"的笑话：某考生朗读单音节字词时，没有按照测试要求进行横向朗读，自作主张纵向朗读，测试员提醒他"横着读"，考生太紧张了，竟然误会了测试员的意思，赶忙将身体横向一扭继续高声纵向朗读，"错了，是横着朗读"，考生一听又将身体扭转到另一个方向，测试员没有办法，只有忍住笑进行示范，考生方恍然大悟。事后，测试员说："我担心再说一句，他就躺下来读了。"大家都乐坏了。说得更多的是关于考生将字词念错的笑话，如因紧张将"抽"读作"屉"，将"臀"读作"屁"，将"猫"读作"喵"，将"吠"读作"犬"，甚至读作"汪"，这样的故事举不胜举。当时的朗读篇目里有这么一句话："你不能再白吃饭了。"很多考生不是读作

“你不能再吃白饭了”就是读作“你不能再吃饭了”，文意完全被曲解了……1997年的笑话太多太多，以至于后来测试中遇到类似问题时，新测试员往往忍不住掩口而笑，我们这些老测试员却无动于衷。是麻木吗？非也！与1997年闹的笑话相比，这还算搞笑?!

说考生紧张，其实我们这些第一次正式练兵的测试员也同样紧张。记得一接到测试通知，我就从家里搬出厚厚的《普通话水平测试大纲》苦读，找出评分细则仔细研究。测试时，耳朵差不多竖了起来，唯恐漏掉一个错误、一个缺陷，然后将错误、缺陷一个个记录在草稿纸上，测试结束后才敢慢慢算分，再把草稿纸上的分数仔仔细细地誊写到分数表上。当时不仅我是如此，几乎每位测试员都是这样。

我们每天谈论的话题都三句话不离本行——测试。有几位测试员随身揣一个笔记本，随时记下心得体会以及各地方言的笑话，像“亲一个发一个”（即“签一个发一个”）、“来一猛吻”（即“来一满碗”）之类的笑话就从那时起在湖北省测试员中广为传播。而且只要开口说话就会刻意捎带上当时朗读篇目中的句子：削水果时，会好心提醒，“‘孩子’，小心哪，别把手指削掉”（原作品14号）；出门时一定会叮嘱，“去吧，路上要小心狗”（原作品19号）；如果有人说了一句“真好”，肯定会有人接上一句“朋友送我一对珍珠鸟”（原作品3号）……乐此不疲。

回想起来真是太有意思了，令人无法忘怀。正是普通话水平测试工作，我与许多测试员相识、相熟、相知，后来很多人成了我工作、学习上的良师益友。如今一有测试，我们这批人就会招之即来，不图别的，只为这份情谊、这份对工作的热爱。

算来算去，我的测龄几何，还是未知呢！亲爱的朋友，还是请您帮我算算吧！

（作者为华中师范大学教师教育学院副教授，国家级普通话水平测试员）

# 让我们一起痛饮这芳香的美酒

陈秀梅

“@全体成员：现在有一批测试第四题的打分任务，未来一周有时间的测试员可以联系我。”从月考改卷的电脑页面跳转到QQ的信息栏，我看到了测试员群里弹出美女领导下发测试任务认领的通知。

“测试任务领还是不领？”领吧，作为高中老师的我最近教学工作实在太繁重，这无异于给自己增加负担；不领，已经几次没参与测试了，简直觉得自己有点徒具普通话水平测试员之名，更重要的是，很久不参与测试，似乎像一个有酒瘾的人遇到一坛好酒，那种心心念之的记挂心理，不喝酒的人实在难以体会。

有时想想，从事普通话方面的工作对于我们这些测试员来说，是一种醉，是嗜酒者之于美酒的一种醉，陶然其间，不能自拔。这种醉是从何时开始的？这种酒又是何种佳酿？

## 爱和欣赏是饮了就醉的美酒

我所工作的学校是中等师范转轨的高中，其前身是一所当时在全省小有名气也颇有实力的中等师范学校。当年，学校的主要任务是培养中小学教师。普通话是教师的职业语言，普通话等级证书是每个毕业生必须拿到的从业证书之一，学校对普通话的教学工作非常重视。

作为一名语言文字工作的热爱者，我上班不久，学校领导就分配我教授学生学习普通话，课程名称为“教师口语”，我们简称为“口语”，每周课时最多时接近20节。周课时近20节，现在回想都有点后怕，可是当年的自己，也许是因为年轻，也许是因为热爱，却从未感到累和苦。每周的口语课中，我和那些正值青春年华的男生女生一起为学好他们未来的工作语言而努力。

虽说是学生，但其实都是同龄人，有的学生比我这个老师还大，也有少数特殊情况，那就是我的初中同学又成了我的学生。口语课上，老师乐于教，学生乐于学，那课堂真是其乐融融。

依然记得某一天课堂上的一幕：那天讲的是普通话的语流音变，我在讲台上讲理论并示范，下面的同学听得非常认真，也积极地跟着练习。但在我转身板书的刹那，似乎有窃窃私语的女生声音。待板书完再转身面向讲台下面，我清楚地看到两个清秀伶俐的小女生正看着我呢。见我看着她们，两女孩脸一红，笑着低下了头。我没有追究两女孩一时的走神，只是温和地看一眼她们，继续教学。

十几年后，当年在课堂上脸红的女生牵着她的小孩搂着我的肩笑眯眯地说："老师，当年，你教我们的时候还不到20岁吧？你知道吗？当年我们经常在课下议论你，你的年龄，你的声音，你的语调，你的大长腿。还有，有时我们特别安静，就是在专门听你的声音，你知道吗？你讲普通话的声音真好听。我们经常因为沉醉于你的声音，都忘了你讲的内容。其实，我们都把你看成姐姐的。"

学生爽朗地笑，缓缓地道出当年的秘密。我也笑了。我们仿佛在长长的时光隧道里看到了自己在花样年华时的身影。其实，那时教师的教学，是非常投入和认真的；那时学生的学习，也是专注和刻苦的。最终师生的汗水都化作了一张张让人惊喜的普通话等级证书。记得那时每年的毕业生很少拿二级乙等证书的，很多学生都以一级乙等为目标，二级甲等是最普通的成绩。还有后来走上了播音主持工作岗位的学生，继续努力，顺利通过了一级甲等的测试。这在小小的县级城市，实在是难得的成绩。

学生毕业了，有的在学校做教师，有的在广播电视台做主持人，也有的在政府部门做公务员，等等。如今，在小小的县城，无论是在学校还是在机关单位，总能遇见当年的学生。客观地说，那么多毕业生，我真的没办法一一记下他们的名字，以及他们口中的当年口语课上我如何教他们学习普通话的细节。但是，就像我们的青春不会被忘记一样，我一定会记得当年师生对口语课的热爱以及努力：清晨的朗读，一字一句的纠错，演讲、朗诵比赛上的自我挑战，寝室里的绕口令……

三毛曾说："说起心中的寂寞，不是因为哀愁，而是觉得，好像在这世界，没有另一个人，懂得此刻在我灵魂里的那份欣赏、赞叹、平和、温柔和喜悦。在这一场有魅力的生命中，我好似总是一个人在狂喜。”我想，在那场师生互动的普通话教学中，我一定是幸福的，因为我们可以互相感知彼此灵魂里的那份欣赏、赞叹、平和、温柔和喜悦。

## 被感动是会呛人的烈酒

在多年的普通话水平测试工作中，测试的对象已不局限于在校学生，可以说涉及各行各业、形形色色的人。而在测试的过程中，很多的被测试者都给予了我一份持久的生命感动。

2000 年左右，在某乡镇测试，一位被测试者在第四项“说话”的测试内容中说，他是一名乡镇学校的老师，癌症晚期患者，希望在生命所剩不多的时光里拿到自己一直努力希望得到的等级证书，所以他来参加这场并不能改变他的职称、职位和工资也不能给他荣誉的普通话等级测试。

我心头一颤，看着那虚弱的身影，随即和搭档以眼神交流商量：怎么办？是坚持测试标准还是适度放松要求来帮助眼前的重病患者实现愿望？那一刻，真的特别害怕自己在 10 分钟的测试过程里给他人留下一生的遗憾。内心特别纠结，一边是测试员神圣的职责，一边是温暖的人性。二者在测试工作中看似平常、平静，那一刻竟充满了强烈的矛盾冲突，并要求我们在极短的时间内做出非此即彼的艰难选择。

从另一位测试员搭档的表情上我可以清楚看出，她应该也是和我同样的心理。一项默契的工作开始在我们中间展开，我们一边倾听，一边计算分数，预估被测试者的普通话等级能否达到他希望的等级。我和搭档很快计算完毕，悬着的心渐渐平静下来：眼前的这位特殊的被测试者应该是刻苦练习过了的，他的测试分数应该临近二级甲等。我们想帮助一下他，决定以对话的形式让因为有些紧张而说话不太自然流畅的他把最好的语音面貌展示出来。我们先用温和、平静的语气告诉被测试者：你的说话内容完成得比较好，可以暂时停下来了。接下来我们提问，你来回答就可以了。被测试者受到鼓励，放松多了，我们问了几个他熟悉的话题，他的回答在发音上也比较标准。我和搭档相视一笑，各松一口气，圆满地完成了这次特别的测试任务。测试标准是严谨、科学的，测试员的工作是规范、神圣的，但它也应当充满温情和人性。

作为测试员，既能恪尽职守又能坚持以人为本，让测试工作有尺度又有温度，也是生活中一种美好的创造！

看着这位羸弱的考生缓缓走出考场的背影，心头更有满满的感动和敬意。

感谢这些年来在普通话的学习、教学、培训、测试当中遇见的那么多让我感动的人和事。记下的永远只是有限的一部分，但是，它们像烈酒，饮过就终生难忘。

一次感动，一定是伴随着一次心灵的升华。

一场场普通话水平测试，一次次出现让人感动的瞬间。在这一次次被感动的过程中，自己的心灵也一次次得以升华。终于，在一次次的被感动中，我们把自己变成了那个更好的自己。

## 被激励，是一杯口感绵柔但酒力恒久的老酒

那年，四级文明城市语言文字检查的活动中，全市的公务员都被要求进行普通话水平测试。那天上午，我被分到政府综合组参与测试工作。拿好测试需要的资料，我们几个测试员准时到达测试地点，准备工作很快做好，于是开始测试。那天我们负责测试的对象都是市里的主要领导，可能真像工作人员所说，领导有活动要参加，好几个缺考。接近 11 点，进来一位平时没听说过名字的市领导，但他一出现，就给人很深的印象，高大，微胖，浓浓的书卷气息，不像一位官员，倒像一位学者或者一位高校的在读研究生。测试开始了，眼前书卷气浓浓的应试者一开口，我就可以听出腔调很好，可以断定他是经过培训练习的。我有点好奇这位眼前的应试者，倾听和打分的间隙抬头看看这位测试中的领导。我发现他的应试特点非常明显，像准备论文答辩一样认真阐释手中考试的话题，条分缕析，语调不急不缓，从容不迫，淡定宁静，尽量让每个字词发音准确，当时我就想：有这种素质的考生，简直就像个“考神”，在任何的考试中注定都会是出类拔萃的。

测试结束，在走向休息会议室的路上遇见了在政府工作的学生。一番寒暄后，我顺便问起上午测试中让我印象深刻的充满学者气息的考生，学生听了我说的名字，笑了，满脸骄傲地说：“老师，这是我们新来的副市长，清华大学毕业的博士生，标准的学霸。”

不是因为副市长的头衔，也不是清华大学博士的光环，我总觉得这场测

试给了我很多的激励。一个人的一生要经历多少次的考试啊，学校的，职场的，生活中的，但凡考试，我们若都能充分准备，认真对待，淡定从容去进行，哪一场考试不能取得满意的成绩呢！

此后，但凡应考，我总是忆起这一幕情景，也好像总能产生一种神奇的助力。

## 被信赖，是一杯芳香迷人的红酒

那年，受领导委托，我在市教育局报告厅做普通话测前培训工作。为了不影响参加培训人员的工作，培训时间定在晚上。但是，有的职员白天下班后身份就转变成了家长，为了参加培训，有的家长索性把孩子也带来听课。有个陪妈妈来听课的小学生每天晚上都来，后来还总是坐在第一排。这个小学生在课上安静地听，很主动地答，休息时还要跑到讲台上提问，简直像个忠实的粉丝，让人爱怜极了。培训结束时，孩子的妈妈特意向我道谢，说孩子学了不少东西，很开心。我为家长来参加培训而耽误陪孩子的时间表示歉意，家长则说，孩子说你这样上课谁会不喜欢呢，真希望还能多听听。

那次培训，我在讲课中做了一个当地方言词汇、语法的统计工作。特别让我意外的是，那些平日里一个个看起来高高在上又极严肃的领导，在培训课上和我配合默契，互动积极，让我们的培训课堂气氛十分热烈，培训效果出乎意料。他们竟然还像老朋友一样搜肠刮肚，为我提供各种他们在现实语境中遇到的方言词汇和语法。这些来自生活中的生动例子丰富了我的教学案例，也丰富了我的人生记忆，实在是一笔不可多得的精神财富。

信赖，往往创造出美好的境界。是啊，无论是旁听的小学生和她的家长，还是那些听课的领导，他们对我课堂的支持和课程的信赖都足以在我的记忆中营造出一种美好的境界，装饰我平凡的人生。

（作者为广水市实验高中教师，省级普通话水平测试员）

# 四说普通话

曹　莉

## 一、说方言

先从方言说起吧！三句话五个词，咱先来考个级：①见面问好“嗯恰冒”；②遇见陌生人张口问声“嗯丝门”；③一群好友“太恒早”聚在“阁落害”“斗罗法子”。此刻，如果你莫名其妙、抓耳挠腮，感觉十分“晕菜”，那么我来公布正解：①见面问好“你吃没”；②遇见陌生人张口问声“你是谁”；③一群好友“大清早”聚在“角落里”“聊天”。如果你毫不费力、轻松解答，那么咱得握个手，再两眼泪汪汪一把——老乡啊！说具体点儿，我俩是阳新老乡。

是的，我是阳新人，土生土长的。直至 16 岁，脑子里都是没有普通话这个概念的。不就是说话吗，谁不会？谁听不懂？那是张口就来的随性，那是像呼吸的空气般如影随形的存在，所以从来就没有关注过。

也是在 16 岁那年的 9 月，我才对普通话有了特别的关注。那一年初中毕业，我考入了蒲圻师范学校，第一次走出阳新小县城。当时交通不便，坐车四五个小时，辗转到达离家 180 多千米的新学校，就出现了无法与人交流的窘况。当地方言我完全听不懂，简直是鸡同鸭讲，真是急得叫人不知“哪么搞”（当地方言，意思是“怎么办”）。我们班有个化学老师，姓甚名谁现今忘了，但我们给他取的外号倒是记忆犹新，就叫“哪么搞”，这是他的口头禅，显然他是当地人。好在同学们都能用普通话交流，可一说普通话啊，我的出生“劣势”就出来了，当地学生都卷着舌头跟我说“zh”“ch”“sh”的时候，我才发现我们阳新人说普通话竟然“zh”“ch”“sh”与“z”“c”“s”是无法区分、混为一谈的。

不仅如此，有时候连“g”与“w”也容易搞混，为此我还闹了个大笑话。有年春天，我们班组织去野炊，身为团支书的我站在讲台上给同学们分配任务。这个组负责采购食物，那个组负责捡柴生火，安排本地的同学："本周放假返校时，你们负责把家里的'窝'带来。"原本叽叽喳喳闹作一团的教室顿时安静了下来，大家面面相觑几秒钟后才反应过来，然后爆发出一阵哄笑声，我这才意识到我把"锅"说成了"窝"（在我们阳新方言里，就是这样说的），真是叫人哭笑不得。直至如今，"把'窝'带来"也成了同学们跟我见面时调侃的梗。

阳新人讲普通话，算是输在起跑线上了。

## 二、说考证

"江东子弟多才俊，卷土重来未可知。"先天不足，后天来补。当我认识到自己与别人的差距后，很自然地萌发了讲标准普通话的念头，然后就付诸行动了。想要说好普通话，除了多读多练，实在是想不出有什么捷径了。那就读吧！读什么呢？当时唯一能想到的，就是权威的字典。我们常备的《新华字典》就收录了很多汉字，同时也标注了拼音。听说有人能把它背下来，随便挑一个字都能准确说出该字所在的页码以及意思，简直是大神。我等凡人是无法企及的了，但读一读还是可以的。如果能把它通读几遍，甚至熟读，那就不怕读不准了吧。于是我给自己制订计划，开始老老实实地读字典，每天早读和空闲时间就抱着本《新华字典》读。常用的平舌音与翘舌音、前鼻音与后鼻音中受方言影响特别容易出错的字，我把它们分类摘抄下来反复读，加强记忆。这个过程是极为枯燥的，好在那时生活规律，心思单纯，能够静下心来埋头苦练，所以这样反复读下来，效果也是挺显著的。当然也有弊端：如果只是认字、读字，还能达到百分之八十以上的准确度，可一旦脱离了书本，在与人进行口语交流、日常对话时，那就错误频出了，典型的死读书而不能灵活运用。

后来我又想了第二招——拜师学艺，跟当时普通话最棒的人学习。跟谁？罗京、李瑞英！1998年央视一套《新闻联播》的"一哥""一姐"，够权威吧！于是每晚七点，准时守候在电视机前，跟着这两位"老师"学说普通话。办法也是笨办法，那就是鹦鹉学舌——复述。他们说一句，我跟着复述一句。这样脱离了文本，勤学苦练，逐渐让口语表达变得标准而且流利起来。

到了师范第三年，要考普通话等级证书了。那段时间，每天就抱着两本厚厚的普通话水平能力测试资料，开始最后的冲刺，那读得叫一个废寝忘食、昏天暗地呀。最后考试成绩公布，我这个阳新佬，竟然考了一级乙等，93.5分。

真叫一个“功夫不负有心人”！

## 三、说从教

师范毕业回到阳新，我顺理成章地走上了三尺讲台，成为一名教师。教的是语文，也是全校一百多名教师中普通话水平测试得分最高的。因为有扎实的普通话基础，所以在课堂上表达自如，在学校里也经常担任大型活动的主持人、解说员，并代表学校或乡镇参加县市级的演讲比赛，各种赞誉、荣誉也收获了不少。

一晃十多年过去了，这种良好的自我感觉也相伴了十多年。

一次县里开展教师职业技能大赛，我和本校另一位老师入围，到了晋级决赛的考核阶段，一位姓刘的评委老师分别听了我俩的课后，颇为不解地问我：“我看过你们的基本资料，你的普通话水平测试得分比他要高啊，可怎么课堂表现不如他好呢？”

一语惊醒梦中人！我在惭愧的同时，也不由得反思。的确，这些年普通话水平在慢慢退步，究其原因大致有二：①身处阳新人居多的环境，朋友、同事之间交流，大家都是“z”“c”“s”的，而我却“zh”“ch”“sh”，总觉得自己拿腔拿调、装模作样的，很是别扭。为了不显得格格不入，更好地与群体相融，也就入乡随俗、随波逐流了。②没有人督促，没有考核的压力，也没有追求的目标，于是对自我的要求也就放松了。读得不标准，出点小差错，有什么大不了的呢？就这样，随着时间的推移，水平就逐渐下降了。

应了那句话：业精于勤荒于嬉！

## 四、说现状

感谢刘老师，她的提醒让我醒悟！因为我的懒散懈怠，导致普通话水平下降，实属不该。于是我重新要求自己：只要开口讲普通话就力求标准，尤其是课堂教学时，务必更加严肃认真地对待，即使偶有口误也要当堂立即纠正，不给学生错误的示范，同时也是给自己一个提醒。

今年5月，我们班的一个孩子参加了县里举行的演讲比赛，取得了好成绩。在辅导他的时候与他有过一些交流。他说他的普通话之所以说得标准，一是得益于读小学时语文老师的严格要求，让他打下了扎实的拼音基础，二是升入初中后，在我的影响下，他意识到要说好普通话，并且向我学习，努力说好普通话。我听了很欣慰。

很庆幸，我能及时自省，自我要求并有所追求。同时我也领悟到，作为教师，自己的一言一行对端坐在教室中乃至活跃在校园中的几十几百上千个孩子将产生怎样潜移默化却又意义深远的影响！

于是，我默默告诫自己，不能懈怠！

今年6月，县里征选普通话推广员，不惑之年的我，仍然积极报名参加了。我想通过这个平台，让自己学到更多的知识，让自己受益。同时，我更加希望通过普通话推广活动，让更多的人受益，让更多的人能说一口字正腔圆、流利标准的普通话。

（作者为黄石市阳新县荻田中学教师，省级普通话水平测试员）

# 母语之美　美不胜收

王津生

母语之美，美在文字，美在词汇，也美在韵律。

论文字之美，可于“六书”中窥见先民跋山涉水的艰辛、引弓执戈的勇武、携手扶持的厚谊、言信行果的真诚，还有对天地神灵的敬畏以及不甘于茫然无措而在蒙昧中矻矻不懈探索的那份虔诚与执着……可于伸缩自如的线条间瞥见变化莫测的圆润，可于波磔起伏的顿挫间瞥见典雅雄浑的气象，可于横竖撇捺的组合间瞥见古朴端庄的厚重、灵动飞扬的飘逸、行云流水般的通透畅达……

论词汇之美，五千年积攒下来的词汇量足以把生活中的任何微妙之处，无论美与丑，都精微恰切地揭示出来。对于如今小学作文教学中有好词、好句、好段之说，我非常不理解，绝难苟同。

至于母语的韵律之美，要想品味出来，就得多下一点“悟”的功夫了，难度确实要大些，对北方方言区之外的人来说，更是如此。在这方面，普通话水平测试员着实占了些便宜，至少在普通话的音准上占的便宜就得天独厚。

我在蒲圻纺织厂这个相对封闭的环境中长大，与本地人交流的机会很少，说的一直是北方话，准确地说是河北话、天津话与沈阳话的混合口音。后来经过专业训练，反复纠正，才达到“一乙”标准，赤壁方言一直都没学会。

因为生活语言就是北方话，所以当年在咸宁师专读中文时，语音课上占足了便宜，无论发音还是理论，都霸住了首位，可一涉及方言分析，就傻眼了，完全摸不着门。教先秦文学的老先生偏好古音，研究颇深，给我们详细讲解《诗经》《离骚》的古音读法，逐字逐句地讲，掰开了揉碎了讲，不厌其烦地讲，可惜我听得一头雾水，全没学会。按老先生的说法，越是交通不便、偏远闭塞的地方，方言中保留的古音成分就越多，所以通过方言中遗留的古音痕迹来探索古音的本相，是一个便捷途径。例如“既莫足与为美政兮，吾将从彭咸之所居”一句中，“咸”古音读 hán，与鄂南方言中的读法一致。后来走上讲台，普通话语音也是语文教学的一项基础内容。在方言区教普通话，关键在于找到方言与普通话的对应关系，利用其相通之处来突破难点，就会顺手得多。赤壁话中“你”读为 ǹ，就是标准的前鼻韵尾自成音节，是辅音单独构成音节的一个特例，所以讲起前鼻音来很方便。赤壁话中前鼻音特别鲜明，但似乎没有后鼻音，所以不仅要讲清后鼻韵尾的发音要领，而且要在前后鼻音的辨别上下大功夫。20 世纪 90 年代后期，蒲圻纺织厂陷入困境，开始拖欠工资，而且拖欠的时间越来越长。厂里出台政策，号召职工八仙过海，各显神通，停薪留职，外出打工。我来到浙江温州乐清的一所职高，本意是想找个语文教学的岗位，可面试的时候，人家一听我开口，立马就决定让我去教幼师班的口语课。当时我还没有普通话等级证，考上测试员也是后来的事。不过吴方言与普通话差距太大，找个发音相对标准的人不太容易，当地电视台的播音员也不屑于到职高兼课，学校也是病急乱投医，好在是歪打正着，碰上了我。乐清话后鼻音很重，当地“我”和“五”发音为 ńg，就是标准的后鼻韵尾自成音节，也是辅音单独构成音节的一个特例；“开门”的说法是“门开开”，读作 méng kī kī，“大南门”读作 dou'nèmèng，“耳朵”读作 ǹgdou。特别是听女音平平仄仄地读起来，别有风味。吴侬软语，柔媚可人，果然名不虚传，可见方言自有其独特的魅力。这么一来，讲起后鼻音来固然方便，但乐清话中似乎没有前鼻音，所以要下大功夫讲清前鼻韵尾的发音要领，突破前后鼻音的辨别这个难点。按说每周四节课，半个学期就能把普通话语音的各个要点讲完，完成全部训练，可学校要求我把这门课讲足三年，这可把我愁坏了。为了完成任务，我只好往深处挖，把声母、韵母、声调、音变、拼读方法、拼写规则，一个个掰开了揉碎了讲，连所有元音和辅音对应的国际音标也往细里讲，配上相应的绕口令练熟，发音器官结构图、辅音的发音部位与发音方法、元音舌位图、五度标调法、音变规则，相应的术语全都要求背下来，人人都得过关。另外还把英语国际音标与汉语普通话音素之间的对应关系做了好长一段时间的分析，英语与汉语至少有一半以上的音素是相近甚至完全相同的，如 m、n、l、f、v 这几个音素就完全相同，语法也有同有异。把最鲜明的异同抠出来，对两种语言做比较分析，对比不同语言之间的联系，让学生感受语言的共同规律，从而达到语文教学与英语教学互相促进的教学效果。这么讲着讲着，越讲越觉得有味道，渐渐地把自己讲得高深莫测起来，把学生们震得大眼瞪小眼。

饶是这般把犄角旮旯里所有的东西都抠出来过细讲、过细练，一年下来也讲完了。私立学校，工资完全根据课时来计算，要想保住收入就得保住课时，要想保住课时就得动脑筋想办法。当然课时也不能白占，不能虚掷，耗了时间就一定要让学生有实实在在的收获。口语课嘛，可以向多个方向延伸。幼师专业的学生，口语表达能力是基本功，也确实需要练扎实。于是又讲解散点连缀法，开展即兴演讲训练；组织续句接龙游戏，训练编故事讲故事的能力；顺便还讲了一点逻辑常识，分析大学生辩论赛的实例，训练辩论技巧。总之，挖空心思，翻新花样，既要给课堂注入生动活泼的情趣，也要让学生扎扎实实地提升能力。其中最好玩的是语气、语调的训练，譬如单单一个叹词“啊”，用不同的语调来读，就可以表达感慨、惊喜、惊恐、绝望、惊讶到难以置信、心里一块石头落了地、疲惫、厌烦、冷淡、催促、期待等多种情绪。练朗诵，练表演，这已经超出了语音科学的范畴，探索到语音艺术的境界了，而母语韵律的魅力到了这个层次上才能充分表现出来。好在是当年读师专的时候多少学了一些这方面的内容，虽然不过是皮毛，但是有底子就好办，就找得到拓展深化的方向，就知道该朝哪使劲。于是我搜罗来一大堆语音和朗读方面的专著，没日没夜地苦读；到处去淘电影录音和朗诵、讲故事的磁带，没日没夜地听，师从众名家，反复揣摩，动不动就旁若无人地自演自练，在旁人看来活像发神经似的。就这样边琢磨边讲解，现炒现卖，渐渐摸出了一点门道。

2004 年，蒲圻纺织厂破产，厂办学校移交赤壁市教育局。我正赶上孩子上小学，教书这么多年，教育失败的例子看得太多了，生怕自己的孩子也出同样的问题，于是赶紧结束打工生活，回来守着，顺手把这些年来在口语教学中悟出的一些东西也用到了初中语文教学中。这时发现，同样的课文，过去读起来和现在读起来，感觉完全不一样了，真的读出了原来不曾感觉到的韵味，能读得让自己动容，让学生陶醉，让学生更深地沉浸到作品中去，获得更深的感悟。自己讲得有滋有味，学生听得兴味盎然，课堂效果跟过去完全不在一个级别上。出于校园文化建设的需要，我挑了一些爱好者做了系列朗读讲座。给没有任何基础的初学者讲语调处理，选例一定要鲜明。名家朗读的范例太过微妙，初学者很难确切把握，而戏剧中情节激烈处的台词，语调处理则鲜明得多，所以我在讲解平直调、高升调、降抑调、曲折调这四种基本句调时，选择了译制片《斯巴达克斯》、话剧《茶馆》和《小井胡同》为例来演示印证。练到曲折调时，有这么两个例子——“要是找到了酒，就不用戒啦！（玩世不恭）”“哎哟哟，你这么大的力气，山都会被你推倒呢。（讽刺挖苦）”我演示起来，学生们哄堂大笑。指导他们模仿练习，个个都扭捏起来，全都放不开：“这么妖里妖气地说话，成什么人了？”我只好耐心地解释：“艺术既要塑造美的典型，也要塑造丑的典型。美要美得极致，丑要丑到不堪，由此形成的戏剧冲突才激烈，戏味才足。生活中当然要堂堂正正地做人，上了舞台就得入戏，就要忘记自己，完全融入角色。要把反派角色演得活灵活现，把恶心劲儿充分表现出来，水平低了还不行，也得凭本事，同样是艺术成就。要是学会了这个技法，用到写作训练中，效果也是很好的。”这样他们才嘻嘻哈哈地练起来。后来学到鲁迅的小说《故乡》，把杨二嫂的台词用这种腔调一读，读得让学生感到恶心，充满鄙视，让学生一下就看穿人物猥琐粗鄙、俗不可耐、寡廉鲜耻的嘴脸，再分析起来就方便多了。本来还有学生学着杨二嫂的模样耍横，趾高气扬地欺凌同学，拿无耻当本事，还理直气壮地认为，连杨二嫂也这么干，生活本来就应该是这个样子——唉，无知者确实无畏啊！我在课堂上这么一读，再一分析，指出杨二嫂本质上就是个为了贪点小便宜上蹿下跳、找碴惹事、什么都做得出来的破落市侩，正好印证了孔子的论断：“君子固穷，小人穷斯滥矣。”弄得他们面红耳赤，坐立不安。语文教材中有很多文学作品塑造了美丑鲜明的艺术形象，通过分析，辅以朗读，给学生鲜明的感受，让学生透彻地理解作品，透过作品看清世象，辨别出什么是美、什么是丑，明白高尚才光彩，鄙俗很丢人，廉耻很重要，懂得自尊自重自爱，学会涵养，守住底线，清清白白做人。这样长期熏陶下去，他们就会瞧不起为了仨瓜俩枣就撒泼打滚、骂街耍横的莽夫泼妇，瞧不起见利忘义、有奶就是娘的势利小人，就知晓恬不知耻、唯利是图的炎凉世态。他们成年后变成这种人的可能性就小多了，就不会动不动就炫出一副杨二嫂加胡屠户的嘴脸来，还自鸣得意，觉得这是多了不得的本事。教育，讲究的就是教书育人，这就得摸索规律，琢磨办法。用文学作品来熏陶学生，涵养情操，升华气质，确实是个好办法。春风化雨，教育本来就应该是这个样子。

世界上只要存在某种事物或现象，就一定会有研究它的学问，而且在研究中钻得越深，趣味就越浓。语音也是一样。语音是语言的外壳，未有文字，先有语音，单单看文字，得到的美感体验还是有限的，要想品味出更多的魅力来，就得到语音里去找，慢慢钻下去，钻得深了，专业就有可能发展成个人爱好。凭着这个爱好，就可以运用语气、语调把藏在文字深处的意蕴艺术化地表现出来，把文学艺术与声音艺术融合起来，充分展现艺术作品的美感和深刻内涵，给课堂效果增色，为舞台表演添彩。我们赤壁就有这么一批痴迷朗读艺术的爱好者，经常互相切磋，还成立了朗读协会，聘请湖北电视台退休播音员郎君滟老师担任艺术指导。有一次，朗读协会副主席叶小娟读《如果有一天你把我遗忘》，那种压抑着哭腔的幽怨的倾诉听起来特别扎心，就是觉得耳熟，但一时又想不起来在哪里听过，就是觉得那种韵味有着穿透灵魂的魔力，揪住内心最柔软的地方揉来搓去，简直无可抵御，只能随之痴狂。从娓娓开腔到越来越动情再到激情难持，滑动过程的处理流畅无痕，对起承转合的规律做了近乎教科书式的完美演绎，让我实在佩服得不得了，也一直纳闷儿——她从哪儿学来的这个本事？简直不可思议！后来猛然想起，电影《集结号》中孙桂琴去煤矿探望谷子地，用颤抖的声音问矿上的人："他屋里有火吗?"就是这个韵味！叶小娟真是个有心人，处处留意、见机偷师的苦心着实让人佩服！声音的魅力，就是这样，越琢磨越有味道。

母语是本土文明的载体，是民族灵魂的栖所，是民族的鲜明标志，里面深埋着民族的根。文字、词汇、韵律，无论哪一个方面都值得下功夫去琢磨。琢磨深了，品出味道来，就会陶醉其中，就会为先人的智慧所折服，就会加倍珍惜先人留下来的这份宝贵的遗产，就会发自内心地感叹：母语之美，美不胜收！

（作者为赤壁市蒲纺工业园区桃花坪蒲纺一中教师，省级普通话水平测试员）

# 回首望测试　苦乐在其中

## ——普通话水平测试二三事

夏　海

当我还年轻时，听到有位成功人士曾说过，一个人若潜心专注某种事业，必会在五年初见成效，十年大见成效。用这句话来形容我参与普通话培训和测试工作的情景，是再贴切不过了。

普通话水平测试至今已逾 20 年，测试方式也从人工测试转变为机辅测试，虽然测试的方式完全改变了，平心而论，参与工作的测试员却始终感受着辛苦的意味。人工测试时，寒冬之日坐在考场双腿冰冷，炎炎夏日要抵抗疲倦的困扰；机辅测试时，除承担网速不力的风险，还要承受必须按照规定时间提交分数的压力。最难的是，当遇到疑难案例时，没有人可以商量讨论，一个人默默苦思琢磨给考生打分。然而，这一切看起来的苦，却让测试中特有的乐给抵消了。

记得 2004 年那个酷热的夏天，7 月初刚刚放假，我这个在学校坚持说普通话的理科教师，在学校语委推荐下，参加了湖北省普通话培训测试中心举办的省级普通话水平测试员培训班的学习。我在学校教的是物理和数学，当时，兴奋的我只觉得终于有机会参与普通话的推广工作了，没想到最初单纯出于对普通话的热爱追求，在后来 15 年的普通话培训测试过程中，让我在工作本身获得了人生最丰厚的回报。

记得第一次参加测试，带我的是一位姓刘的老师。那天上午，我几乎一直处于高度紧张的状态，遇到发音急促的考生甚至有点儿手忙脚乱，毕竟我平时的教学内容和一般语文老师差异很大，不习惯听连续的音节，同时还要辨别正误。那位有经验的刘老师也不催我，一直静静地等待我给考生打分，偶尔指点一下我没有想到的细节。到了下午，我感觉顺畅一些了，当天测试结束时还有一点点心花怒放的感觉，连走路都带着一点儿跳跃。

参加测试还不到半年，我第一次出现了和搭档评分意见差异很大的情况。那是一位河南考生，他的腔调极度偏离普通话标准语调。在我听来，考试过程中考生说的基本上是河南话，因此我认为此考生参考的态度有问题，就应该得零分。当时的搭档是我非常敬重的一位资深测试员，她看到我的情绪比较激动，就耐心地和我依据评分细则讨论，指出其中有一条“但尚能听出是普通话”，让我仔细甄别。通过这样的辨别，我理解到普通话水平测试的作用之一是鼓励大家多说普通话，之后我经过慎重考虑，重新打了分数，并对那位测试员的专业水准心服口服。在以后的测试中，我再遇到疑难问题时，便会对照评分细则，细细研究，因此业务水平提高很快，也享受到更多测试的快乐。

我第一次和搭档各持己见、一致要求复审老师给出评判时，也是测试经历中印象比较深刻的事件。其实，刚开始我也有些不好意思，但实在说服不了搭档，同时也不能完全听从对方的想法。那次复审结果是我的评分得到了肯定。而这个消息又是当时搭档的测试员事后特意单独告诉我的，听到她那么平和的话语，我内心感到一阵温暖。测试员就是既专业严谨又宽容随和的一支队伍。

在经历了几年的测试之后，我也开始带新测试员。回想着当初带过我的一些老测试员耐心、严谨的态度，我也保持着不急不躁的节奏。首先尊重对方对测试标准的理解，并且坚持平等讨论，尽量客观地给出考生的评分。带新测试员之后，我结束测试工作一般都比较晚，一位和我非常熟悉、比较干练的年轻测试员长期看到这样的情景，就笑言：“哎，夏老师，你怎么这样慢，真是‘龟速’，我‘鄙视’你。”听到她这样说，我开心地笑笑，说了句：“我和快手在一起也能快呀。”这表示希望有机会和她搭档。直到人工测试结束前，我俩终于有了一次合作机会。工作结束后，那位年轻的测试员说：“夏老师，看来以前慢真不是你的问题。”我会心一笑。

多年参加普通话水平测试工作，我也接受过一些培训考生的任务。我会根据考试的情景给考生进行有针对性的辅导，使他们尽可能地发挥最好的水平。同时，在普通话的测试和培训中，我看到了部分考生水平不高是其背景因素造成的，比如文化水平、语言习惯、自身对于普通话水平考试的认可程度，甚至个人性格、家庭氛围、外界长期对考生其他学习状况的评价倾向，等等。这些因素都会间接反映在普通话水平考试过程中，对于个别考生影响甚至比较明显。所以，每当培训时，我不仅注意考生已有的普通话水平，同时也有意识地关注考生的心理健康情况。如此一来，在培训过程中，考生的普通话水平就会得到有效的提高。

参加普通话水平测试十余年，我测评的考生数量逾万。在此过程中，我不仅通过测试了解到考生普通话水平与哪些因素有关，摸索出使考生普通话水平提高的有效方法，同时也享受到了普通话水平测试员队伍良好的专业品质、精诚的团队意识、理性的敬业精神，还提高了自己的教学科研水平——我将在测试中的感悟迁移到日常的教学环节，明显促进了教育教学效能的提高。结合测试和培训经历，我近年还撰写了《普通话培训与测试中的心理现象初探》《影响普通话培训效率的隐性因素》等论文。这些年，我结识了新朋友，在与他们交流对业务、对人生的感悟中，彼此建立了深厚的友谊，这也是当初完全没有预想到的收获。一句话——多年测试，有苦有乐，苦多乐更多！

（作者为湖北幼儿师范高等专科学校基础部教授，省级普通话水平测试员）

# 崎岖路上的那些人和事

徐世红

20世纪90年代末，国家启动城市语言文字评估达标工作，强力规范全社会说普通话、写规范字。21世纪初，国家对教师实行普通话水平等级达标测试，直接与教师资格评定挂钩，采取一票否决制，力促教师专业素养提升。紧接着，一系列重大举措，如“对教师队伍从省市到县级乡镇分级培训并测试普通话”，在我们大别山崇山峻岭中的乡村学校如火如荼地展开。

现今回味多年的测试工作，那些人、那些事仍清晰地浮现于眼前。

1998年暑期，我幸运地被选送参加湖北省第八期普通话水平测试员培训。操着一口“麻普话”的我，历经15天从早到晚的封闭式、高强度训练，逐渐蜕变，慢慢地字正腔圆了，终于拿到了普通话水平测试员证书。我回到家乡，就承担起培训我所在的市幼儿园全体教师普通话提高和考级的工作。夏天的炎热，高不过我的热情。面对朝夕相处的同事，我放下心中的“纠结”，全身心备课、授课，一对一辅导，毫无保留地指导、纠正、示范发音，不厌其烦地讲解、带读、模拟测试……同事们被我的执着精神感染，学习热情高涨，校园内外大家天天念念有词。功夫不负有心人，当年我们单位报送的参考人员全部达标，有两位老师居然获得了一级乙等的好成绩。

培训第一炮打响了，我还来不及回家陪一岁的女儿，紧接着就被抽调到麻城市教育局组建的送教下乡培训团队。这一任务更艰巨。麻城20多个乡镇大多偏远分散，参训的中小学教师人数多、基础弱，必须在三四天内普及测试常识并提高大家的普通话水平，时间短，任务重，谈何容易。

每天大清早，我和队友们赶到集合点，乘坐小面包车出发，下乡进村，四五十里山路上烈日蒸烤，尘土飞扬，咽喉、鼻子被呛得直咳嗽不说，车辆颠簸又催人直想吐。有一次到张家畈镇，我实在干得冒烟，就着路边水池洗了把脸，谁知晚上火烧火燎，起了满脸的疱疹，接下来的日子只得顶着“毁容的脸”继续工作。

有一天，38℃高温，我们到达了黄土岗镇一个临时教学点。这是乡里的一个陈旧的大会堂。偌大的会场黑压压一大片，足有2000人，只见大多是挽袖子、扎裤腿、汗水流的“农民”，原来他们是早上趁凉快在自家田地劳作一趟后赶过来的“半边户”老师。我们在大家齐刷刷的目光下来不及喘口气，赶紧上场开讲。我将提前搜集到的这个乡镇方言的主要缺陷一一列举，并反复教读常见易错词条，讲解正确发音部位，示范发音要领。台下的老师们开始不敢张口，慢慢地小声跟读，声音比会场的老旧吊扇发出的嘎嘎声还小。我想方设法和台下互动，任由自己汗水如注，忘却口渴和疲劳。两个多小时过去，老师们练读的声音竟然冲出久已沉寂的会堂。我平时对幼儿园小朋友教学的口头禅不禁冲口而出，夸赞道：“你们真棒!”台下善意地哄堂大笑。气氛越来越和谐，举手发言、主动请教的多了，自信地站起来在大庭广众之下朗读的人也多了。

集中培训后，我们分组辅导。我对每位老师进行模拟测试，并给每人开一张“小药方”纸条，即我针对每个人的语言面貌存在的主要缺陷或错误，一一指正，因为担心他们遗忘，就分类记录在纸条上，方便他们随时改进。看到老师慎重地收好纸条，我陡然产生一种崇高感。

我印象最深刻的是一位56岁的男老师，姓黄，两鬓斑白，精神矍铄。他没有像别人那样挽腰扎裤，一身洗得发灰的衣服干干净净。他静静地坐在我旁边，斯斯文文地问我：“我的语音还有哪些缺陷?”“我练习到了哪种程度?”“考试应注意哪些细节?”我初测他的成绩是86分，这已是高于常人的好水平了。我问他：“您的水平已经不错了，国家对57岁的老师不作考试要求，明年您就可以免考，怎么还这么好学呀?”他诚恳地说：“我是语文老师，国家要求87分才有资格教书，我还有差距。早点学好普通话，我的学生就少走一些弯路。就是退休了，我还要带出普通话合格的孙子啊!”余晖射进礼堂，我站起来活动活动疲惫的躯体，参加培训的人员也趁天色尚明赶紧回家，但黄老师还坐在昏黄的日影下一句一句地念着。

经过20多天这样走乡串镇、紧锣密鼓的培训后，我们迎来了全省第一轮教师普通话水平测试。

我被派到相邻的一个县巡回测试。如果说下乡培训是体能的考验，那么，测试则是对身体和精神的双重锻造。可以说，咱们的从教路上要经受多少大考小考之战啊，大多数人没经历过这样“三人对六面”的面试。许多老师竟然紧张得捏着试卷直发抖。好几次，我指着试卷第一排单音节，轻声提醒应试者：“请横着读!”这位应试者竟然理解为把对向的椅子换成横向，与测试员并坐着读卷；有胆怯者，请双胞胎来代考，硬是被我们细心识别出来；更有甚者，因为惧考，一进门就发红包：“望考官高抬贵手!”种种状况考验我们的职业素养。作为一名省级测试员，我要保证考试的公平公正，也要保护应试者的尊严。每天我们测试员的精神和体能承载着高负荷，能干也能吃能睡，“如刘姥姥食量大如牛”成了我们相互调侃的笑料。

后来的五六年，每个暑假，我们测试员就这样上山下乡，东奔西走，刚做完本地培训，马上又被派到邻近的县去测试，常常大半个月不能着家。我的孩子年幼体弱，只得送到亲戚家寄养。有的测试员生病上火，第二天捂着发炎的腮帮坚持。这些困难还不叫事儿，最难的是“人情债”——每到一个县去测试，总有各种各样的人托关系找上门来说情。针对这些现象，我们测试组带队领导以身作则，既谦恭有礼，又不违背原则，赢得了别人的尊重。记得黄冈师范学院的钟劲松老师、麻城的吕泽文老师和武穴的曹炼老师口碑极好。他们带领测试团队对每个县市完成严格测试后，一大批勤学的老师收获了普通话等级证书，载誉而归的我们感觉自己的辛劳很有价值。

当然，测试有苦有甜也有涩。记得 2002 年刚来到某县测评的那天，我就遇上了多年未见的大学同学。看到她欣喜又如释重负的眼神，我不禁心头一颤。世上的事就是无巧不成书。测试结果很遗憾，我的这位同学离达标等级差一分。晚上，她来到我的寝室，并没有提过分的要求，但从她那透过镜片的企盼的眼神，我知道了她强烈的渴望。同室测试员占老师知道我为难，她友好地请那位同学模拟测试了一遍，分数仍是 86 分左右。她逐词逐句细心地指出失分点，并告诉她正确的发音以及今后在教学中怎样给学生示范……将近两个小时，我们的谈话才转到老同学叙旧上，同学也体谅了我。

送走她，我失眠了，心头涌来一阵酸涩：她在山区教学多年，教学成绩良好，不过因一分之差，职称评定今年就要被卡住了。

隔天发生了一件更让人心涩的事。山区老师的工资本就不高，贫困县尤甚，加之年纪偏大的男老师大多是一家的顶梁柱，所以特别在乎职称工资晋级。这天，一位 50 岁左右的男老师一进考场门，就从兜里掏出三个本本摊在我们面前说："各位老师，我这是第四次考啦，今年再不过，拿不到普通话等级证书，就上不了职称。一大家子人要靠我养啊，你们无论如何帮个忙，给我 87 分吧！"人心都是肉长的，我们同情地拿起三个小本细看，都是 75 分上下。放下证书，作为主测人的我问他："您知道合格的要求是多少吗？""小学语文老师 87 分才算合格。""您参加了几次普通话培训？""哪有那时间，我得帮着家里忙农活。""别慌，请您静下心来读卷！""不要录音吧？"他继续请求道。"这可不行，这是省里规定的考务制度。请您配合！"好不容易考完，我和搭档一对扣分点，这次竟然比前三次测试分数还低。天啦，这三年不进反退啦！他考完不走，硬是钉在板凳上盯着我们打分，让人没法继续工作，工作人员请他他才走。这分数到底该如何打，等级如何评，我俩态度鲜明："你看，他第一题单音节就错漏一大片，这怎么教学生呢？而且连考四年，非但没有长进，反而退步，可见他对普通话水平测试没有起码的认知。不能过，否则误人子弟！"心意已定，我俩举起了千斤重的笔，打出相应的分数。

走出考场，突然迎面扑来一个人，对着我俩破口大骂，幸亏旁边好心人拉住了这个袭击者——刚才那位打听出分数后心生怨恨的应试人。

此时，以往培训期间曾经遇到的那位在夕阳下，两鬓斑白、精神矍铄、认真念字的黄老师又浮现在我脑中。为师者，有年龄、地域、环境、条件的差异，但是职业精神应该是共同的追求。如果不能过普通话这一关，那么我们这一代师资的素养和下一代的语言文字素养何时才能达标？

20 年过去了，祖国大地日新月异。我的家乡大别山高速公路、高铁纵横，麻城的乡亲们走南闯北，创业创新，语言、观念、生意、生活早已与现代社会融为一体。最近三年，我作为湖北省县域居民普通话普及情况调查员，连续参加调查，欣喜地发现麻城市抽样乡镇居民普通话普及水平平均分接近 80 分。我由衷骄傲，美丽的村寨有我们一个个送教援乡小分队洒过的辛勤汗水，家乡的巨变有我们普通话培训测试人付出的一片深情！

（作者为麻城市第二实验小学德育主任，省级普通话水平测试员）

# “推普”，我为之努力的那些事

陈其艳

幸福是什么？我常常对学生说：问问自己最喜欢做的事是什么，把你最喜欢做的事发展成你的事业，那么你这一辈子就非常幸福了。

我是一名语文老师。教书育人，我很喜欢，但更喜欢的是，踏上了普通话推广和测试这条路，把这份喜欢的事做成了自己终生的事业，让我时时都能找到幸福感和价值感。

年少的时候，我并没有想到自己会走上这条路。20 世纪 70 年代初出生在小山村的我，普通话语音基础自然是非常差的，后来虽然随父母到了县城读书，但读小学、初中时老师和学生都没有说普通话的习惯。吐字那么字正腔圆，说话那么悦耳动听，应该是广播电视里面的播音员才能办到的事，少年的我从未有过这些奢望。

高中毕业进入师范院校中文专业学习，1989 年的宜昌好像还没有开始推行普通话水平测试，教我们普通话的刘芳老师据说是宜昌市第一个“一乙”证书的拥有者，她在我们同学心中就是天神一般的存在。每次上普通话课，我都战战兢兢的，害怕被点名试读。非常庆幸的是，那时都是大班课，人多，被点到的概率小，所以就这么蒙混着过了关。而且宜昌当时还没有建站，我们毕业也没有考级考证这一说。我们这拨中文系的学生发了个跟如今身份证一般大小的红本本作为普通话证，就轻松入职了。

永远记得第一次考普通话等级证的情景。上了几年语文课后，听惯了周围教物理、化学的老师们走调的普通话，觉得自己的普通话水平虽然比其他语文老师差点儿，但也不至于不过关吧，所以考前并没有认真准备。所谓无知者无畏，现在想来这就是我当时的状态。懵懂之中走进考室，才发现考试相当严格，对面居然有两位考官，还要录音。那阵势，瞬间就让我慌了神。

考完走出考场，迎面看到一位同事，急匆匆地拉住她问："单人旁加一个'站立'的'立'字，读什么?"这老师多半被我的样子弄蒙了，一时没有反应过来，也愣愣地说："哎呀，单人旁加一个'站立'的'立'字，读什么?"这时，身边一个数学老师说话了："不是'一位两位'的'位'么?"我们一堆人一愣，然后爆笑。如果那些年就有微信朋友圈什么的，这段子肯定能刷好几天屏了。这次考试自然没有达标，我记得是85.9分。

第一次考完，就抱着必考第二次的心开始看书练习。书越看越仔细，练习也越来越认真，发现的问题越来越多，收获也越来越大。渐渐地，我萌生了一个想法：我可不可以去考普通话推广员或测试员呢？悄悄地问同事，同事一脸嫌弃地说："那个要'一乙'的，你这语音基础哪里够得着呀。"也是，有平翘舌的很多字还分不清，边鼻音基本没有区别，更让恼火的是，很多字的方言音和普通话标准音，我都混为一谈，要过"二甲"都有难度，离"一乙"的确还有相当的距离。我闷闷地回家接着读书，但一颗好强的心还在扑通扑通地跳，由此激起的热情之火还在熊熊燃烧。

人一旦心里有了点儿想法，并且和这个想法较上劲后，潜力还是有的。从此，对字的语音语调，就有了特别的关注。容易错的音，会反复默读几遍。平常担心别人笑话，不敢说普通话，但上课力求每个字能读准说清。一年后，第二次测评，有了89.1的好成绩，这给了我一定的信心。

遗憾的是，我们作为职业学校，不像普通学校那样与教育局联系密切，很多年，都不知道怎么才能争取一个去省里进修培训和考评的指标。询问同事和领导，大家都没有头绪，我也不得其法，这个想法也只有压在心底。

2005年，在我们语文教研室主任杨丽珍老师的鼓励和帮助下，我争取到了去华中师范大学进修语言文字专业硕士学位的机会，听说省测试中心就在华中师范大学校园内，这一次进修机会，于我来说就有了双重的惊喜。走进华中师范大学，我终于离自己的梦想只有一步之遥了。

华中师范大学语言文字专业硕士班上的同学大都是各个地区县市的优秀测试员，我尽情地向同学请教关于普通话水平测试的各种问题。对于我这宜昌味儿的普通话，同学们都很宽容，她们都耐心、热情地指点我，从字词读音到考评细则，无所不包。兰兰美女来自甘肃，她对后鼻音和边鼻音非常敏感，这恰恰是我的死穴。课间和日常生活中，她常常不厌其烦地帮助、指导我的发音。直到如今，只要看到后鼻音字，她响亮、热情又充满笑意的声音就会回响在我耳边。这些经验丰富的测评员让我的普通话在短短的一年里有了质的飞跃。如今回想起来，心中都是暖暖的，对同学们的感激之情更是满满的。

2006年，经过多方努力，学校给了我一个到省里进行普通话水平测评员培训考核的名额。7月在华中科技大学封闭培训时，我的压力非常大：语音基础差是一方面，机会来之不易是另一方面，培训的其他老师都很优秀也是一个原因。只有一个星期，要从之前的89分提升到92分，想想都很着急。而语音面貌这个问题，真不是一日之功可以改变的。令人高兴的是，讲课的老师都很细致，细心解答很多问题，鼓励我们多听多练。60篇文章反复听读记背，说话题一遍遍练习，甚至说梦话都在告诉自己普通话要标准。功夫不负有心人，我最终以92.8分的成绩达标，这是我第三次参加普通话水平测试。

加入了普通话水平测试员的队伍后，这个蓬勃发展、充满生机和活力的团队带给我诸多新奇的体验。其中的酸甜苦辣、喜怒哀乐可真不是一时半会儿能说完的，如果把老师们经历的种种趣事收集起来，完全可以出一本厚厚的集子。人工测试的经验宝贵又难忘，每次测试都是测试员相互交流的好机会，经验丰富的老测试员带着新测试员迅速提升，还分享测试过程中各种心得和体会。大家互相磋商学习，测试员队伍永远是那么欢乐，那么充满战斗力。

2012年，我们学校终于准备建站了，学校推荐我去考国家级测试员。全国各地的测试员聚集在北京培训，虽然大家都说普通话，但地域特征仍然是很明显的，尤其像我这种南方山区来的，问题更突出。老师们都很宽容，对我们很有耐心，但我知道自己问题很多，便暗暗努力，力争不掉队。10天的培训紧张有序，考完后走出宾馆，我长长地舒了一口气，真是不到京城不知道自己家林子小哇！这次培训，我不仅提升了业务能力，更重要的是开阔了视野。培训我们的老师是研究和制定普通话推广政策、方案或条例准则的资深研究员，他们经常与中央电视台的播音员进行各种学术交流活动，并在全国各地进行考察和推广普通话。他们知识渊博，学问精深。平时我们觉得不起眼的语音现象，老师们都能引经据典地进行深入解释，让我不得不惊叹、佩服。看看这些老师，我知道自己在普通话推广和测试的这条路上还需要走得更努力、更扎实。

如今我们省的普通话水平测试工作已经非常规范与成熟了，机辅测试基本代替了人工测试，未来可能四道题的测试工作都会用计算机来操作完成。很多测试员没有了任务量，有不少资深测评老师退出了测试队伍，经常见面的老师们时时感慨过去的美好时光。我想，时代的发展、科技的进步必然会带来这些变化，那我们这些测试员真就没有价值了吗？显然答案是否定的。社会在发展变化，语言也在不断发展变化，研究学生中出现的新的语言现象，研究机辅测试中的各种问题，研究普通话培训和推广的各个环节，研究普通话与方言之间的辩证关系……我们可以做的事仍然很多。只要有这份对“推普”工作的热爱，任何时代，任何地方，我们都能实现自己的价值，都能获得幸福。

（作者为湖北三峡职业技术学院基础课部副教授，国家级普通话水平测试员）

# 我与普通话水平测试相交的22年

熊 婕

从1998年国家正式将每年9月的第三周定为“全国推广普通话宣传周”起至今，“推普周”活动已伴随我们二十多个年头了。

1998年第一届“推普周”，于我而言，意义重大，因为那是我与普通话水平测试结缘的开始。那一年9月，我作为华中师范大学中文系汉语言文学专业的一名学生，参加了第一届“推普周”里举办的湖北省普通话水平测试。这是我第一次参加普通话水平测试。在上大学之前，由于成长环境的影响，我很少说普通话，天天操着一口武汉腔，可一进入大学，周遭的语言环境就不一样了。我身边很多同学来自全国各地，为了沟通方便，大家都在说普通话，而我总是不自觉地说出武汉话来，这实在是一件令人尴尬的事。看到同学们都能说一口流利的普通话，我心生羡慕。为了能和大家更好地交流，我决定好好学习普通话。在测试前的大半年时间里，我坚持每天早上六点起床，去校园南区的小树林里练习一个小时普通话。我一遍遍地大声朗读普通话水平测试教材上的单字、词语和文章，难句反复读，错字做标记，直到那本教材被我翻得面目全非；我一遍遍地练习发声，读各种绕口令，直到呼吸和共鸣越来越自如，唇、齿、舌的配合越来越灵活；我一遍遍地模仿电视播音员或主持人，像他们那样去说话、演讲，测试教材中“说话”项的每一题我都演练了几十遍；我经常与同学交流学习普通话的体会，请同学帮我纠错、正音；我省下零花钱，买了一个单卡录音机，只要有空，就播放与教材配套的朗读磁带，训练自己的听辨音能力，然后跟着范读反复练习发音……就这样，功夫不负有心人，在我人生参加的第一场普通话水平测试中，我获得了95分，达到了一级乙等的水平。这不仅增强了我在口语表达上的信心，也激发了我继续学习普通话的热情。

参加工作后，我成了一名教师，与普通话水平测试的缘分更深了。我被单位选派，先后于2001年、2005年和2015年参加了湖北省第十一期省级测试员培训班、国家语委第四十期国家级测试员培训班和国家语委第三期骨干测试员专题研修班。一系列关于普通话水平测试的进修学习，使我受益匪浅。我深刻意识到，作为一名汉语言文学专业的教师，不仅要学好用好自己的专业，在工作中坚持说普通话，为学生做表率，同时还要承担起教师传道、授业、解惑的责任，积极推广普通话，指导学生说好普通话，帮助学生提高语言文化素养。自2001年当上省级测试员后的18年时间里，我一直坚持参加普通话水平测试工作，几乎参加过武汉地区开展了测试活动的大中专院校的普通话水平测试。在学校里，我长期讲授教师口语、口语表达、普通话培训与测试等课程，指导了数以万计的学生参加普通话水平测试。

多年的普通话水平测试经历使我深深体会到测试工作的辛苦与乐趣。普通话水平测试工作辛苦，是因为这项工作劳动强度大，业务要求高。2008年以前，湖北省普通话水平测试主要采用人工评测的方式，测试集中在周末进行。每每测试时，我们测试员总是在考场里一坐就是一整天，腿脚不能动，手耳不能停，时时刻刻都要保持高度紧张的状态，一边听考生朗读，一边迅速地做出判断、计算和记载。一天几十个考生听下来，对测试员的体力和脑力都是极大的考验。2008年之后，湖北省开始推行计算机辅助普通话水平测试，测试员们不用再牺牲周末时间来集中评测了，大家可以根据个人实际情况来自由地安排评测工作。但是伴随机测任务而来的，是对测试员业务能力的更高要求。首先，测试员自身的口语能力要好，听辨音能力要强，普通话水平要高；其次，测试员要非常熟悉机测评分标准，有独立、准确、高效的测评能力；再次，测试员要熟悉机测系统，有较强的计算机操作能力。总之，不论是以前的人测还是现在的机测，对测试员职业素养和业务能力的要求都非常高。测试工作是十分辛苦的，然而，测试工作又是快乐的，这是因为，普通话作为一门语言，本身是趣味万千的，而普通话水平测试作为一种接地气的口语考试，也是充满乐趣的。当我们在测试中见到来自全国各方言区的个性迥异的考生，听到他们不同风格、优劣不一的普通话发音时，真有大开眼界、大饱耳福之感。有的考生朗读时不疾不徐，字正腔圆，流畅动听，令人欣赏和佩服；有的考生说话时吞吞吐吐，断断续续，令人忍不住替他着急；

有的考生虽然语音不标准，方音很明显，却依然坚定而自信地大声朗读，那认真的样子又令人忍俊不禁……普通话水平测试是一条多彩的通道，引领我在千姿百态的有声语言世界里品味平凡人的喜怒哀乐，感受不一般的人生乐趣。

多年来，我一直从事与普通话相关的口语教学工作，始终把普通话水平测试与口语教学紧密地联系在一起。普通话水平测试，既是口语教学的实践环节，也是口语教学的真实检验。测试中出现的问题是最直观的，测试中的案例也是最有价值的。我常常在教学过程中引用我遇到过的真实的测试案例，用这些案例去指导我的学生客观地认识普通话，正确地学习普通话发音、朗读和说话。可以说，普通话水平测试对我教学工作的影响是巨大的，它直接帮助我确定教学目标、升华教学思想、完善教学方法，并帮助我取得良好的教学效果和教学评价。近五年来，我指导的班级，尤其是汉语言文学专业班级和汉语国际教育专业班级的学生，普通话水平测试通过率都在 90% 以上。我主讲的教师口语、口语表达等课程，连年在我校教学质量评比活动中被评为优秀，我本人也被评为“最受学生欢迎的教师”。

孔子曰：“知之者不如好之者，好之者不如乐之者。”的确，兴趣是最好的老师。20 多年前，我因为热爱中国的语言文学，所以选择入读华中师范大学中文系汉语言文学专业，立志做一名语文教师。18 年前，我因为喜欢普通话，所以全力以赴考取了普通话水平测试员资格，决心做一名普通话的传播者。多年来，我在普通话教学与测试工作中投入了大量的时间和精力，在实践中不断提高自己的教学与测试水平，这是我的专业和兴趣所在。能从事专业与兴趣完美结合的工作，是我生之幸。2019 年，是我与普通话水平测试相交的第 22 年，我会继续这项事业，延续这个缘分，与普通话水平测试一起走向下一个 22 年。

（作者为湖北第二师范学院文学院副教授，国家级普通话水平测试员）

# 最好的时光

郑 艺

2002年，我大学毕业，成了湖北民族学院的一名教师，主要在语委办工作，还负责配合恩施州在我校开展的普通话水平测试工作。2003年6月，我顺利地拿到了普通话水平测试员资格证。打开证书的那一刻，泪水夺眶而出，15天紧张的学习经历历历在目，60%的通过率像一个魔咒每天提醒着我这个从方言区来的老师如何解决西南官话中的边鼻音问题。六点起床，已然听见隔壁宿舍传来琅琅的读书声，凌晨睡觉时，还有好多宿舍的灯亮着，从来没有觉得一个培训会这么紧张、辛苦。发证书的那天，我紧张得两手冰凉，怕自己空手而归。幸好，付出总有回报，我顺利通过了笔试和口试，拿到了资格证。

2003年7月，我接到通知，去红土乡参加恩施州教育局组织的针对农村教师的普通话水平测试。第一次参加测试，兴奋得睡不着。恩施地处武陵山腹地，大山连绵，去红土乡的道路是出了名的“之字拐”，非常难走。去的那天，倾盆大雨，我搭乘一辆小中巴，行至中途，因为雨太大，道路太窄，跟对面的中巴车无法错车。眼看着时间一分一秒地过去，说好了下午两点之前一定要到，不然测试就无法开展。心急如焚的我急得像热锅上的蚂蚁。经过协商，两边司机决定互换乘客，然后各自开走。我撑着伞，卷着裤腿（因为全是泥巴路，泥浆已经到了我的膝关节），深一脚浅一脚地又换乘到另一辆车上。当我到达目的地的时候，测试员们都惊呆了，因为我俨然成了一个泥人。恩施州测试站的站长朱老师连忙递过来一个水龙头，说：“赶紧冲冲！休息一下，开始工作！”这就是我的第一次测试经历。每每想起，都觉得异常珍贵，尽管辛苦，却也记忆犹新。接下来的整个暑假，我们这支测试队伍都奔赴在恩施的各个乡镇。乡镇上没有宾馆，我们就租借农户的房子，几个人打地铺，轮番守着洗澡。每天测试完，我们都会沿着乡村小道散步，看看野花，摘摘野果，大家讲着测试中的故事，没有电视，没有互联网，这竟是我测试生涯中最快乐的一段日子。

有了湖北省测试员学习的经验，2006 年 6 月，我顺利拿到了国家级普通话水平测试员资格证。回到学校，在省语委、省测试中心的指导、帮助下，跟其他测试员一起组建了湖北民族学院（现在的湖北民族大学）普通话培训测试工作站，开始了针对我校师生的普通话水平测试工作。2015 年，我们顺利完成了由人工测试到机辅测试的转变。截至今年 7 月，完成了十多万师生的普通话培训测试工作，全面增强了广大师生对推广普通话重要性的认识。同时，学校的骨干测试员还纷纷下到农村，支援恩施州的三类城市语言文字评估工作，完成了乡村教师、公务员、公共服务行业人员的培训和测试工作，为恩施州语言文字工作的发展做出了贡献。

自己组建测试站，也就意味着所有的事情都必须自己来完成。普通话水平测试准备工作复杂而细致，只要出一点小问题就会影响全校的测试，所以准备工作容不得半点马虎。我们学校参加测试的人数众多，测试站专职人员只有两名，记得每一次都要熬一个通宵才能把信息录完。打印评分表的时候一定要用 A3 纸打印，那时候我们学校只有财务处的打印机可以打印，因此每次都要等着别人下班以后，我再抱着主机连接打印机，一张一张地放纸、打印、收纸……一站就是几个小时。在这期间，我学会了修打印机、修电脑，技能增长无比之快。

2013 年，以“推广普通话，共筑中国梦”为主题的第十六届全国普通话推广周开幕式在我校举行，来自国家语委、省语委、省测试中心的领导和各地市、高校的嘉宾共聚一堂，参观了我校举办的丰富多彩的“推普周”活动，书法、绘画、演讲、字谜等和语言文字有关的各种活动异彩纷呈。我校的语言文字工作得到了领导、嘉宾的认可和赞许。

我从踏入工作岗位，就一直从事与普通话水平测试有关的工作。2002 年到 2019 年的 17 年时间，我逐渐认识到普通话水平测试不仅仅是一个资格证书的考试，它还关乎民族的团结、国家的大计，它应成为每一个中国人中国梦的一部分；17 年时间，也因为普通话水平测试，我结识了很多可爱的朋友、可敬的师长，他们给予我的帮助成了我一生的财富；17 年时间，我从一个普普通通的老师，成为今天专职的“推普”工作者，从一个懵懂少女变成了两个孩子的母亲，普通话一直伴随着我，鼓励着我，成就着我。我庆幸，我在最好的时光遇见了普通话水平测试工作，也是因为有了这个工作，我才有了这段最好的时光。

（作者为湖北民族大学普通话培训测试工作站站长，
国家级普通话水平测试员）

# 这个暑假有点忙

韦小虹

截至2018年8月23日晚8点，湖北省普通话水平测试朗读作品60篇的音频全部录制并推送完毕。从7月16日到8月23日，历时38天，微信公众号“微笑虹语言工作室”每周推送1～2期，每期5篇，共12期。

身居闹市，每天都要等到夜深人静的时候，嘈杂声散去，车鸣渐稀，方能坐下来，翻开作品，按下录音键，开始工作。每期音频20分钟左右，录制时间大约一个小时。习惯早睡的我，60篇作品录下来，居然形成了新的生物钟和新的作息规律。最后一篇作品录制完毕的时候，如释重负之余居然还有一点儿不习惯。做一点儿自己喜欢且对别人有意义（希望）的事，这是我们对抗无意义的人生唯一的武器。今天，正好是二十四节气中的第14个节气——处暑。处者，止也，暑气至此而止矣，我们即将迎来秋高气爽的秋天。经过一个多月的培训和练习，我们也将迎来9月份的普通话水平测试及11月份省语委对我市语言文字工作的评估和验收。相信我们也能迎来一个硕果累累的秋天。

其实，我喜欢的，不仅是有声语言，更多的还有无声的文字。恬淡处如“江南好，风景旧曾谙”；深情处如佩弦的那一潭“女儿绿”。《中国的牛》每每让人想起祖国广阔的土地和土地上辛勤劳作的父老乡亲，深沉，厚重，坚忍；《牡丹的拒绝》拒绝的不仅仅是寒冷，更是拒绝苟且。曾经我以为，阿诺德和布鲁诺的故事，讲述的只是平庸与卓越的差别，平庸有平庸的理由，卓越有卓越的原因；如今读来又有新的觉悟：平庸者有平庸者的幸福，卓越者有卓越者的光环；痛苦的是，平庸者非要无视自己的幸福去追逐卓越者的光环……60篇作品，60篇精美短文，即使不作为练习普通话的素材，也是极好的文学阅读材料。20多年的普通话水平测试，这些文字听了不下千遍。这次录制音频，一篇一篇认真读下来，在语音和语言上都有新的体验，真正是读你千遍也不厌倦。

希望大家和我一样，爱上这优美的中国文和中国字，还有这平平仄仄的中国音韵。

凡事都得有个契机，所谓天时、地利、人和，说的其实就是“契机”二字。

2018 年这个暑假，借着省语委对我市语言文字工作督导评估的东风，我市展开了一次覆盖城乡近百家单位及 15 个乡镇的全民普通话培训工作。在市委宣传部、市语委、市教育局的多方敦促下，我市普通话水平测试员在市教育局师训科的组织下，精心备课，用心授课，分批分点，责任到人。各级各类参训单位认真组织，现场培训课上，各行各业参训人员热情饱满。很多单位和个人在现场授课结束后，和培训教师组建微信群，继续进行线上学习。七、八两月，正值三伏高温，但这丝毫没能影响我市普通话培训工作的顺利推进。

语言，是一座城市的灵魂。如果说，方言记载着一座城市的历史，那普通话可以说关系着一座城市的未来。为什么这么说呢？因为，普通话是我们这个多民族国家普遍共通的语言。关在家里，我们说方言挺好，亲切，自然，交流无障碍。“少小离家老大回，乡音无改鬓毛衰”，这“乡音”二字，说的就是方言。的确，方言是一种流淌在血脉里的乡情。不仅我们要说方言，我们的子孙后代也要将方言作为一种文化传承下去。而我们说大力推广全国通用的普通话，并不是说要消灭方言。普通话和方言，不是相生相克的关系，而是相辅相成、相得益彰的。打个比方，方言好比座机，普通话好比手机；关在家里，我们说方言就好，可一旦走出去，我们必须说普通话，否则，就没法正常交流。有人说，我年纪大了，哪也不去了，但就算我们不出去，我们的学生、我们的孩子、我们的子孙后代也必定会走出去。走出去，才能海阔凭鱼跃，天高任鸟飞。一个人如此，一座城市如此，一个国家亦如此。我们大力提倡的城市精神是“开放、开明、尚德、尚进”，不走出去，何谈开放？

今日之中国，经济、军事等“硬实力”一日千里，与此同时，语言、文化、艺术等“软实力”也应并驾齐驱。国际上，孔子学院在各国如雨后春笋般兴起，汉语风靡全球，我们总不能让外国人的汉语说得比我们中国人还地道吧！

一百年前，五四新文化运动打开国门，西风东渐；一百年后的今天，是时候再来一场东风西渐、语言先行的“新新文化运动”了。东风起，潮头又见，当年公瑾雄姿！这一次，我们要借的，不是十万支箭，而是具有大国担当的中华文化。

（作者为仙桃中学教师，国家级普通话水平测试员）

# 一路测试一路情

曹莉莉

2017 年 11 月 10 日，经过考核，我成了一名光荣的国家级普通话水平测试员。回首我参与普通话培训测试的那些事，一路走来，有热爱之情，有艰辛之感，也有成功之喜。

## 自学之路，充满热爱

我的家乡是位于湖北西南部的恩施土家族苗族自治州。作为一个土生土长的恩施人，我从小生活在一个周围都讲方言的语言环境里。在上小学以前，几乎没有接触过普通话，直到遇到我的小学语文老师苏老师。苏老师是东北辽宁人，20 世纪六七十年代支援山区来到恩施。年幼的我当时并没意识到老师说的是比较标准的普通话，只是觉得老师说话和我们不一样，字正腔圆，非常好听，心想如果我也能像老师那样说话就好了，于是总是有意无意地模仿老师说话。

2004 年，我第一次参加普通话水平测试，取得了 90.8 分的成绩，作为一名语文老师，这个成绩已经达标。但我认为，说一口标准、流利的普通话是一名语文教师必备的素质，而且自信通过努力应该能够有更大的提高。我暗暗下定决心，要考到普通话一级证书。为了这个目标，教学之余，我专门请教学校的一名测试员老师，让他指出我发音中存在的问题，还购买了普通话专业书籍进行学习，同时坚持收看中央电视台的节目，每天训练教材中的模拟试题，慢慢地，我的普通话水平有了更大进步。2006 年，我获得了一级乙等证书；2008 年，我通过了湖北省第二十一期省级普通话水平测试员考核，正式成为一名省级普通话水平测试员。

苏老师潜移默化的影响，让我在幼小的心里萌发了说一口标准、流利普通话的想法；第一次参加测试取得高分，坚定了我进一步说好普通话的信心。源于热爱，我每天都在学习普通话。也正因为热爱，因为省级普通话水平测试员的身份，2014 年，我从学校调到了恩施州教育局，工作性质发生了改变，专门从事我喜欢的与普通话有关的工作。

## 测试之路，洒满艰辛

在没有调入州教育局之前，我主要是参与培训和测试工作。调入州教育局后，我主要负责组织培训与测试工作。无论是参与还是组织，我都充满激情，但一路走来，也充满艰辛，饱含苦辣。

我几乎把双休、寒暑假都贡献给了普通话水平测试工作。开始是人工测试，这是一项体力和脑力高度结合的工作，需要长时间集中精力，仔细聆听测试对象的语音，手、脑、眼、耳并用，一分一秒都不能放松、懈怠。一天测试下来，身体像散了架一样，连饭都不想吃。那几年，正值我州迎接语言文字三类城市验收，测试任务重、待遇低，有时白天测试结束以后，晚上还要集中对评分中遇到的问题、困惑和评分标准等进行交流和讨论。

更为艰辛的是，每次测试我们都要带着录音笔、提着测试题，翻山越岭跨县（市）测试，一连几天连续工作，有时候甚至面临生命危险。2011 年暑假的一天，白天我们在建始县城进行了测试，因为第二天早上要对花坪、景阳、官店三个乡镇的考生进行测试，所以我们必须连夜赶到花坪镇。花坪镇属于建始县的偏远乡镇，平均海拔 1200 米以上，距离县城 50 多千米。我们包了一辆中巴车从城区出发，到达红岩寺集镇后，司机得到通知，主路因塌方封路无法通行。没办法，我们只有选择另一条平时很少有车走的公路，这条路因常年没什么车走，已经多年没有维护，坑坑洼洼，既没有路灯，也没有防护栏，几次车轮都开到了悬崖边，十分惊险。但测试员们没有惊慌，没有害怕，还就着车窗外的星光唱起了《朋友》，谈起了测试中遇到的趣闻，以此来消除恐惧。本来只要两小时的路程，足足走了四五个小时，到达花坪镇已经快晚上 12 点了。大家都开玩笑说，大难不死，必有后福。

调入州教育局后，我专门负责全州的语言文字工作，这看起来好像轻松了不少，实际上更加烦琐，更加艰辛。不像省内其他市，普通话水平测试工作由语委办负责管理，测试站进行组织。在我们单位，只要涉及普通话方面的工作，里里外外都是我一个人做，连帮忙的人都没有。每年要组织完成约8000人次的普通话水平测试任务，工作量相当大。2015年，单位内部机构调整，语委办和基教科合署办公，我又负责全州的学前教育和德育工作，任务更重。

## 收获之路，充满喜悦

普通话培训测试虽然辛苦，但一分耕耘，一分收获。我培训的学员，都在普通话方面取得了很大的收获，还有的学员因为普通话成绩优秀而顺利取得了教师资格证、导游证等。培训别人，也是培训自己，我已经从一名省级普通话水平测试员成长为一名国家级普通话水平测试员，还多次被邀请担任演讲比赛和朗诵比赛的评委。

2015年10月，应恩施州纪委邀请，我为纪委的同志做了一期“普通话与恩施话”的专题培训。考虑到州纪委的同志都比较严肃，担心上课氛围过于沉闷，培训开始我给大家讲了一个恩施人不会讲普通话去北京出差闹笑话的故事，提起了大家的兴趣，气氛一下就活跃起来了。接着我从普通话与恩施话的差异入手，介绍恩施人在讲普通话时常见的几个容易混淆的声母与韵母，列举了很多生活中的实例，让他们进行分辨，并现场教读。同时，向他们推荐“普通话水平测试”“中国播音主持网”“说文解字君”等学习普通话的微信公众号，让他们平时进行自学。培训结束后，一部分纪委干部仍坐在座位上热烈讨论，模拟练习，还有部分纪委干部向我请教学习普通话的诀窍。看到他们对学习普通话产生了兴趣，我就像秋天的老农收获作物一样，心里甜滋滋的。

最让我感动、最有成就感的是，每次培训课程结束后，总有学员在等待着我，和我分享他们在课堂上感悟最深的东西。有一次，我在整理课件时，一个学员在旁边一直等着我，并对我说：“曹老师，我也跟您一样，热爱普通话。但没有专家指点，我一度很郁闷，今天听了您的课，才恍然大悟，生活中处处有专家，您是专家，中央电视台是专家，微信公众号也是专家啊!”听了这个学员的话，我觉得自己的工作很有意义。

我们不仅要会说规范语，更要会写规范字。特别是针对中小学教师的普通话培训，我经常提醒他们，说好普通话针对的不仅是语言，还包括文字。

特别是我们的角色是教师，不仅要教会孩子们说，还要教会孩子们写和认。通过普通话培训，很多培训对象的普通话水平明显提高了，他们自己也很有成就感。

一路测试一路情，回顾十几年来的语言文字工作之路，感慨万千。有朋友开玩笑说：“曹老师，您已经是一名国家级普通话水平测试员，站在了普通话水平测试领域的顶端，何苦还那么努力呢?”但我自己深知，普通话知识博大精深，普通话水平测试与培训的路还很漫长，我会继续在这条道路上探索，永远与这项工作同行!

（作者为恩施州普通话培训测试工作站站长，国家级普通话水平测试员）

# 我与普通话的情缘

王　颖

在人的一生中，12 年是一段格外值得追忆的日子，因为它不仅在一个人数十载的光阴中占据了一段十二生肖的轮回，更提醒人们应该放慢脚步，静下心来，品味人生的收获与意义。在不知不觉中，我作为一名普通话水平测试员已经走过了 12 个春秋。仔细回想一路走来的历程，与烦琐细致的测试工作相比，这份工作虽然没有高额的收入，但让我从中收获了许多宝贵的精神财富，让我由衷地感到成为一位优秀的普通话水平测试员是多么骄傲和自豪！

## 结　缘

与普通话水平测试工作的结缘要追溯到 2006 年，那是进入武汉工程大学工作的第三年，暑假接到通知，有幸被学校推荐参加湖北省普通话水平测试员的培训与考试。当时觉得这真是一件很光荣的事情，可以使自己普通话的优势得到更好的发挥。在参加培训之前，一直觉得自己普通话水平还不错，因为自小成长在车城十堰，普通话是伴随我从小到大的语言，也培养了自认为普通话水平尚可的自信。可是自从参加了湖北省普通话水平测试员的相关培训，在假期有幸聆听了专家们的授课后，我对普通话有了更为深入、更为专业的了解。原来，要说好普通话竟然蕴藏着如此深厚的学问。通过学习，我也进一步加深了对普通话的认识，虽然平时时常有人夸我普通话标准，但实际上离字正腔圆的标准普通话还有不小的差距，并且在普通话吐字发音的很多方面还需要进一步学习和改进，这可是需要持之以恒的学习和练习的。例如，自小学开始知道的普通话的声调一、二、三、四声，其实应该规范地称为阴平、阳平、上声、去声，且调值的发音如同音乐中的韵律一般，高低起伏之中体现着科学的发音技巧与规律。再比如，从小以为人人都会读的“啊”，原来在不同语境下还有不同的变调，而这些变调处理会让普通话听起来更加流畅自然。通过普通话的学习，我收获太多太多……在学习过程中，对普通话的运用有了更深的体会，不断纠正自己平时发音的错误，也时刻提醒自己，应该如何把普通话说得更字正腔圆、婉转动听。

除此之外，要胜任普通话水平测试员的工作，还要认真学习普通话评审细则，这样才能成为一名公正的“裁判员”。在普通话评审规则学习的过程中，我也不知不觉纠正了自己以前一些错误的发音，使自身普通话水平渐渐提高。在湖北省普通话培训测试中心培训，充实而紧张，还有至今想起来都还有些忐忑的普通话水平测试。2006 年 7 月，我获得了第四十六期湖北省普通话水平测试员资格证书。作为一名骄傲的湖北省普通话水平测试员，我终于上岗啦！

## 坚　持

此后，在高校的工作也越来越忙碌，教学和科研工作虽日益繁重，但我一直在完成本职工作的业余时间，坚持从事普通话水平测试工作。为了更好地胜任工作，我从未缺席省测试中心组织的学习和培训。正如同我所了解的一批志同道合的老测试员，大家除了参加普通话水平测试，平日都有各自的工作，但都能克服困难，坚持下来，因为对普通话有着源自心底的热爱，正如俄国哲学家赫尔岑所说：“一朝开始便永远能将事业继续下去的人是愉悦的。”我喜欢普通话抑扬顿挫的美妙，它如同优美的歌声高低起伏，悦耳动听。我希望通过自己在平凡岗位上一点一滴的努力，掌握严格的测试标准，履行一名优秀普通话水平测试员的职责，通过普通话水平测试工作的开展，能够让更多的人重视普通话，规范吐字发音，从而尽自己所能，使普通话得到更好、更广泛的传播。尤其在当前实现中华民族伟大复兴的历史时刻，普通话作为国家“软实力”的重要组成部分，在全世界有着更为广泛的影响。这让我们认识到普通话水平测试这项工作的深远意义，更认识到这项工作的神圣。

在领导和同志们的共同努力下，湖北省各个测试站的工作环境和工作面貌也发生了巨大变化，如同中国的改革开放所取得的成就一样，用突飞猛进、焕然一新来形容，一点儿都不夸张。短短十年间，湖北省普通话水平测试从过去利用周末在教室开展的人工测试，到各个测试站都建起现代化的机房，普通话水平测试的水平上了新台阶，不仅工作更高效，而且测试结果更客观、更精准。以武汉工程大学为例，普通话水平测试站从无到有，再到现在宽敞明亮、现代化的独立机房的启用，无不体现了湖北省普通话水平测试工作不断发展的新面貌、新水平。

## 提　升

一位哲人曾说，坚持把简单的事情做好就是不简单，坚持把平凡的事情做好就是不平凡。所谓成功，就是在平凡中做出不平凡的坚持。春夏秋冬，寒来暑往，在平凡的岗位上，我们就这样坚守着自己的工作，从人工测试到机辅测试，环境发生了很大的转变，但不变的是对普通话水平测试工作的热爱与坚持，而这给我们的工作和生活也带来了许多意想不到的收获。难忘在2018年省测试中心的培训活动中，我们能有幸聆听优秀的普通话水平测试员与著名的播音员同台表演，有幸近距离欣赏湖北电视台资深播音指导马力老师朗诵高尔基的《海燕》，展现一名优秀播音员深厚的朗诵功底。还有湖北省许多优秀的普通话水平测试员如兰霞老师、雷峻老师、许劲老师等也登台朗诵了经典美文，当优美的文字邂逅美妙的声音，普通话的魅力被展现得淋漓尽致。这些也让我们心中升腾起艺术的火花，意识到我们从事的普通话水平测试工作不是一项枯燥而烦琐的工作，而是充满了美妙的艺术气息。

十几年的普通话水平测试工作，让我熟练掌握了普通话水平测试的各项规则和要求，它们也不知不觉融入了我的日常教学和生活中。“普通话水平测试员”这个来之不易的专业称号，不仅让我收获了更多的骄傲和自豪，也让我更有自信地参加学校及学院的演讲比赛、朗诵表演等活动，在丰富自己精神文化生活的同时，也让自己的生活更加充实、美好。

## 展　望

习近平总书记指出：“中华民族伟大复兴需要以中华文化发展繁荣为条

件。”普通话作为我国法定的通用语言，与我们每个人的生活息息相关。回顾过去，展望未来，任重道远。当前，推广和普及国家通用语言文字的工作目标还没有完全实现，如何进一步提升语言文字的规范化、标准化、信息化水平，提升国民整体语言文化素养，更好地服务于中华优秀传统文化的传承和弘扬，服务于中华民族伟大复兴的中国梦，仍是摆在每一个普通话水平测试员面前的问题。身为一名湖北省优秀普通话水平测试员，我将在未来的工作中继续学习，克服困难，力所能及地为普通话的推广工作做出自己的贡献。

（作者为武汉工程大学马克思主义学院副教授，博士，省级普通话水平测试员）

# 普通话不普通

余 芳

那是2006年的夏天，我走在华中师范大学的校园，满眼是青春靓丽、活泼热情的年轻人。和着校园的青葱绿色和扑面而来的清香，一切井然有序且安宁祥和，我仿佛回到了自己的大学时代，脚步轻盈了，陶醉了。可是，我没有忘记，这次来华中师范大学的目的，不是追忆似水年华，而是来参加湖北省普通话水平测试员的考试。

我是湖北省普通话水平测试员第十八期学员，经过了系统学习，今天我又来考口语了。说是“又”，的确惭愧，我自恃普通话语音面貌好，在没有经过培训的情况下，就得意扬扬地参加了一次口语考试。可是，我没有达到92分，差0.6分。郁闷期一过，我就报名参加了湖北省普通话水平测试员培训。

从ɑ、o、e读起。我们那一期培训班，能容纳200人左右的大教室，每节课都满满当当，来自各个单位的普通话水平测试工作爱好者，都放空自己，从头开始，勤奋刻苦地学习。还记得，最后一节课，湖北省普通话培训测试中心隆重宣布普通话水平测试员培训班合格学员名单时，我们这些“饱经风霜”的成年人于满脸严肃中透出忐忑不安。当听到我的名字时，感觉就像是金榜题名。我正式成了普通话水平测试员，之后一干就是13年。

刚开始的几年，都是人工测试，隔一段时间，我们测试员就会碰到一起，搭伴工作。在这个过程中，我们认识了好多志同道合的朋友，开心地一起聊天，聊测试故事，聊个人生活，聊工作经历，好多人以测试为媒，成为知心密友，还有的成就了美满婚姻。普通话水平测试成为我们生活中重要的快乐源泉。

后来，人工测试变成了机辅测试，我们从“实体店”走到了“网店”。以普通话水平测试网站为平台，我们各自在网络中听测普通话。虽然我们面对面的机会变少了，但网络的力量让我们清晰地知道，“线”的那一边就是我们的测试员朋友。我们在评分的时候，总会想“这种语音状态，我们看不见的测试员朋友会怎样认定呢?”内心语言的交流就这样自然生发。

还有，我们骨干测试员每年都会聚到一起再培训，再学习。久别重逢的喜悦那可是最激动人心的哦!

成为湖北省普通话水平测试员后，我还承担了一项光荣的任务——普通话课程教学。在普通话课程教学中，我明确教学目的：除了讲授普通话语音知识与强化语音训练外，还要激发学生对祖国语言的热爱之情，并让学生从语言的学习中了解祖国更多的历史与文化。

在普通话课程的第一课，我就利用情境创设、讲故事、播视频、引用学术专著观点与交流互动等教学方法，引导学生准确理解普通话的真正内涵，引导学生深刻感悟普通话的精神意义。讲着讲着，我放出一张 PPT，上面赫然写着：“直至今天，中华民族共同语——普通话作为国家通用语仍是我们民族的精神象征，不仅凝聚着国人，也凝聚着全球华人。”我请学生们一起大声朗读。我听着，我看着，我从孩子们响亮的声音里听出了自豪，我从孩子们明亮的眼睛里看到了感动。我明白，我的这个教学方案成功了。

13 年来，我广泛阅读，精心备课，不断调整课程教学内容，不断改进课堂教学方法。

永远不变的是，我对普通话的深刻认知：普通话是中国的语言，是祖国的语言。普通话凝结着中华民族源远流长的文化，展现着中华民族卓越的文化智慧。普通话诉说的是中华民族勤奋拼搏的动人故事，普通话传承的是中国人生生不息的家国情怀。

永远不变的是，我们师生热爱普通话的价值判断：普通话不普通。普通话是驰骋祖国大江南北的共同声音，普通话是闪耀祖国语言璀璨星空的明星，普通话是中国人表达幸福的美妙语言，普通话是中国人传递文明的铿锵乐曲。

13 年来，我的普通话课堂遍布学校的各个学院。在普通话课程的教学中，我和学生共同成长，我们提升了普通话水平，更增添了对普通话的深情厚谊。

2019 年 5 月的母亲节这天，我收到了一封信，打开一看，是公关 17301 班小雷同学的来信。他说，他喜欢我的课，在普通话课上他明白了普通话的意义，在普通话课上他懂得了很多中国文化知识。他说，他喜欢我说的普通话，声音很动听。我不禁眼睛湿润了。

昨天，也就是2019年6月19日，我走在校园里，眼神迷离。突然，有个男生蹿到我面前，挥挥手，说："老师好啊!"是个阳光帅气的小伙子。"你好!"我也微笑着，向他挥挥手。我看着他高兴地走了。原来，他是我2017年下半年在外语外贸学院上普通话课的学生。这一天，对于我来说，是快乐的一天。

普通话课程教学，就这样给予我幸福感。普通话普通吗?

写到这里的时候（15:11:09），机辅测试员群里闪出了一条消息："本站有一批任务需要10位测试员，一次任务约260人，愿意参加的老师请私聊……"我回了信息："我有时间。"过了不一会儿（15:12:51），测试员群里的消息框出现了这样一行字："感谢大家的热情，已满，谢谢!"真是"秒满"。我抢到了，好有成就感!

普通话水平测试，就这样给予我成就感。

只因2006年的那个夏天，我与普通话结下了不解之缘。普通话不普通!普通话水平测试和普通话教学带给我不普通的感受和收获，我与普通话的缘分和故事还将继续下去。

（作者为武汉职业技术学院文化与传媒学院教师，
省级普通话水平测试员）

# 难舍的测试情缘

陈　丹

18 年前，一次偶然的机会，我进入了普通话水平测试员队伍。

那是 2001 年 6 月，我参加了第十一期湖北省普通话水平测试员培训班，尽管只有短短的十几天学习，但对于我来说却是终身受益。那次培训，我系统学习了发音、语法，训练了听辨音的能力，这让我对普通话有了全新的认识，更为我的语文教学工作打下了理论基础。

十几年走过来，令我感触颇深的是全民整体素质的提高。记得第一次参加测试时，测试对象是全区的教师，而且都是年纪很大的老师。因为当时要求没有普通话等级证书的老师都要通过普通话水平测试，尽管他们年纪很大，口齿发音也不灵活，但对普通话水平测试还是特别认真，一遍又一遍地反复练习。当然也还是有一些人不理解，说这么大年纪了还要参加这种考试，原来几十年不都是这样过来了。随着普通话水平测试工作力度的加大和普通话培训工作的扎实开展，慢慢地大家也认可了普通话水平测试，觉得持证上岗更有底气。教师队伍中也越来越多的人通过普通话培训，顺利地拿到了普通话水平等级证书。在这些老师当中，有这样一位老师令我印象最为深刻。他连续参加了三年的普通话水平测试，功夫不负有心人，终于在第三次拿到了普通话“二乙”证书。那位老师在通城工作，他第一次是在我的考场测试的，当时他一口通城方言，我当时在测试试卷上画满了圈圈，他测试的成绩也让人记忆深刻，59 分，不入级。谁知道第二年暑期，我又到通城开展普通话水平测试工作，不巧，那位老师又在我的考场里。考完之后，他笑眯眯地对我说：“老师，你还记得我吗?”我不好意思地摇摇头。他又笑眯眯地说：“你不记得我，我记得你哟，你跟我女儿一般大，去年我就在你手上考试的，没考过，今年继续考。”“去年考完之后，我每天早上在家读课文，还让我女儿教我，这一次我应该能考过。”他自信地说道。谁知道，时隔一年，我再次来到通城，事情也凑巧，我和这位老师又在考场上相遇了，说内心话，面对这位头发花白的老人，我真想直接送点分，让这位老师过了算了。但是测试员的职责让我们不能徇私情，要公平公正。谁知，这位老师的语音面貌大有改观，居然顺利地拿到了 82 分。我在内心里为这位老师感到高兴。整场考试结束后，这位老师一直等着我们，想知道自己是否如愿以偿。他高兴地跟我们聊起天来，“老师，这次我肯定能过。上次我没考过之后，我就对自己说，事不过三，这次一定要把普通话水平等级证书拿到手。我每天晚上跟着我孙女一起读课文，读报，跟老伴儿也不说通城话了，全家都说普通话。我还跟着电视、收音机学。我身边的同事都说我说的普通话是普通话了，好听多了。”听完这位老教师的话，我和我的搭档相视一笑，真正被这位老师坚持不懈的精神感动了。

现在我们的测试对象已由年长的人员变成了在校学生，身边的人说普通话也成了一种常态。

随着这一路走来，普通话水平测试是越来越方便快捷了，测试的设备也越来越高大上了。还记得人工测试那会儿，我们每年暑假都会去下面的县市测试，老师们就得带上一大堆的东西往车上放，其中最沉的是录音机，而且还得多备一两个，以防录音机罢工，其次就是空白磁带。到了目的地之后，又一一将车上的物品搬下来。不知何时，轻巧的电子录音笔代替了录音机，再然后就是计算机辅助测试了。这种计算机辅助测试让测试员足不出户就可以在网上进行评分。这一系列的变化也折射出科技的迅猛发展。虽然计算机辅助测试大大节约了测试员的时间，但是往日大家在一起奋斗的美好时光却成了回忆。我们的测试员队伍如同一个大家庭，大家每年都会相聚几次，尽管每次见面的时间不长，但是分外亲切。

虽说现在的普通话水平测试工作少了一些交流的乐趣，多了一些单调，但我依然对普通话水平测试工作热爱如初。

（作者为咸宁实验外国语学校教师，国家级普通话水平测试员）

# “话”里人生

谢忠凤

## 一

出生在鄂西北、成长在鄂西北的我，18岁以前讲的自然不是普通话。但那方言里有教诲，有关心，有快乐——有许许多多助我成长的思想和情感。第一次接触普通话是在高中的一节语文课上。老师虽是本地人，但老师是武汉大学的高才生，而且在中山大学进修过一年。老师除了教课文，还会唱点儿戏，且会画几笔画。《荷塘月色》一课，老师一边用不太标准的普通话读着，一边曼妙地在黑板上画着。课文读完，我已是满怀美妙，不仅感受到了荷塘、荷叶、荷花的香美，黑板上一幅用粉笔画就的荷塘月色画也让我陶醉。那是我第一次感受到不仅可以看见文章里面深刻的思想，还可以读出文字的美妙。只是生活在方言区一直说方言的我只能欣赏别人诵读的美妙，自己却仍只能“看”着书中的思想与情感。

一直热爱文学的我，大学读的是中文系。现代汉语课是位女老师教的，她洁净、大方、典雅、规范，是一个标准的老师，一个标准的女性，但因为很理性，少有激情，只能让我仰望。我依然如故地“看”着书里的情感，文里的人生。

1986年我被分配到师专工作，始办报纸，再教写作。领导说我还算伶牙俐齿，让我教现代汉语。有自知之明的我知道自己的语音其实很不标准，便没有接受领导的安排。也许领导还以为我不听从安排，其实我是怕耽误了学生。1994年国家教委师范司改革师范院校课程设置，要求在全国的大中专师范院校中开设教师口语课程。作为教研室负责人，我带头接下了这门课程，但我非常清楚，我必须先规范自己、提高自己。于是，看电视新闻时，我的注意力更多地放在了向播音员学习练读语音上。除此之外，我还听名家的示范。我每天早上大声朗读著名诗文，随身携带一本字典，随时核对字音，常是边走边说边练，不断地重复，自我纠错，慢慢地，我的语音开始标准和规范了。

现在的我虽然话里仍然有一些湖北腔调，但说的还算是比较标准、规范的普通话了。现在的我从书里不仅能看见月光的皎洁、月色的神奇，而且能读出月光的美妙、月光的丰盈、月光的浸润。现在的我才慢慢感受到自己是一个随心所欲的人，一个真正能完全表情达意的人，一个完全的人——可以看，可以感，可以读，可以达。

这是一种多好的人生境界啊！

## 二

说好普通话有许多讲究：声母要发得清晰有力，需要发音部位准、发音方法对，21 个声母有 21 种不同的发音要领；韵母要发得饱满圆润，单韵母需要注意不同的唇形、舌位及口腔的开合度，复韵母要注意一个元音向另一个元音的滑动，且过程要有明显的展示，鼻韵母要注意元音向鼻辅音的滑动，且鼻辅音归音要紧、要准，等等。

一开始学习普通话，我很烦，牙牙学语时就说的是汉语，已能用汉语自由表达思想的我现在还要学习许多发音的规则、要领和方法，这让我很不自在。但我必须得认真学习，因为推广普通话，就是推广规范、标准的现代汉语，推行者必须自己先规范、标准起来。

大概苦练了半年，有一天突然悟出那些规则、要领、方法带来的规范的美。按照规则就能说得清晰响亮、饱满圆润、抑扬顿挫。此时的规则已不再是约束，不再是限制，而成了自由、充分、美好地表达情感的前提和基础。自己悟到了这些，教学中阐明约束与自由的辩证统一便成了一项重要内容。

后来由此及彼，我发现任何事情都是如此，只有你掌握了它的要领、要求之后，才能驾驭它、运用它、发挥它。在事实面前，生性散漫的我深深地被规则的作用所折服。

相信我们大家都遵从、牢记社会规则，我们的社会一定会美好起来。

## 三

普通话每个音节的声母、韵母、声调的发音都有许多讲究，单个的音节要发得完整、清晰有力。但我们说话不是一个一个音节地说，而是一串一串音节地说。这样相连音节相互影响或为了表情达意的需要，有些音节的结构发生了不同程度的变化，我们称这种现象为语流音变。

语流音变是普通话中的自然现象。汉语是有声调的语言，汉语声调和语调的平升曲降，大量词语的轻重格式搭配，组词造句有较大的灵活性，语流中语音的各种交替，以及人们对语言的约定俗成，使语音中一些因素自然要发生变化。学习普通话，必须掌握音变规律，如果掌握单个音节的读音而不掌握音变，那还不能称学好了普通话。

掌握了语流音变，就会觉得普通话的自然和谐，而不会觉得生硬别扭。

人其实如“话”。单个的人，我们讲究标准、规范、完整，有个性，显自我。社会的人，许多人在一起，我们须讲究合作、贯通、畅达，舍小我，成大家。当然，做人的原则还是要坚守的。

平日里我们许多人都强调自我，强调个性。如若我们不知变通，个性就会成为硌人的石子、扎人的刺儿。所以我们每个人既要保持自我，又要有自己的特点、自己的个性、自己的主张。同时，与人相处，要学会宽容、友善、淳厚。这大概就是严于律己、宽于待人的处世方式吧。如此，我们的社会才会成为一个和谐、友爱、团结、美好的社会。

普通话，我经常学，经常说，经常教，经常悟，时间长了，便悟出点儿普通话外的东西来，可称为“话”里人生。

（作者为汉江师范学院教育学院教授，国家级普通话水平测试员）

# 那些抹不去的测试记忆

裴 蔚

依稀想来，自1998年7月开始从事普通话水平测试工作，至今已有21年了。时光飞逝，竟似乎没有什么太强烈的感觉，一切都好像发生在昨天，一幕幕往事历历在目，清晰可见。我几乎经历了从人工测试到机辅测试的全过程。

回想起21年的测试经历，不禁让人思绪如飞、感慨万千。测试工作中的点点滴滴、甜酸苦辣，在脑海中浮动闪现，让人不能忘怀。21年来几乎走遍武汉市内及郊县各大中专院校，有时还到政府机关、服务行业，甚至远离武汉，被派至省内其他地区参加测试。

人工测试时，我们听从召唤，随时奔赴考场开展工作。那时候的我们，在不同的院校与不同的测试员接触、切磋、交流。大家互相学习，共同成长进步，结下了深厚的友谊。测试员就是我们的内部名片，无论走到哪里，一旦遇到，相见时都会喜笑颜开、欢欣雀跃。大家彼此真诚、亲切地问候，有着说不完的知心话语、聊不完的逸闻趣事，满满都是愉悦。我们这支特殊的队伍战斗在一起，成长在一起，学习、考核在一起。我们工作并快乐着。这个特殊的平台，锤炼着我们的测评技艺，增长着我们的见识见闻，也让我们收获了诸多的快乐和幸福，是值得我们用一生去回味和珍藏的宝贵经历。

可能是我自小生长在北方一直说普通话的缘故，我似乎天生对南方口音中常见的平翘舌、鼻边音、前后鼻韵母及方言腔调中的一些语调偏误和各种语音缺陷比较敏感，导致了刚开始参加测试评分时有些偏紧，主要体现在对“二甲”临界分的把握上。记得刚上岗时，我测评的一、二题缺陷分就比主测多，第四题有时主测扣6分，我却扣到了7分。我分明感到已经听到三类以上的系统性错误和缺陷了，而且还有方言腔调及其他一些语音问题，扣6分是不是松了点儿啊？这种情况曾遇到多次。现在想想，那时的我确实是对南方口音有些过度挑剔了。其实我们在实际测试时，有些不太明显的比如发音时舌位高低前后问题，音程时长不够、语言流畅度不佳、元音开口度问题，轻声词重读和非轻声词轻读或有轻化倾向、语流音变失当、词语与句子中轻重音格式把握失当，还有尖音过重与一级评判把握问题等，似乎有些时候是可以视程度做到一定宽容的，而我每每对这些缺陷无意识地放大了，导致评分偏紧。在多年的历练中，我的这种偏差也渐渐缩小了，评分也更宽容和客观了。

还有就是，那时的我们对卷面也有一点点小洁癖，内心都希望自己的评分表能够干净漂亮一些。为此，我也有过对一时不能立即定论的先用铅笔填，然后再用墨笔填的经历。现在想来，不禁让人哑然失笑。

我习惯于每次测试都带上自己编辑打印的评分细则，有加粗字、斜体字，用不同字体进行区分，还有下划线、波浪线，嘿，Word 文档的编辑功能都用上了，重要的地方我都做好标记和批注，把相关问题和可能遇到的情况写在旁边，把评分标准后面的有关概念解释和附件中湖北常见语音错误、语音缺陷举例中的部分难点问题，在评分标准旁边做好标注。因此，每每测试当中遇到疑问时就能很快找到相应的条款，不用把整个工作手册翻来翻去。手册都是现场提供的新书，翻看起来不仅麻烦，还耽误时间。用我自制的材料，熟悉又有详细标注，而且还是缩印拼接版的，随时查看，十分好用。这样的自制评分标准卡用烂了几个，不过我没跟任何人说起，怕别人笑我多此一举。

那时的我们，在平时紧张工作之余的周末里，常常徜徉在风景如画、人文气息浓厚的各个大学校园里，与各校老师愉快地搭班、探讨、交流，共同成长进步。曾几何时，武汉还没普及空调，夏天在吊扇底下测试，依然汗流浃背，手心、胳膊上都是湿漉漉的，时不时拿起桌上的小毛巾擦擦汗，抿一口工作人员为我们准备的茶水解解渴。风呼呼地吹，掀着桌上的评分表，工作手册哗哗作响，伴着电扇的啸鸣声，听着考生真挚感人的故事，让我们走进一个个精彩纷呈的内心世界。冬天，外面下着鹅毛大雪，我们裹着厚厚的羽绒服，围着围巾，冻得哆哆嗦嗦，迎接一个又一个考生进场，有些测试员还带来了电热靴御寒。那时最享受的就是中午吃工作餐时能先喝口热乎乎的汤，那叫一个享受。有次大冬天去武汉理工大学一个校区测试，测试站为每位测试员准备了一个电暖手宝，着实让在严冬寒冷的教室里等候上岗的测试员们一下子温暖到了。这样暖心的事还真不少，当然忘不掉的还有省测试中心雨天及时送来的贴心伞。以往省测试中心每年新年都会给我们寄来贺卡、慰问信，我还一直留着，妥善地保存着。

每每在考场上听着考生各种各样的人生经历，我们便跟着考生一起快乐、悲伤、失落，跟他们进行近距离的感情交流。考场上，会遇到各种各样的情况。比如有的考生一上来就不知说什么，或者说到一半就说不下去了，我们就对他们进行鼓励，引导和提示他们按照话题思路往下说。有些考生说到一些很悲伤的经历，泣不成声，我们也在一旁泪湿眼角，此时一边安慰考生，一边提示他们继续完成考试。每场测试，从他们身上，我们获得了很多与平时生活中不一样的信息。每位考生都是社会的一个缩影，一波波的考生为我们打开了一个个异彩纷呈的社会小窗口，让我们看到了诸多不一样的生活场景，开阔了我们的眼界，增长了我们的见识。我们的心时时被考生的经历和故事所感动、所震撼，我们的情感与考生的欢笑和泪水相互浸润、交融。这正是我们不可多得的人生经历。在考生身上，从他们丰富的人生经历中，我们同样学到了很多。

后来学校成立了测试站，我们终于有了二级组织，从散兵游勇式地四处出击，过渡到了有组织、有统一工作布置、以完成本单位测试任务为主的工作状态，再后来，有了机辅测试，最后是全面实行机辅测试。

记得有一年在一次骨干测试员培训考核时，省测试中心带领我们来到湖北省最早试点计算机辅助测试的武汉理工大学机辅测试机房参观，让我们大开眼界。科技的发展让普通话水平测试达到了一个新的高度，给我们开辟了全新的视角，提供了更高效的工作平台。

2013 年下半年，全面实行机辅测试后，我一开始还有那么一点点不习惯和些许不舍与失落。我们的工作地点也从与考生面对面到只面对桌上一方小小的电脑荧屏。时间久了有时不免会产生一些枯燥感，尤其是刚开始测试系统不是太完善，如果又恰好遇到网络状态不太好时，时不时会遇到一些让人无可奈何的小插曲。比如听了老半天最后却打不了分，或者中途自动下线，又得从头听起。第四题还好说，最怕的是复审全四题时出问题，那叫一个崩溃呀。记得有几次听全四题复审，每听一个考生到最后都不能正常打分，让人心急，浪费了很多时间，让人有一种深深的挫败感。

我做测评有个特点，习惯于对各项各类问题进行详细记载。当时测试系统对每项问题的记录有字数限制，不能完整地表达我想要表达的意见，输入字数达到一定量之后就再也输不进去了，只好不停地缩减再缩减，把每项问题只举一个例子，但仍然写不下，只好把所有分节标点全去掉，耽误了不少时间。我在想，发布任务的老师看不看得懂我记的是什么呀，人家看你的评分记录还得先断句。后来不知哪一天，突然发现居然输入再多也不会被阻断了。那一刻，我实在太开心了，终于可以把我想描述的问题尽情地无障碍地描述清楚了。如今测试系统打分不畅的问题也越来越少，系统也越来越完善了。再比如我曾经还出现过打分操作失误的情况，评测过程中，我在打分界面把我听到的各种问题都详细做好记录，最后居然分数没填上就点了评测完成，考生辛辛苦苦考了半天，我也辛辛苦苦听了半天，居然给人打了个 0 分。那时测试系统还没有设置修改的功能，分数一提交上去就是最终成绩了，那可真叫一个沮丧啊！我急得到处求助，说是只能等这批任务完成后再单独把这名考生的录音发给我重新听一遍。从此以后，我每次测评都非常注意，告诫自己千万别再犯这种低级错误了。另外机辅测试都是背对背测试，不像人工测试时测试员还可以互相讨论商量。遇到特殊情况时，对照评分标准，有时仍然不敢贸然评判，就向其他测试员请教，跟他们切磋交流，然后才敢郑重打上分数。君不见骨干测试员群和机辅测试员群里大家讨论热烈，畅所欲言，答疑解惑，分享经验，聊到兴起还时不时抛出各种各样开心调皮的表情包，气氛是那么欢快和谐，这便是机辅测试后大家切磋交流的唯一平台了。啊，“万能”的群呀！

由于我校学生整体语言素养较高，分数以“二甲”为主，并有一定数量的“一乙”，“二乙”较少，三级及以下的少之又少。时间久了，有时就会产生听觉疲劳，一批任务下来，“二甲”占了多数，分值等级比较低的考生不是在职教师、医护人员，就是少数民族学生和外国留学生。这时就很希望能听到一些“二乙”及以下的考生录音，担心会不会因对其他等级考生听得少而生疏了自己的测评能力。那时也会接到省测试中心或其他单位的一些任务，也有其他市县的一些复审任务，考生等级范围大了，听的时候虽然感觉辛苦得多，但很锻炼人，很受益。能够这样对比，倒更容易找出一些自己的不足与差距，让自己能够保持与提高听辨语音的水准。比如我会经常看看我参加的本站和其他单位的任务中无效量有什么区别，为什么这批任务我的无效量会比那批任务的无效量要多或者少，这样就可以以我为投射来大致判定本站测试员与外单位测试员的评分有没有大的差别，更准确地判断我的整体评分是否客观、准确。

全面实施机辅测试以来，测试系统越来越完善，越来越好用了，据说第四题很快也要实行机辅测试了。机辅测试彻底取代人工测试，这不啻是我省普通话水平测试事业又一个重大飞跃，我们期待着更科学、更高效的测试系统的诞生。

测试征程在路上，让我们振奋精神，重整行装，笑对风雨，不舍追求，团结拼搏，砥砺前行！

（作者为华中科技大学附属中学高级教师，省级普通话水平测试员）

# 我的普通话情结

王　秀

我是20世纪70年代出生的人，“中央人民广播电台”和“小喇叭开始广播啦”是儿时的我每天准时学着收音机里的两句播报。没人为我点评，没人欣赏我的播报，可那时的我就是觉得我播得与收音机里的一样好，将来我也可以当播音员。

我是一个农村的孩子，家里兄弟姐妹多，书念得好不好，作业做得对不对，父母是从不过问的。也许是我没有念书的天分，念一年级就害怕学算术，害怕做作业。我常常因为作业本上字写得不好被组长罚重做；也时常因一次作业订正好几遍，最后被橡皮、唾液擦出几个黑窟窿组长不肯收而被留校。可有一件事我做得好，就是拼音与生俱来地学得好：拼读正确，声音洪亮。我天天骄傲地拿着教鞭站在讲台上当小老师。

我是在湖南方言的熏陶下长大的，整个村子清一色纯正的湖南长沙口音，平翘舌不分，“f”“h”混淆，就连那时教我们的老师上课说的也是“湖南普通话”。而我就是那个“另类”，湖南话说得地道，普通话说得比老师纯正，所以，每次课文的领读就是我的“专利”了。为了能在同学们面前读得更流利，我将每篇课文都读到滚瓜烂熟。就这样，不知不觉地，一册书里的每一篇课文我都会背了。每每家里来了客人，问起我的学习成绩，我就迫不及待地将语文课本里的每一篇课文从头到尾、一篇一篇背给他们听，直至得到一遍又一遍的夸赞。

慢慢地，随着年龄的增长，我发现，我开始喜欢上了那些抒情的散文。时常一个人，找个没人的清静处，自我陶醉地大声朗读，任由自己的情感随作者一同起伏悲喜。上师范三年，我当然是学校活跃的优秀广播播音员。师范学校毕业考试，文选老师告诉我，我的普通话水平测试成绩是甲等，那时我居然天真地以为甲等就是普通话的最高水平。

师范刚毕业那会儿，当教师的我还不忘我的播音梦，常常模仿中央电视台里的主播，学邢质斌，学王宁，学李修平。一日，嘉鱼电视台招聘播音员，不知天高地厚的我真的去参加了应聘。

直到那年的教师普通话等级证书培训学习，我才真正认识到自己的普通话处于一个什么水平。为我们培训的老师是一名国家级测试员，也是我娘家的家乡人，所以对我的要求格外高。她告诉我，我的普通话底子可以，语感好，发音不错，朗读情感充沛，但无稿说话时就会暴露出很多问题。这主要是我在有稿参照时会特别注意让自己在“软肋”处集中注意力，而无稿提醒时呈现的就是我的“原形”。我对普通话语音的理论掌握较好，知道什么地方该怎么读，但对“软肋”缺乏强化练习就会使我现出“原形”，尤其是在轻声、变调、儿化等方面。她帮我录下了一段“说话”，回放给我听，脉把得真的很准。她鼓励我：“下功夫强化练习，你的普通话水平是有很大的提升空间的，‘一乙’的高分冲刺‘一甲’也不是不可能。”在她的帮助、鼓励下，测试中我取得了94.3分的好成绩。也就是在那时，我才知道中央电视台的播音员代表的就是普通话的最高标准。

2002年暑假，我被推荐参加省级测试员培训。虽说那是一次许多人都梦寐以求的难得的提升机会，但那半个月的封闭学习经历用“炼狱”一词描述毫不夸张。能被推荐去参加省测试中心培训的都是各地市选派的佼佼者，为我们做培训的都是国家级测试员里的大师级人物。听说，每期培训班中都有至少10%的学员拿不到测试员资格证。一则因为测试的老师都是国家级测试员，要求自然会高些，一点儿瑕疵他们都听得出来；二则这次不单是拿普通话等级证书，更重要的是培养、挑选测试员，把我们培养出来，将来是要测试别人的。超高压下，每天正常的培训学习我是认认真真。课余，我不是练读就是练说；清早，找一个少有人过往的角落大声读；中午，约一个与我一样勤奋的人互说、互听、互评；晚自习后，打手电筒躲在楼顶平台，关上通道门练读，唯恐别的学员发现后抢占我的“宝地”。每每口干、舌燥、嗓子哑时，我就含点润喉片缓解一下。那次培训，我最大的收获不仅是如愿以偿地拿到了测试员资格证，而且又一次得到了高人的指点。我们学习的四人小组中，有一位在贵州电视台工作过两年的播音员听了我的“说话”后告诉我：

说好普通话是为了更好地交流表达，与人交流要自如、轻松，这样对方听着才会舒服，切忌用背稿式的高昂、紧张语气，眼中要有人才是交流。我犹如醍醐灌顶，在后来的课堂上、说课中、讲话时，这种“眼中有人”的感觉让我一次次赢得掌声。

如今的我虽没实现播音梦，但我喜欢的普通话已成为我生活中不可或缺的一部分。工作中，与幼儿、与同事、与家长用普通话交流；生活中，与朋友、与家人也是用普通话沟通。有朋友笑我说：“你别用普通话行不行？与你聊天我还要憋着个普通话，难受死了！”可我就是改不过来，刚一换成家乡话，不到一分钟就又不知不觉还原到了普通话上。说我矫情也好，说我不食人间烟火也罢，说普通话的习惯已成自然。

每每听报告、听讲座，如果台上的人普通话好，我就会听得格外认真，并由衷地对其多几分敬佩。

每天无论多忙，我都会挤出几分钟时间来大声朗读一篇文章，似乎只有这样才能释放我心中的些许压力。

一口字正腔圆的标准普通话能给人以美感，给人以无穷的享受。普通话，将伴我永远！

（作者为嘉鱼县实验幼儿园教师，省级普通话水平测试员）

# 永驻我心的普通话水平测试

吕洪雁

1995年7月，21岁的我大学毕业了，走进校语委办的大门，成为一名语言文字工作者。

1996年7月，22岁的我走进华中师范大学，参加湖北省第二期普通话水平测试员培训班。读字、读词、读文章、说话，年轻的我和大家一起，通过了考试，成为一名省级普通话水平测试员，我们叫“黄埔二期”。

1996年到2010年，在省语委办的带领下，测试员们走遍了湖北的师范院校，在全省开展普通话水平测试。那时，我们叫“省派测试员”。还记得结婚的头一个星期，我还奔波在测试的路上，结识了很多朋友，是一辈子的朋友，直到现在，见面时大家还会回忆那时的美好时光。还记得2001年，武汉市召开普通话水平测试员工作会议，我们四个年轻的测试员编了一个快板，又蹦又跳地演出，那些词一直在我的脑子里萦绕。

> 我们都是测试员，普通话水平来测试，你测我测他也测，测了公务员测老师。
>
> 双唇音b、p、m，唇齿音一个f，舌尖前音z、c、s，舌尖后音zhi、chi、shi，舌尖中音d、t、n、l，舌面音j、q、x，这些声母好练习，舌根音g、k、h，练习起来笑呵呵。

这个节目赢得了大家的阵阵掌声，大家的友谊也一直持续到现在。

2001年，省语委办选拔了几位老师参加第三十期国家级普通话水平测试员培训班，我们非常珍惜这难得的机会，不放过学习的点点滴滴，心中只有一个想法，要好好学习，拿到国家级普通话水平测试员证书。给我印象最深的是当时的班主任孙海娜，她当时大学毕业不久，非常认真，我们下课后经常围着孙老师问问题。半个月的学习结束后，我们通过了国测考核。

湖北省语委和省测试中心非常重视测试员素质的提高和考核，自从成为国家级测试员后，我慢慢地也成了学校的骨干测试员，成了全省的复审员。省里每年三月份都要进行考试，不来的、考核不合格的都不能再成为复审员。这也是大家难得的相聚时光。每年的组长复审会，都会有测听的训练，大家总要争着发言，拿出自己在国家级普通话水平测试员培训班学习的小本子，研讨每个发音和评分。会上，省测试中心还会邀请省内外的专家给我们上课，我们受益匪浅。每年见面成了大家盼望的“节日”，这种友谊一直持续到现在。

2007 年开始，省测试中心安排我担任省级普通话水平测试员培训班的小班班主任和主讲教师，这对我是莫大的信任和鼓励。我和其他老师一起备课，共同研习。每年暑假的省级测试员培训班，我们几位上课的老师和测试员都结下了深厚的友谊。

2010 年，我的硕士论文题目就是“普通话水平测试策略研究”，研究了多年测试的样本，并提出相应的对策。答辩时，我的论文获得优秀，顺利地拿到语言文字学硕士学位。我的学校被评为“湖北省语言文字示范校”“全国语言文字示范校”，学校测试站也被评为“湖北省优秀普通话水平测试站”。我一直在学校语委办和测试站工作，每个周末，我不是在测试就是在去测试的路上。

2011 年，湖北省开展计算机辅助普通话水平测试，江汉大学成为第一批试点学校，并在学校举行了现场会，全省 50 多个测试站来校考察、调研。计算机辅助普通话水平测试是普通话水平测试的创新举措，考试更加公平公正，投诉也少了很多。周末大家不再奔波于各测试站，而是待在家里，上网接受任务，在网上进行评测。测试员们见面的机会少了，大家成了网友。

2011 年，省测试中心选拔我和另外 9 名国家级测试员一起到北京参加骨干测试员培训班，在最后的考核中，湖北省的 10 名国家级测试员全部是优秀，也获得了去香港参加普通话水平测试的资格。2011 年、2013 年、2017 年，我三次被派往香港公开大学，和香港的测试员一起对考生进行测试，推广普通话，进行文化交流。

2014年，我的工作岗位发生了变化，不再专职从事语言文字工作，但我一直谨记，我是一名普通话水平测试员，推广祖国的语言文字是我的职责。2015年、2016年、2017年，我参加了熊一民老师的“语言保护工程”课题，周末的时候跟她一起去蔡甸、新洲、黄陂等地开展方言调查。推广普通话，传承家乡话，开展语言精准扶贫。我们把国家的政策带到农家小院，我们把最新的资讯向村民传递、讲解，我们录制方言，同时教他们说普通话。2017年开始，学校在学生中开展“新青年下乡”活动，数万名大学生走进田间地头，开展语言扶贫。

2017年，我的侄子大学毕业后成为一名教师，我推荐他参加了省级普通话水平测试员班。非常幸运，他也成为一名省级普通话水平测试员。

在测试员队伍里，夫妻档、母子档、姐妹档有很多。除了侄子，我老公的两个堂妹、我的侄女在我的影响下，早在2007年、2008年也通过考核，成为省级普通话水平测试员。大家把普通话水平测试深深地印在心里，留在记忆的最深处。

（作者为江汉大学党委宣传部副部长，国家级普通话水平测试员）

# 学习永远在路上

## ——普通话培训测试故事小记

王金芳

我成为一名普通话水平测试员，那是 1997 年夏天的事情。从那时到现在，20 多年的光阴已悄然流逝，我也由而立到了知天命的年龄。在普通话培训测试的路上，我享受着测试员独有的快乐，也经历过很多人和事。下面，我给大家分享几个普通话培训测试中的小故事，也算作自己对普通话培训测试工作的一个回忆。

### 她的眼泪，我从未忘记

这个故事应该有点儿早了，那时全省普通话水平测试还都采用人工测试的方式。记得那天上午，测试的最后一位考生是一位年轻漂亮的女子。在测试过程中，她极其认真地按要求完成每项考题。她的音色很好，音准也相当不错，我和搭档给她的评分是“一乙”的高分，九十六点儿。我和搭档都很高兴，在考场上能听到好的声音，对于测试员来讲是件非常幸福的事情。

事情的反转发生在我们要离开考场的时候。她见我们走出考场，立马向我们打听她的考试成绩，并急切地问我们，她是否能考到 97 分以上。这个问题实在很难回答，我们原则性地告诉她，考试成绩以最后的复审成绩为准。听到我们的回答，泪水刷刷地从她的眼睛里流了出来。我和搭档很惊讶，测试经常有的，有必要这样伤心难过吗？她用哽咽的声音告诉我们，她是播音员，半年前参加过测试，成绩是 96.5 分，这次测试要达不到 97 分就要下岗了。

除了安慰，还是安慰，其他的，我和搭档都爱莫能助。我们告诉她，不要气馁，多练习，应该是可以过关的。最后，她给我们留下了一个落寞的背影。

此去经年，我想，那位考生应该在不断学习中达到了她应该达到的标准，成为一名优秀的播音员了吧。

## 她的一跪，深深地刺痛了我的心

这个故事也发生在人工测试的时候。那次测试，我和一位年纪稍长的女老师搭档。有一位女生考完，我们很客气地对她说："测试已经结束，您可以离开考场了。"话音未落，她咚的一声就跪在了我们的面前。这一下把我们吓得不轻。她说自己是语文老师，普通话必须达到二级甲等及以上，希望我们两位测试员能够帮帮她，要不然她的职称评定就泡汤了。从考试的情况看，她离"二甲"应该还有较大的距离。在考场上，我们自然帮不上她的忙，虽然我们也为她感到难受。

我们花了好大力气才将这位考生搀扶起来，我搭档耐心细致的思想工作让这位考生信服，主旨仍是回去好好练习，对自己要有信心，测试一定会通过的。她很无奈地离开了考场。当时，我想，如果我们的普通话培训工作抓紧一点儿，覆盖面更广一些，或许这样的事情就不会再发生了。

我猜想，通过努力，她的普通话水平应该达到二级甲等了吧。

## 她的执着，让我感动

她是武汉市黄陂区偏远乡村的一位幼儿园老师。那年，武汉市普通话培训测试站正在建设中，还无法接受武汉市成人参加普通话水平测试，因此我们测试站受省测试中心委托，接受部分武汉市成人参加测试，于是她来到我们学校。她的基础不算很好，但特别努力好学。她第一次测试刚过"二乙"，但她没有放弃。得知我是测试站负责人，她就积极主动地与我沟通，让我指出她语音方面存在的问题，并向我请教练习普通话的方法。她乐观积极的态度让我非常乐意与她交流，并给予她一定的业务指导。她每个月都来我们江汉大学参加一次测试，每次都有很大的进步。半年后的第六次测试，她终于考过了二级甲等。那些第一次和她结伴而来参加测试的同伴慢慢地都退却了，大家都觉得太难了，只有她坚持了下来，并通过了测试。

虽然她只是一位普通的幼儿园老师，但她不服输、努力向前的精神，一直感动着我。世上无难事，只怕有心人，真的是这样。

我想，今天的她应该成了一名优秀的幼儿教师吧。

## 她发给我的短信，一直让我保存至今

她是我校校级公选课普通话水平测试课程班上的一名学生。为了更好地推广普通话，提升学生的普通话水平，学校组织全校测试员在晚上开设了普通话水平测试课程。考试结束一个月后，测试成绩出来了。我收到那名学生的短信，她告诉我，她考过了“二甲”，非常非常感谢我的指导。收到她的短信，我也特别激动，心里美滋滋的。透过手机屏幕，我仿佛看到那张喜形于色的笑脸。或许你要说，普通话二级甲等不过如此，算不了什么。特别是对一些北方的学生，他们只要稍稍准备一下，考个二级甲等是没什么困难的。但她是一名来自广西偏远地区的学生，所说的普通话有着极重的方音。她是一名很认真的学生，每次上课都坐在教室的第一排，认真地听我讲课，跟我一起练习单字，练习多音节词语，朗读文章，并积极参与话题训练，课下还主动找我对她进行个别辅导。

功夫不负有心人，她进步了。像她这样的学生，在我们公选课上还有很多，她是我普通话教学中的一个很有说服力的案例。学生的进步是教师最大的幸福。

## 自己的努力，见证成长

前面谈的都是别人的故事，最后谈谈我自己的故事，我在被培训、被测试过程中的成长故事。

本科阶段，我读的是师范类汉语言文学专业。人才培养方案虽然对师范生的“三字一话”（粉笔字、钢笔字、毛笔字、普通话）的要求很明确，但那时普通话具体达到什么程度，没有量化指标。当时的我对自己普通话水平的认识，和现在很多考生在培训前的感受一样——自我感觉良好。

后来，国家开展普通话水平测试工作，我参加了省级测试员培训班的学习。在学习过程中，我发现自己有很多问题和不足。在指导老师的帮助下，在自己的不断努力下，我成了一名省级普通话水平测试员，开始了自己的普通话测试工作。作为一名普通话水平测试员，在日常生活中，在人际交往过程中，我非常注意自己普通话的音准及流畅的语言表达；同时，在自己的普通话教学过程中，还注意教学相长，不断提升自己的业务能力。

2016 年 11 月，我在北京参加了由国家语委主办的第五十六期国家级普通话水平测试员培训班的学习，并担任这一期培训班的班长。十几天的培训，紧张而充实，大家仿佛又回到了高考前的冲刺阶段。有付出，就会有收获。我们毕业了，虽然不是百分之百。在培训班的结业典礼上，我作为学员代表在会上发言；在培训班的结业典礼上，国家语委领导为我们颁发了国家级普通话水平测试员证书。那时的感觉是让人快乐、让人眩晕的。

从满口地道的武汉方言，到最后成为一名国家级普通话水平测试员，虽然说不上化茧成蝶，华丽转身，但对我来说，这至少也算是一个不断成长、进步的过程。

（作者为江汉大学普通话培训测试工作站站长，国家级普通话水平测试员）

# 测试人生　坚守前行

张春光

我是麻城市第一实验小学的一名普通的语文教师，也是一名省级普通话水平测试员。我 1999 年毕业于湖北省幼儿师范学校。

像我们这些从农村走出来的孩子，小学并未学过汉语拼音。当时能说几句普通话，还都是跟电视机里面的广告学的。可能因为我们家在当地是最早买电视机的，所以我也是班级里说普通话最早的孩子，那时候老师经常让我带读课文。那时候的带读为我今天的测试工作打下了基础。读初中以后，我又顺理成章地做了学校播音组的组长。播了三年广播稿，我还从来没有发现自己居然一直把会议的“会”念成了“fèi”。直到进入省幼师学习了语音基础课，我才明白自己连声母都搞错了。我苦练了三年普通话，终于在毕业前夕取得了 93.7 分的好成绩。

本以为自己这辈子再也不用参加测试了，没想到 2007 年我在学校组织的一次活动中，偶然认识了当时黄冈市语委办的徐主任。在他的鼓励下，我下决心考测试员资格证。那一年的暑假，我和另外三名同事一起踏上了去省城培训的征程。为期 12 天的培训简直是魔鬼训练：第一天一去就是一个拼音测试，测试合格方能参加接下来的听力测试。拼音测试通过后，每天不断地听各种样带，真的是非常枯燥，中间还夹着一次口语测试。因为另外三名同事都是“二甲”的起点，所以每天大家都是拼命地练习，每晚都练到 11 点多才睡觉。在学习期间，好多老师都不敢在公开场合说话，即使说也是小心翼翼的，生怕一不留神就蹦出个不准的音来。而有些老师不管是在什么场合都会习惯性地纠正别人的发音错误，甚至在食堂吃饭，端菜的服务员一开口说话，就有老师评价：“这个小伙子的普通话应该是‘二乙’的水平。”这几乎成了大家的职业病。尽管在课堂上老师们讲的许多方言很有趣，有许多测试的故事逗得我们哄堂大笑，但大部分时间的学习气氛还是很紧张、很压抑的。压力来自许多方面，学员之间互相竞争，每位学员都有不达目的誓不罢休的劲头。每当有学员想放弃时，看到周围的人都那么认真，不由被感染，就会强迫自己去努力地学习。有压力就有动力，我想正是这压力促使我们不断学习，最终获得普通话水平测试员资格。这种紧张的气氛也深深地感染了我，让我这个准“一乙”居然担心过不了口语测试。熬了一周之后，终于迎来了测试的日子，功夫不负有心人，我们一行四人居然全部通过了。在学成归来的那一天，我们几个坐在车上聊天时还在讲着普通话。我们惊觉，短短十几天的培训，普通话竟然深深地植入了我们的心田。

取得资格之后长达七八年，我们每年都会被抽去参加几场测试，一直持续到2013年机辅测试开始。说实话，那时候还是很期盼出去测试的，毕竟上班上久了就有一种倦怠感，出去走走，人就会感到特别新鲜。但是测试工作也是一项非常枯燥乏味的工作，时间久了人也会非常疲惫。记得有一年我们辗转几个城市，连续测试了一周的时间，回到家时，家人都大吃一惊。我们一行人那憔悴的样子至今记忆犹新，当时老公还作了一首顺口溜笑我们：“远看像要饭的，近看像逃难的，走近一看，原来是黄冈语委办的。”这首顺口溜非常形象地说明了测试员们的工作强度是非常大的，个中辛酸只有我们自己才能体会。

有一年，我们到蕲春参加测试。那天天气异常炎热，由于场地的限制，我们只能在教室开展测试工作，教室里只有两个老旧的电风扇。我们希望测试快点结束，但快要结束时，却遇到了一位准考证上年龄显示50多岁、看起来只有30多岁的女教师。经过再三询问，我们才知道考生是一位即将退休的女老师，她自己考了多年，始终未能过关，所以叫女儿来代考。即将退休，面临着职称评定，她女儿希望我能高抬贵手（当时我是主测）。考虑到测试员的相关规定，我毅然拒绝了她的请求。在坚持原则的同时，我也深深地同情这位女老师。于是，我利用休息时间，单独给她辅导。在我的帮助下，她最终顺利通过了考试。事后，她还通过黄冈市语委办找到了我的联系方式，对我表示感谢，说是她多年的心愿得以实现。我其实很惭愧，觉得自己做的还很不够。我只是尽自己的微薄之力去帮助那些需要我们帮助的人。

因为选择了测试的人生，我便把每次测试作为新起点，开启新征程。

（作者为麻城市第一实验小学教师，省级普通话水平测试员）

# 普通话培训测试二三事

曾　慧

我一直相信一个人从事某份工作，与某些人相遇，冥冥中自有注定。

我在读大学之前，一直待在家乡。从小学到高中，大的语言环境都是方言。哪怕是课堂上，印象中似乎老师、学生讲普通话也很随意，下课了自动说方言。而且我在读小学前，有一段在乡下漫山遍野疯玩的经历，更是习得了一口地道乡音，于是常常是在家里跟父母讲乡音，去了学校讲沙市话。我正儿八经从一睁眼就开始说普通话，还是去华中师范大学念大学那会儿开始的。好像是大二还是大三，全系需要集体考普通话，我清楚地记得考试的时候我感冒了，还特地跟测试员老师解释，老师亲切地回应“没关系”，然后我就懵懵懂懂地考完了。不久后拿到证书，上面赫然写着“93.1 分，一级乙等”。从那一刻起，我发现原来我对语言还是有些天赋的。同时我想起了那位亲切的测试员老师，觉得她的工作既体面又受人尊敬，想着如果有一天我也能成为测试员队伍中的一员，那该多好啊！

都说梦想总是要有的，万一实现了呢！我 2001 年大学毕业，2002 年因为得知省测试中心培训通知太晚，失之交臂。2003 年暑假终于早早报上名，记得那年王群生老师给我们做理论培训，杜宇虹老师给我们做业务培训，徐根玉老师、邹翊燕老师做复审，全面把关我们那届的测试员资格审核。学习考核非常顺利，省级普通话水平测试员资格证华丽到手。至此我怀揣一份自豪与使命，开始了我神圣又有趣的“推普”工作。从普通测试员做到复审，2009 年拿到国家级普通话水平测试员资格，期间又连续被聘为省级骨干测试员，掐指算来，做这份工作至今已是第 19 个年头。

我喜欢我的测试工作，是因为我在工作中找到了属于自己的乐趣。这是一份需要眼到、手到、耳到的“体力活”。我们遇到的考生一般以大学生为主，也有社会考生。遇到普通话水平高的，我们就轻松许多；遇到水平差些的，我们就埋头奋笔疾书，错误画圈，缺陷画斜线，朗读错漏打“正”字，回读及时做记号，“说话”项错误问题一一记录。一套操作下来，特别有成就感。其实测试工作无他，唯手耳熟尔。那时候单身，时间大把，一般周末都有测试工作，测得多了，对60篇朗读作品已烂熟于心，朗读手册根本不用翻开，考生一念作品号，我就可以对文章倒背如流，并且对这个考生会在哪个地方犯错了然于胸，一切都在自己掌控中的感觉特别好。

除了测试本身的乐趣，跟搭档的合作也时有趣事发生。记得2009年拿到国家级测试员资格后，我的同期战友许劲老师盛情邀请我跟她搭档，一起负责他们测试站的复审工作。我俩第一次合作，虽然细节都讨论到位，但是为了避免疏漏，收工时我们依旧检查了又检查，工作状态稍显紧张。记得当时为了确认回收的测试卷是否封口，许劲问我：“你封了没?”我回应：“封了，封了!”话音刚落，我俩不约而同大笑起来。原来我们的对话像是：“你疯了没?”“疯了，疯了!”

除了测试，授课与培训也是我的“推普”工作之一。虽然受训的人数无法统计，但有时候回忆起来，好些故事还是颇让人感动和回味。

邓艳，文秘专业的一个女生，荆门人。有次下课她小心翼翼走到我跟前向我求助。原来她普通话考试只考了一个“二乙”，这和她的预期成绩相差太大。我听出她最大的问题是平翘舌音有混淆，并且耐心告诉了她练习的方法和考试要注意的问题，她说了声“谢谢”就开心地走了。等普通话成绩再次公布时，我特地看了她的分数，89分！嚯，这成绩漂亮得我都没想到！更没想到的是，当年的教师节，我收到了她特地选的电子贺卡，并附着诚挚的话语，感谢我在普通话学习方面对她的帮助。更有趣的是，之后每年的教师节、元旦、春节，我都会收到这位有爱女生的殷殷祝福，而且这祝福持续了不下5年。我也从断断续续的邮件来往中了解了她每年的情况，比如她因为说话声音好听被领导委以重任啦，工作压力有点大但是很有奔头啦，升职啦，交了男朋友啦，准备筹备婚礼啦……一个教师，授业解惑本是分内职责，但能带给学生莫大的帮助和影响，而且因此由师生关系变为朋友，这应该是最有价值感的事情吧！

胡珍也是我印象深刻的一个学生。她是安徽人，法学专业学生，胖乎乎、矮墩墩的，一脸憨厚的模样。大一时教过她，等再次跟她有交集时，是她毕业前的一个学期。她跟我诉苦说，她考过各种考试，英语六级、计算机二级、司法考试、研究生考试，可就是在普通话考试上无法突破。她考了三次，都是不多不少的75分，很是邪门。眼看着要毕业了，过不了“二乙”，真不知如何是好。她说她真的很努力了，每天有空就读啊读，宿舍同学都烦她了，她就跑到操场上继续读。我被这个孩子感动了，鼓励她说：“在我面前的，是一枚妥妥的考霸啊！你不知道吗？你身上有一般学生所没有的韧劲和吃苦精神。你的问题在于学习不得法，方法不对，努力白费；方法对了，事半功倍。”听到我这番鼓励的话，胡珍重拾信心，我给她做了全面诊断，并帮助她制订了3个月的普通话学习计划。记得那年是2014年，刚好也是湖北省全面铺开机辅测试前的最后一次人工测试。对症下药的好方法加上她自身的刻苦努力，最终她考了84分，成绩整整提高了9分。第一时间分享开心和喜悦自不必说，此后的事儿似乎顺了很多。她顺利毕业，又顺利考到西安读研究生，现在已经是一名公务员，经常看到她在朋友圈大力宣传新疆的发展与建设。

在我的培训经历中，还有一次特殊的经历，那就是给我们学校后勤集团100多名员工做培训。这份工作给了我新的挑战——学员年龄普遍偏大，文化水平普遍不高，而且很多都是操着京山口音的大叔大妈。我很欣赏集团有这么先进的服务意识。为了不辜负这份信任和委托，针对他们的情况，我特地做了非常实用精巧的课件。比如除了有趣的顺口溜，我还针对食堂的员工，设计了许多条实用的服务用语，带领他们每天大声操练，还设计情景对话，实地演练。我和他们吃住在一起，从陌生到熟悉，从拘谨到放松，两个星期的时间我们收获了不少欢乐。

多年以后，有次在食堂窗口打饭，正好遇到经理来检查工作，看到我，特地舀了满满一大勺子荤菜给我，边舀边跟旁边师傅介绍：这是当年教我们普通话的曾老师。他还调侃说，老师很优秀，就是学生底子太差了。这反倒说得我不好意思了。有时候路上遇到园艺师傅、水电师傅，也热情地跟我打招呼，我也笑眯眯地回应。每到这个时候，我就觉得受人尊敬的感觉真好！

仔细想来，我是多么热爱我的这份工作！我们的测试员队伍，是一支业务精湛、素质极高的队伍。身为其中一员，我很骄傲，在这里我寻找到了一份难得的归属感。而我能利用自己的专长帮助到许许多多的人，让他们受益，我也从中收获了信任、尊敬和友谊，这是一件多么有价值的事情。还有什么工作比给予自己归属感和价值感更值得的呢！

（作者为武昌理工学院副教授，国家级普通话水平测试员）

# “推普”记忆

夏 琼

“神州音，华夏情”有道是“四海同音，万众一心”。众所周知，汉语是占全世界四分之一人口使用的语言，普通话作为中华民族的共同语，必将成为现代汉语的代表。

我从青葱岁月到而立之年，共考过三次普通话，还给很多教师、医务工作者、地方基层干部培训过普通话，参与了 30 多次普通话水平等级测评。作为一名有着十多年“推普”经历的湖北省普通话水平测试员，我给大家讲一讲其中的“推普”故事。

1997 年我在沙洋师范大专班读书期间，我国开始了对师范类高等院校实施普通话水平等级测试的工作，我们既兴奋又紧张。当时很多师生的地方口音较重，又没受过系统的普通话培训，也不清楚具体的评分标准。由于当时已临近普通话水平考核，学校决定让大专班师生停课一周，全身心投入普通话水平测试的备考之中，杨校长还为大家买来了普通话训练教材。那段时间，每天早晚自习，我们的教室、老师的办公室到处都能听到读字、读词和朗读作品的声音。最让人感动的是，已经 41 岁的杨校长，白天忙于校内外事务，但只要一有空就到老师的办公室和大家一起练习普通话。这期间也有老师觉得小题大做，想打退堂鼓，晚上杨校长就在老师办公室的走廊上用自己的“仙桃普通话”大声朗读，并立下军令状，非要考个二级甲等不可。他还时不时地虚心请教过往的师生：“这个词怎么读？这个儿化音怎么念？”他还让基础好的老师纠正自己的方言语调和词语中的轻重格，并组织学校师生进行三分钟选题说话模拟训练。他的以身作则、刻苦钻研精神和分秒必争的严谨态度时时感动着我们，也鼓舞着大家不断前进。那一年，我第一次以 93.1 分的成绩取得了普通话一级乙等证书，为今后的从教工作和通过湖北省普通话水平测试员资格考试打下了基础。

时光荏苒，2005 年身为教师的我有幸赴武汉参加了湖北省普通话水平测试员培训班，进行了为期 9 天的封闭学习。和我同住的娟娟老师是我校破格推荐以二级甲等高分参训的学员，临行前校长调侃道：“你们好好学，拿了证书一切费用回来报销，没拿到就权当自费学习了。”她当时压力很大，我们参训的第一天认识了不少省内的教育同仁，有各个学校的老师、校长，还有播音学院的毕业生，大家都明确表示要在短短的 9 天时间里拿到两个证书，一是重新测评的普通话等级证书，二是湖北省普通话水平测试员合格证书。这期间，我目睹了娟娟老师日夜的勤学苦练和成功逆袭（她最终以 94.3 分成功获得两证），也感受了发证现场大家屏息等待的紧张气氛，不论什么年纪、什么职务、什么身份，拿到两证的欢呼雀跃，没拿到或者只拿到其中一个合格证的当场流泪痛哭，那场面至今让我记忆深刻。是啊，毕竟大家来此参加培训的机会都弥足珍贵。最让我们感到惋惜的是，当时的培训班班长——一名播音学院的大四学生，他的朗读字正腔圆，在班级模拟测评中，说话声音富有磁性，曾以 96 分的成绩被大家一致看好，可当我们结业考核那天，面对三个考官的他居然在三分钟说话一项意外卡壳，与两证失之交臂。由此可见，普通话水平测试，考查的不仅是简单的说话发音，更有对人的综合素质的要求。在那次培训历练中，我以 93.7 分第二次拿到了普通话一级乙等证书，并取得了普通话水平测试员资格证书。从此，在平凡的岗位上，能为这个时代的普通话的推广与传承出一分力，我甘之如饴，我踏实无比，我满心欢喜。

担任湖北省普通话水平测试员 10 多年间，身边的许多人和事都深深感动和鞭策着我。大冶市语委办主任曹冬云关心每一位普通话水平测试员，定期组织我们参加业务培训，带领大家多次参加省语委举办的普通话水平测试员复查考试。“推普”工作平凡、辛苦。2012 年的冬天，连续 20 天的大雪结冰天气，我们一群“推普”人冒着严寒，从各地按时赶到大冶市新街小学的普通话测评点，为全市的公务员及企业窗口人员进行为期一个月的普通话等级考核。大家没有双休，克服交通不便的困难，“口吐白气”地在教室里一坐就是一天。考核之前我们还被分派到各个乡镇、市直机关、企事业单位为大家做短期的培训和辅导，接到任务的测试员们敬业、乐观，坚持原则，没有一个人迟到、旷工。一连两个月，我们在各自的岗位上利用双休、业余时间，为大冶市的“推普”工作谱写着新的华章。人多力量大，让我们一起行动起来，规范祖国的语言，把“推普”工作和人的发展结合起来，培养出更多全面发展的高素质人才。

（作者为黄石市大冶实验中学教师，省级普通话水平测试员）

# 推广普通话，不忘初心

谭庆芳

“雅言传承文明，经典浸润人生。”弘扬中国优秀传统文化，构筑中国梦，离不开普通话。从字如画符的甲骨文，到秦始皇统一天下的“车同轨，书同文”；从口中飘然若仙人的“蒹葭苍苍，白露为霜。所谓伊人，在水一方”，到简洁干脆的“雪色满空山，抬头忽见你”；从飘逸灵秀的篆、楷、行、草到刚劲有力的硬笔小楷，中华的文字语言，从那古老的文明，世代传承，又世代革新，到如今让世人崇拜敬仰，又独具艺术及历史价值的汉语，走过了多少的风雨坎坷路，才衍生出白话文、普通话。而普通话作为中华民族的共同语，必将成为现代汉语的代表。作为中华大地上的一员，作为这古老民族的一员，讲普通话，早已是我们每个人的义务。而我，非常荣幸地加入了“推普”的队伍。

如果说这么多年来相伴于我的除了我的本职工作教师以外，另一个不离不弃的工作就是我热爱的“推普”事业。

思绪一下子回到了2006年我正式成为一名省级普通话水平测试员的那一天。

由于一直生活在大学校园里，能说一口流利的普通话，这是我一直以来的自豪和骄傲，因此我也成了身边朋友、同学的“小老师”，尽情抒发对语言魅力的热爱。我告诉他们大声朗读文章，告诉他们平舌和翘舌的区别，告诉他们后鼻音的发音技巧，更有意思的是，还经常纠正武汉话里好多有趣的“错字”。总之，我对普通话的热爱在那时就已萌芽。但真正有志于从事普通话水平测试和推广事业，还是受先生的影响。先生比我早一年接触“推普”工作，每次看到他和同行们兴致勃勃地到校园里学习普通话、推广普通话，他那份认真、热心、耐心的劲头，以及收获传授知识后的快乐感，都让我非常渴望加入“推普”的队伍，可是总担心自己考不过“一乙”，总担心面对威严的国家级测试员的测评，自己考不过。犹犹豫豫了好久，终于鼓起勇气，报了省测试培训班，扎扎实实地学了半个月，一本《普通话培训测试指要》都快被我翻破了。原来我眼中的普通话还有这么多的新知识，我心中的普通话水平测试还需要掌握这么多的新技能……不经风雨，怎么见彩虹？我终于拿到了好成绩，成为一名我心心念念的普通话水平测试员，从此，人生的舞台上又多了精彩的一幕。

那时的周末，我和先生基本都在参加测试工作，奔波于各大高校，早出晚归。一天听测几十位考生的强度还是非常大的，但我们依然专心致志地听评，高度紧张地算分，精确细致地核算，力争做到对每一位考生准确判断、正确评分，为他们评判出客观公正的成绩。一天的时间非常宝贵，中午短暂的午餐时间也成了我们测试员宝贵的交流时间，大家相互探讨，分享宝贵的测试经验；大家咬文嚼字地评判每一个字，不放过一点一滴可能会影响评分的错误，当然，也享受了很多有趣的考生叙述的故事。记忆真的仿佛停在了那个快乐时光，久久不愿离开，十几年的酸甜苦辣，在那段测试生涯中体现得淋漓尽致，不仅交到了太多的优秀测试员朋友，而且也享受了太多测试的快乐时光，更重要的是大大提高了测试水平，以至学生一开口，我就能大概知道他的普通话水平等级。而我自己那一口标准、流利的普通话，也为教学增添了无数色彩，也为我参加各种教学比赛赢得了无数的加分。快乐无限，但压力也剧增，每三年一次的测试员考核，也给我们带来了压力。每次严格的考核，无论是考核语音、语调、词汇，还是考核测评能力，这些都是我们每一位测试员业务水平提高的助催剂。如果考核不合格，那就意味着要离开这个快乐的大家庭，因此，谁都不敢懈怠，只能努力一路向前。

努力学好自己的普通话，不断提高自己的测评水平，同时，在认真进行普通话培训的道路上我也是用尽心思。首先，在各大高校进行普通话培训时，会遇到普通话水平参差不齐的学生，虽然他们有的语音标准，发音流利，冲着考“一乙”去的，为的是考播音主持等岗位；有的语音面貌尚可，语音也还标准，但前后鼻音、平翘舌问题一大堆，努力想考过“二甲”，为的是走上神圣的教师岗位，考取教师资格证；还有的简直就是在说方言，语音问题不少，为的是拿服务行业上岗证……但无论是在校学生，还是社会职员，他们对于学普通话唯一的且惊人的表现就是——强烈的求知欲、刻苦的发音练习、认真的询问纠错。总之，无论他们是出于什么目的来参加普通话水平测试，通过我给他们的普通话培训后，他们才知道说好普通话原来是需要掌握正确的方法的。看着他们那样认真地读字、读词、读 60 篇文章以及认真准备三分钟的命题说话，看着他们考过了后的那份喜悦和失败后不气馁的模样，并且信誓旦旦地说："我要回去多加练习，下次一定能拿到更高的分!"看到他们那认真的模样，我觉得他们是最可爱的学生，我觉得他们是真的爱上了普通话。

最令我挂念的是那些有志考教师资格证的考生，我送给他们的话语就是："努力说好一口标准、流利的普通话，不仅是为人师表的一面镜子，更重要的是不误人子弟。希望你们为那如纸般洁白的孩子们绘出最绚丽的色彩!"这也是我加入测试员队伍的初心——我最喜爱看《新闻联播》节目，常常跟随着播音员朗读，付出是巨大的，同样收获也是丰富的。学生喜爱我的课堂，爱听我的朗读，每一次的示范朗读都能赢得学生热烈的掌声。我想，这不正是给学生学习普通话提供了最好的典范吗?

据相关调查统计，目前我国能用普通话交流的人数只有 70%，而且大部分普通话水平不高，还有 30%即 4 亿多人口不能用普通话交流，尤其是在边远地区和少数民族地区，普通话推广和普及任务仍十分繁重。语言文字关系到国家的统一、民族的团结、经济的发展、社会的进步、历史的传承和文化的繁荣，"推普"宣传是统一认识、做好语言文字工作的重要前提。由此可见，讲普通话的重要性以及推广普通话的任务还非常艰巨。

我和我的先生、我的测试员战友、我的"推普"队伍，会一直坚守对推广普通话这份事业的热爱。

（作者为武汉警官职业学院教师，省级普通话水平测试员）

# 我与普通话的不解之缘

周　云

在我30多年的人生历程中，我与普通话结下了不解之缘，是它给我信心，给我力量，让我为梦启航！

## 缘起——像播音员那样说话

我与普通话的缘分还要从我的小学五年级语文老师谈起。

我出生在20世纪80年代的农村，在我上小学的时候，所有老师都用方言讲课，我们都习以为常。到五年级后，教我语文的张老师突然告诉我们：“同学们，你们有没有认真听过《新闻联播》里播音员的声音？他们说的就是普通话……”我当晚回家就打开电视，静静聆听着从里面飘出来的声音，那声音越听越亲切，越听越沁人心脾。我明白了，在这世界上，除了我熟悉的乡音，还有另外一种语言，叫作普通话。

从那以后，能够像播音员那样说话就成了我最大的梦想，他们那百灵鸟般的声音总让我痴迷不已。每次语文课堂朗读课文时，我就会用手捂住自己的双耳，认真听听自己每个字的发音是不是和他们一样；每次家里没人的时候，我会学着播音员的腔调，读贴在墙上的老报纸，那种感觉真是妙极了！

## 缘聚——我要练好它

跨进初中的校门，总算有新入职的年轻教师开始用普通话讲课啦，我兴奋不已。只要是需要范读的学科，我总会高高地举起右手，一展自认为不错的普通话。这种感觉在慢慢滋长着，一直带进了我的师范生活，直到有一天……

因为对普通话的酷爱，进入师范后我就担任了班上的“推普”委员，每天晚上带领我的同龄人听音、练读、正音……带我们的班主任是位物理老师，他的蹩脚普通话常常引得同学们哈哈大笑。

有次训练结束，我说：“大家平时要多翻翻《现代汉语大辞典》，给自己正正音，以免把有些模棱两可的字音读错……”结束后，班主任把我叫了出去，委婉地对我说：“辞典的‘辞’好像读‘cí’吧？”我立马翻了字典，脸刷地发热——普通话那么差的班主任都知道怎么读，作为“推普”委员的我却把“辞”读成了翘舌音，这让我情何以堪？

从那以后，我再也不敢自以为是了，也暗暗发誓，一定要练好普通话：字音拿不准，我就随身携带一本《新华字典》，只要不确定就马上查，这种习惯一直持续到现在；平翘舌不分，我就利用一切课余时间练习绕口令《四和十》；“n”和“l”记不清，我就进行归纳整理，寻找规律，死死记在脑海里。

功夫不负有心人！三年的师范生活，我从事了三年的“推普”工作，最后的普通话水平测试，我们班的平均分是八十八点多，位居全校第一，十多人达到了一级乙等水平。班主任笑了，同学们笑了，我的心里也像吃了蜜一样甜。

## 缘续——再接再厉

师范毕业了，我成了一名乡村小学语文老师。最让我得意的就是每带一届学生，他们都会由最初的“襄普”蜕变得字正腔圆。我喜欢听学生在课堂上抑扬顿挫、舒心悦耳的朗读声……就这样，一年年，一班班，送出去，迎进来，我在那一方舞台上尽情享受着学生美妙的声音，享受着进步的喜悦，享受着学习的快乐……

本以为我与普通话的缘分今生就这样了，没想到一纸通知又燃起了我的激情——参加湖北省第三十二期普通话水平测试员资格考核培训。当我再次接触普通话，感慨万千。开班典礼上，“魔鬼训练”被一次次提及，我当时还在诧异，真的有他们说的那么残酷吗？当第一天结束后，我才知道一点也不假。白天，大容量的语音基础知识专题讲座；晚上，对大家进行拼音、口语测试……空闲时，还需把厚厚的几份字、词、篇朗读训练材料记入脑海。就这样，一轮轮地测试，一轮轮地淘汰，我很幸运地留了下来，拿到了湖北省普通话水平测试员证书。那一刻，我眼睛里充盈着幸福的眼泪……

一路走来，童年时“能够像播音员那样说话”的梦想在慢慢实现着，我与普通话的缘分也在慢慢靠近中彼此相融。

（作者为襄阳市东津新区东津镇中心小学教师，省级普通话水平测试员）

# 热爱与痴迷

尹先芳

普通话是以北京语音为标准音，以北方话为基础方言，以典范的现代白话文著作为语法规范的现代汉民族通用的语言，也是我国各民族、各地区文化、经济交流的国家通用语言。我和普通话的缘分很深，念念不忘的有那么几件事。

## 我考普通话

上大学的时候我曾参加普通话水平测试，因为当时没有太当回事，只得了“二乙”。参加工作以后，我觉得这个“二乙”有点拿不出手，便决定重新去考普通话。

考普通话当然第一步就是要拼音过关，我因为上小学的时候学得还不错，捡起来比较容易。不过时间过了这么久了，有一些字的音也重新正了，需要重新记住。比如“血”字以前有三个读音（①xiě；②xuě；③xuè），正音以后只有两个读音（①xiě；②xuè）。这就需要买一本最新版的《新华字典》作为参考书，同时对这些正了音的词汇进行专项记忆。

功夫不负有心人，经过自己的不懈努力，我第二次考普通话得了“一乙”，还幸运地获得了到省里参加普通话水平测试员培训的机会。到省里参加普通话水平测试员培训还要再考普通话，于是我自己在家复习备考，因为没有老师指导，在临场发挥时，把自己的边音给鼻化了，这次普通话水平测试只得了“二甲”，也没有取得省级普通话水平测试员的资格。

接下来的一年，我在家可以说是卧薪尝胆，加紧复习，备战补考。对于边音鼻化的毛病，我想尽一切办法克服。后来我想到了一个好办法，每次练习时，用手捏着鼻子发音，发出来了的是边音，发不出来的是鼻音，鼻音需要放开手来发。通过这种强化训练，我终于啃掉了边音鼻化这块硬骨头。那段时间，我每天除了上课和休息，从早到晚都在学拼音，练习普通话，可以说是到了痴迷的程度。终于在第四次考试中，我取得了“一乙”证书，并获得了省级普通话水平测试员资格。

通过自己的亲身经历，我感受到，普通话水平的提升不是一蹴而就的，需要长时间的训练才能达到一个高度。

## 我教女儿说普通话

说好普通话首先要学会拼音，说实话，女儿的拼音，不是我教会的，而是在学校里老师教会的，我只是起到了辅助的作用。目前学校的拼音教学是非常成熟完善的，大多数孩子在老师的教导下，都能学会并掌握发音要领，但要达到熟练的程度还需要采取一些方法。我按照老师的要求，和孩子一起做拼音卡片，一起读了大量注有拼音的文章，这样对提高孩子的拼音能力是极有裨益的。

我觉得我教给女儿更多的可能是锲而不舍、遇到困难不放弃的精神。在我一路取得省级普通话水平测试员资格的征途中，女儿是见证人，也是我强有力的支持者。在这种耳濡目染的环境中，女儿对普通话也产生了浓厚的兴趣，对说好普通话进行锲而不舍的训练。

我觉得我的经历使我成了女儿学习的榜样。现在，女儿的普通话水平比我还好，她能很好地区分平翘舌、鼻边音、前后鼻音。她有时候会告诉我：“妈妈，×××的平翘舌错了，把 shàn zi（扇子）说成了 sàn zi。”“×××的鼻音说成了边音，把 nǎi nai（奶奶）说成了 lǎi lai 。”“×××的后鼻音好多都是错的，把 chéng lì（成立）说成了 chén lì。”

## 我教学生说普通话

虽然我是一名数学教师，孩子们在数学课堂上如果普通话不标准、读音发错了，我也会给予纠正。记得有一次和孩子们读一则数学信息：“一般的常规潜艇都是 200 米到 300 米，核潜艇可以在 400 米以下。最深的核潜艇记录是俄罗斯的阿库拉级攻击型核潜艇，共造了 5 艘，最深潜到了 1200 米。另外深潜机器人一般都能潜到 600 米以下，最深的纪录是日本，也是潜到了 1000

多米。”这则信息中多次出现了“潜”字，这个字以前读三声“qiǎn”，现在正确的读音是二声“qián”。许多家长甚至是老师都会读错，我发现孩子们读错的时候，就马上纠正。孩子们都笑呵呵地说：“数学老师教我们拼音哟！”我也笑呵呵地告诉孩子们：“普通话是我们大家交流的工具，说好普通话是每一个人的义务。拼音是我们每一个中国人都必须会的，它将成为我们学习语文以及其他学科知识的一个必不可少的工具。不是只有上语文课的时候要发准音，其实平时的每一堂课、说的每一句话都要发准音，这样我们的拼音就会越来越准，我们的普通话也会越来越标准。”慢慢地，孩子们习惯了我的纠正，他们的普通话也越来越标准。我发现一些常用字，比如数（读“shù”，不读“sù”）、能（读“néng”，不读“nén”）、对（读“duì”，不读“dèi”）等，强调一段时间之后，孩子们的发音都很标准了。

说一口标准的普通话能给人一种美的享受。对于普通话，我就是热爱，就是痴迷。我会不定期地把朗读作品拿出来读一读，会不自觉地听《中国之声》《新闻联播》，会不经意地纠正别人的语音错误或缺陷。书痴者文必工，艺痴者技必良。我和普通话的缘分很深，相信自己在今后的工作和生活中，还会继续求索，不断深化提高。

（作者为宜昌市金东方小学高级教师，省级普通话水平测试员）

# 我与普通话结缘

董 丽

记得刚来学校工作时，我怀揣着工作的热情和梦想，希望做出一番成绩。在面对工作项目缺少、工作队伍不完善、机制不健全、经验不足等各种困难的情况下，需要积极去拓展新的项目，在我的印象中，当调研到同学们对什么考试项目感兴趣时，听到最多、最普遍的就是，如果能在学校考普通话就好了。现在回想起来，从那一刻起，冥冥中，我与普通话结缘，就已经开始了。

那时我个人对普通话考试的印象还是在学校。在一个教室里，有几个考官，考着字、词、段落、说话等题目。当时的场景还记忆犹新，自认为作为一个武汉人，普通话说得还是不错的。看到这么多同学想考普通话，尤其是传媒学院、外语学院的学生，我觉得这是一个不错的项目，于是就想进一步去了解。在了解的过程中，听到老师和同学们说，现在已经开始机辅测试了，而且学校没有考点，大家都是到华中师范大学考试。华中师范大学报考的人很多，一次考试从报名、考试、拿证要去几次，实在不方便，算下来费用也高。面对学生迫切的需求，我首先想的是为什么我们不能申请一个考点呢，然后通过向上级领导汇报以及向相关部门来了解情况，得出的结论是条件还不具备，主要是当时我们在老校区，不是自有校区场地，机房有限，硬件条件有待完善。

2016 年 1 月，学校搬到了新校区，位于武汉东湖新技术开发区的光谷中华科技产业园，坐落在 4A 级龙泉山风景区，依山傍水，办学设施一流。随着在校学生的逐渐增多，加上学校离市区较远，学校师生对普通话考试的需求越来越强烈。我们部门为了更好地满足师生需求，又重新开始着手启动普通话考点的建设工作。在一次和兄弟院校交流的过程中，问到普通话项目，才了解到申请普通话测试站需要省语委批准，具体工作需要得到省普通话培训测试中心指导，而且据说获批不容易，尤其对于民办高校比较难。虽然听到的是困难，但是我相信只要做好充分的准备，严格按照要求把工作做好，让上级部门看到我们的工作态度，还是会有机会的。在和省语委曾主任沟通的过程中，了解到普通话测试站点的工作规范和语言文字工作的意义，对民办高校并不会区别对待，而是对人员的流动有一些顾虑，希望我们专人负责，机制健全，严格操作。在和省普通话培训测试中心龙老师的沟通过程中，了解到普通话测试站的建设要求、人员职责、验收标准，等等。曾主任和龙老师都非常热情并且给出了很多具体细致的工作指导，这是我第一次接触语言文字工作队伍的老师，给我留下了非常好的印象，也使我对建站的工作增加了一些信心。在这之后，我校积极向其他已建站的学校取经，了解建站的硬件、软件建设工作，还有费用预算。在了解到建 10 个机位费用要 20 万以上时，我感觉压力还是很大的，毕竟民办学校投入这么多经费建项目不是一件容易的事情。我带着前期的所有准备工作，带着写好的建站申请，向当时的汪校长（现任董事长）请示时，汪校长了解到这是一个很好的项目，不仅能满足师生的需求，而且能提高师生的语言文字水平，最后很爽快地同意了，并且要求后勤和资产部门全力支持配合。那一刻，我感受到的是项目进展关键期的喜悦，并且憧憬着站点的建成。

2016 年 10 月，我校向省语委提交了建站申请，然后到省普通话培训测试中心学习建站工作细节和要求，对于每一个环节都抱着十分谨慎认真的态度。由于是首次做这项工作，我们还到武昌理工学院、华中农业大学等学校测试站实地考察学习，收获很大，也有了直观的认知。我们的测试站点选在教学楼片区，那里离学生最近，设施优良，有利于推进普通话的普及、宣传工作。根据普通话测试站的考点设置要求、机房建设要求、项目达标验收标准等，我们制订了学校建设普通话测试站考点的工作方案。考点设置考务办公室、候考室、备测室、测试室（10 个机位），机房采用专用机房。在方案确定后，就是和施工方落实测试站的工程设计和施工细节。工作人员对整个工程全程监管，用料扎实，完全符合测试站工作需求，尤其对隔音效果这个环节十分重视，最终工程建设圆满完成。工程建设完成后，就是到设备设施、家具配置环节了，我校密切与省普通话培训测试中心、技术方沟通，也吸取了其他高校好的经验，以较高标准进行了采购安装，最后是标牌制度上墙。就这样，一个全新的测试站考点建成了。我校相关领导和部门负责人对测试站进行了校内验收，评价较好。硬件设施基本完成，软件设施也在这个过程中同步进行，比如我校针对普通话测试站的建立，为了保障测试工作的顺利开展，重新调整语言文字工作委员会，完善了语委办成员队伍，有了专门的领导机构和办事机构，我校送培的四位老师参加了湖北省普通话水平测试员培训，均一次性通过考核，获得省级普通话水平测试员资格。同时，我校严格按照《湖北省普通话水平测试工作站评估标准》，建立规章制度，规范测试站相关工作流程，实行责任制，杜绝违法违规行为发生。在省语委以及省普通话培训测试中心的指导下，我校严格遵守国家和省有关普通话培训测试的规章制度，加强管理，严把质量关，更好地为学校师生服务。

2017 年 4 月，我校向省语委提交了《武汉晴川学院关于建立普通话培训测试工作站的请示》，2017 年 4 月 21 日，省语委刘主任和省普通话培训测试中心负责人龙老师莅临我校，对我校国家普通话水平测试站（计算机辅助测试）进行检查验收。省语委及省普通话培训测试中心领导对测试站考点布局、设备配置、监控及隔音效果、软件运行等各项指标一一考察，听取了测试站站长关于我校测试站考点建设、设置配备、站点工作人员设置等方面的介绍，最终对我校高度重视语言文字工作予以充分肯定，同时对普通话测试站的测试场地、测试设施、工作安排、文化氛围建设等方面的工作给予高度评价。2017 年 4 月 27 日，省语委下发了《关于同意武汉晴川学院建立普通话培训测试工作站的通知》的批复文件。

普通话测试站建成了，接下来就是如何运作。为了让同学们尽早能在学校考试，我们加快工作进度，在 2017 年上半年，我校测试站组织了学生报名，第一次集中报名就达到 1296 人，可见同学们报考的积极性很高。为了确保第一次考试的顺利进行，我校前期密切与省普通话培训测试中心以及技术公司保持联系，提前做好了考试系统、采集系统的安装和调试，并且学习操作过程。首次考试安排在 6 月 10 日、11 日两天，共 594 人，虽然考试量较大，但是前期准备充分，人员安排到位，责任到人，设备多方检查，最后考试井然有序，运行良好。

在这几年的工作中，我一直在思考普通话水平测试工作的意义。我认为，测试不是目的，普通话推广、普及也不仅仅是一个口号，希望通过测试，让广大师生了解普通话，规范语言文字，并且重视语言文字，从而去影响更多的人，去影响整个社会，营造更好的语言文字氛围。

普通话测试工作繁杂，但很开心，也有成就感。部门同事工作认真负责，团结协作。普通话水平测试工作运行良好，与大家的努力分不开。我常和同学们以及身边的同事说两句话：一句是，普通话考试非常规范，属于国家级考试，请同学们严格遵守考试规程和纪律；如果在学校要选择一个考证项目，那么首先可以考虑的就是普通话证，它将对你们的学习、交流、工作产生深远的影响。另一句是，语言文字工作队伍是我接触的最敬业、最规范、最热情、最有温度的团队，我在其中工作、学习、成长，是十分幸运和开心的。

（作者为武汉晴川学院普通话培训测试工作站工作人员，
省级普通话水平测试员）

# 扶贫先扶智　扶智先通语

孙玉昕

语言是人类最重要的交际工具。长期以来，我省一些贫困地区、民族地区存在语言交流问题，很多群众不会说普通话，不敢说普通话，甚至不少基层乡镇干部也说不上几句，这种状况极大地制约了扶贫开发、技术培训、推送致富信息等活动的开展，能否顺畅地沟通交流已经成为精准扶贫的障碍之一。李宇明教授曾在《中国语言生活状况报告（2018）》中提出：“语言和贫困之间的联系，早就有人关注过。”一般来说，语言统一地区的经济发展水平要明显高于语言复杂地区的经济发展水平。可见语言和贫困之间枝附叶连，不可分割。在社会主义建设新时期，普通话的推广工作被赋予了新的重要时代使命——语言扶贫。

2019 年 6 月 24 日，我随我校语委的同事及学生一起参加了校团委组织的萤火推普脱贫社会实践团队，到湖北省咸宁市崇阳县桂花泉镇开展社会实践活动。通过这次活动，我深刻感受到，推广普通话对贫困地区脱贫后的可持续发展，对避免贫困户脱贫之后再返贫有着重要的意义。我们去的地方是山区，方言是非常难懂的，为了避免到当地不能顺畅开展工作，我们还特地叫上了会说咸宁方言的普通话测试员饶迎涛老师。

在咸宁市崇阳县桂花泉镇中心小学，我们几个普通话测试员分成三组，对一到六年级的 36 名学生进行了基本的语音测试。为了对这些小学生进行普通话摸底测试，领队的许劲老师煞费苦心地设计了针对不同年级小学生的测试试卷，每套卷子包括朗读和问答两个部分。朗读包括课文和古诗各一篇，问答主要围绕孩子的学习和生活展开，每个学生测试时间控制在 5 分钟左右。

本以为这里的孩子方音会很重，普通话会很差，可是测试结果大大出乎我们的意料，百分之七十以上的小学生能够达到“二甲”标准，整体水平在“二乙”以上，主要问题集中在前后鼻韵、鼻边音方面，只有少量学生会有平翘舌错误和明显的方音，但与他们进行沟通交流没有任何障碍。

通过问答环节，我们了解到：他们的父母大多在外地打工，一年才能回来一次。父母回来一般说方言，偶尔也会说普通话，有时候说着说着会把自己绕晕。孩子们说，课余时间最喜欢看电视，电视机里的人说话很好听，有时候大家都会模仿着玩，有个小男孩主动模仿了一段明星的配音。他们谈起理想，有想当导游的，有想当医生的，还有想当老师的……

孩子们知道普通话很重要，他们的父母和老师都说，想要走出大山一定要说好普通话。普通话就像一座桥，能把说不同方言的小朋友联系起来，而且普通话说好了才能谈如何实现理想，不然别人都听不懂自己说的话怎么办。在我问他们为什么普通话说得比方言还好的时候，他们大声地笑着说：“我们都是中国的小孩，当然要会说普通话呀！”我们听了不禁莞尔，孩子们能够听懂、会说、敢说，会用普通话交流，养成良好的生活习惯，就能为今后的学习、生活打下良好的语言基础，更能阻断贫困的代际传递。

通过调查我们也发现，这里的孩子百分之五十以上属于留守儿童，他们跟着爷爷奶奶或其他的亲属在一起生活，有些特别不爱说话，容易紧张，课外活动不多，空余时间主要用来打游戏。这些习惯可能会对他们今后的成长产生不利的影响。

从小学出来，在镇上我们遇到匆匆忙忙的小陈干事，他要去横山村贫困户家里核查情况。他说虽说是同属咸宁，但崇阳话、咸宁话以及各个村镇方言差异很大，“隔墙不同音、隔田不同语”是这里的真实写照。他每次去村里都要找个伴，生怕漏听村民家中的信息，或有些政策信息传达不到位，他开玩笑说，每次下乡都比较烧脑，迫切希望普通话能够普及到农村，那他以后的工作就好做多了。他说，关键是本地的很多年轻人都外出打工了，只有过年才回来，留在村里的大多是上了年纪的老人，方音重，仅有的几个留守的年轻人也是大多习惯说方言，不愿说普通话，其实他们只要走出大山，走出山村，学一点技术，找到一份工作，就能全家脱贫。

我们一行人走访了这里经济发展相对较好的三山村。三山村位于桂花泉镇北面，北接仙坪村，与赤壁市接壤，南与横山村为邻。耕地面积2349亩，400多户，2000多人，是比较大的自然村。村里景色很美，群山叠翠，流水环绕。我们到了村里之后，看到虽然自然环境很好，有山有水有良田，但是人丁并不兴旺，据说年轻人大多到外地打工去了，很多房子都空着，土地流转给少数人耕种。我不禁想到，因为贫困，农民不得不走出大山，到经济发达地区打工挣钱，留下来的只有老人和儿童，而这样的人员结构又造成了当地经济发展的继续滞后。这个难题该怎么解决呢？

村里丁书记很自豪地介绍说，三山村是有名的长寿村，百岁老人就有两个，还有九十多岁仍然坚持独自生活的退伍老兵，几个八十多岁还能种菜锄地的婆婆……这里空气好，水好，都是山泉水，养人呐！他说，已经有深圳客户来这里考察，想在这儿投资发展旅游、休闲、养老等一系列产业，走特色小镇路线。但现在村里人老的老小的小，年纪大的普通话都说不好，投资来了，配套也有困难……我试着去跟旁边的杂货店老板交流，买冰棒和水，他能听懂我说的话，可我怎么也没听懂他说的是“这里没有冰棒卖”，简单的对话最后直接靠手势来完成。

曾有一位少数民族全国道德模范在接受采访时表示：“如果不能掌握普通话，在工厂里掌握技术技能各个方面都会遇到很多困难。普通话给了我用知识、用技能改变命运的机会。”确实，我国是一个多民族国家，多语言、多方言，需要有一个共同语，以方便交流。

国家推广普通话，重要目的之一便是提升国民整体的语言文化素养。这种素养的提升，城市不能落下，农村尤其是贫困地区也不能落下，普通话推广是语言扶贫的基石。只有打好语言基础，才能够从根本上源源不断地获取新鲜血液，发挥普通话在提高劳动力基本素质、促进职业技能提升、增强就业能力等方面的重要作用。

扶贫要过语言关，解决因语言不通而脱贫困难的情况，不是多此一举，反而刻不容缓。党的十九大报告提出，要动员全党全社会力量，确保到2020年我国现行标准下农村贫困人口实现脱贫，我们任重而道远。

通过这次到咸宁市崇阳县桂花泉镇的“推普”扶贫社会实践活动，我们都感到了推广普通话对贫困地区的可持续发展，以及对避免贫困户脱贫之后再返贫，有着非常重要的意义。通过对桂花泉镇中心小学学生的普通话摸底测试，我们欣喜地看到了多年来国家“推普”工作所取得的成绩。我想，在不久的将来，这些农村的孩子长大之后不再孔雀东南飞，而是留在家乡，为家乡的建设发挥作用，这样才会真正脱贫，永久脱贫。

（作者为武汉工程大学计算机学院讲师，国家级普通话水平测试员）

# 遇见你，走近你，爱上你

周吉芳

遇见无需理由，无需刻意追求，看似无意遇见却是冥冥之中早已注定；走近是想了解，想探究，也许并无常伴之意；可后来爱上却是真心喜欢，没有值得与不值得。

## 遇见你

喜欢古典文学的我，那段时间迷上了现代诗，一切缘于仓央嘉措的《见与不见》。“来我的怀里，或者，让我住进你的心里；默然，相爱；寂静，欢喜。”简单的字眼将作者的情感表达得淋漓尽致，虽是一首情诗，可我觉得对世间所有喜爱之物都可有如此感觉。特别是听到这首诗的朗诵时，我更是为之着迷。纯正的普通话配上低沉的男低音，使这首诗魅力无限。声音穿透字里行间，不仅触摸到作者的灵魂，还看见了自己内心最深处的东西。原来声音的魅力比容颜更有杀伤力，我惊叹。抱着也想有这么好听的声音这个念头，我开启了学习普通话的历程。

敲下这些字的时候，10 年前的一幕幕又浮上心头。自己报了名去武汉培训，走时跟学校请假，校长说：“拿不到测试员证书你就不要回来了！”听到这话很是后悔，原本是想学学普通话，让自己在读优美文字时增添些韵味儿，结果反倒成了一个必须完成的任务，轻松喜悦的心情瞬间被这句话冲得无影无踪，去往武汉的路上一直都是眉头紧锁、心烦意乱。下车时，东方才刚刚露出一丝白色，空气中弥漫着武汉热干面的味道，饥肠辘辘的我却没有什么胃口。不识路的我，问清方向，拦了辆出租车，直奔目的地，只想快点儿找到培训基地，好好练习普通话。

现在回想起来，那种焦虑的情绪依然记忆犹新。遇见，真的无需理由，无需刻意追求，看似无意的遇见却是冥冥之中早已注定。如果不喜欢诗词，就不会遇上仓央嘉措；遇不上仓央嘉措，就不会遇上《见与不见》；遇不上《见与不见》，就不会想去听它的朗诵。自然，也就没有了学习普通话的念头。

## 走近你

培训基地远离市中心，很是荒凉，到处都在建高楼。办好入住手续后，我就打开书读起来。丝毫不夸张，接下来的培训于我而言就一个词——“争分夺秒”。早上 6 点起床，收拾完毕后读书；上课总是抢占前两排，生怕漏掉老师讲的每个知识点；中午下课后，边等饭菜边读书，或是和室友讨论疑难问题；晚上 9 点自习后，洗漱完毕，又拿起书本和室友苦练。找轻声分析对错，看谁找得准；容易混淆的鼻边音，说错了相互取笑；努力细听对方是否有尖团音；谁在说话时一不小心又忘记了后鼻音；得意忘形之后说错的翘舌音……每晚和室友睡觉时都过了 12 点，所有聊天内容都和普通话有关，甚至没时间细聊各自的工作和孩子。

很快，第一场考试毫无征兆地来了。笔试，限时，92 分为及格线，测试每个学员的汉语拼音是否过关，没有提前通知。大家没想到会考这个，都没有复习。我相信多数人在考试的时候都是战战兢兢、如履薄冰，听着周围不停地有人嘀咕：“天哪，这个不会，那个也不会！”“声调标在哪儿呢？”“这个到底是前鼻音还是后鼻音啊？”“隔音符号忘记长啥样了，怎么用来着？妈呀！”“下次再也不骂学生笨了，老师也有不会的。”……我忍着心里的烦躁，把注意力集中在试卷上专心答题。下午公布成绩时，那个心跳估计每分钟都有 120 次了。还好，顺利过关，心才落回原位。

培训期间，见到了很多大师级的专家，每位专家各有所长，倾囊而授，我更是拼命汲取。10 年，太久了，当初上课的老师仅仅记得兰霞，她的声音太有魅力，听了一节课便终生难忘。讲的什么知识点已记不清，可她的声音却一直在我的脑海中，固执地占据着一角。古有余音绕梁三日之说，不是夸张。10 年过去，兰老师朗诵的《长江之歌》还在我耳边萦绕，如今回想起来还是浑身发紧、皮肤嗖嗖发凉，每一个音节吐字清晰圆润，换气、轻重格的处理都让我如痴如醉。闭上眼睛再次回味兰老师的风采：“我从雪山走来，春潮是你的风采……”刚一开口，“哗……”全场响起春雷般的掌声，经久不息。那些掌声里没有一丝虚伪与敷衍，全都是满满的崇拜。这就是我想要的声音。我暗暗下了决心：一定要好好练习普通话，希望有一天也能练出如此美丽动听的声音。

后面的课，有了兰老师的催化，我越发认真勤奋了。可时间真的是太少了，还没等我练完 60 篇朗读作品，第二场考试就来了。测试普通话语音面貌，面试，92 分过线。拿到试卷，有些懵，真是怕啥来啥。昨晚还在和室友说："千万别抽到后 20 篇，还没来得及练习啊!"看着试卷上的作品 58 号，懊悔极了，"为什么不从后往前练呢，这是新收录的一篇文章，第一次见面竟在如此重要的考场上!"深吸一口气，平息一下剧烈的心跳，告诉自己不要紧，仗着平日里基础打得牢，放弃前两题的预习，直接熟悉 58 号文本。测试时，信心满满，虽有些小小的紧张，却没有担忧。

口语测试过后便是听力测试，这才是测试员最重要的考试。刚开始总怕自己听错了，犹犹豫豫，不敢扣分，和老师的评分相差甚远。几个回合下来，左右为难、心惊胆战的纠结让自己筋疲力尽，我索性听从自己的内心，听的是什么就是什么，直接扣分，反而更接近标准。

原来不是自己听力差，而是不够自信。找到原因后，我向老师请教的问题越发多了，分析每次的失误之处，与老师的差别在哪里，为什么这样扣分，不放过任何一次学习机会。

第三次考试在培训结束的前一天，大家都如临大敌，无心聊离别。听力测试，5 个，限时打分，听对 3 个合格，单人单桌。吸取练习时的教训，听题时全神贯注，该下手时就下手，没有任何犹豫，除了打分时间不够外，分数没做任何改动，交卷之后，老师公布结果，5 个居然全对。那一刻，我欣喜若狂，"终于可以回去交差啦!"

三次让人崩溃的考试，就这样过去了。晚上和室友相约去看星星，走在满是灰尘的建筑工地周围也不觉得脏。记得那晚的星星特别亮，夜风特别凉爽，整个人感觉要飞起来。要知道，我们整整 10 天都没出过那栋楼。

走近普通话，是想了解，想学习，想探究。也许并无常伴之意，初衷也仅仅是让自己的朗读有些韵味儿而已，没想到离别前的如释重负竟让我有了一丝丝的喜欢。

## 爱上你

拿到测试员证书，回校后普通话课就落到我身上。我把学到的知识教给学生，颠覆了很多人认为普通话就是学汉语拼音的观念，过程辛苦又煎熬。学生们讲着方言普通话，都觉得自己的普通话水平很不错，却总考不到“二甲”。直到一些认真上课的学生在测试中拿到“二甲”后，其他人才开始专心听讲。勤奋用功的孩子经过两年的学习，大都能拿到“二甲”，每年考几个“一乙”也是常有的。

日积月累的教学中，见的都是方块字和汉语拼音，渐渐地竟爱上了它们。闲暇时间写几个句子，听听虹云老师的朗诵，看看诗词大会，是再惬意不过的事儿了。孩子们在一天天进步，而我，更需要提高。每次测试员培训考试我都没有退缩过，这是保证自己辛苦所学不至于荒废掉的动力。还有点儿小期待，因为可以见到纍丽峰老师。每次和纍老师面对面交流，都能解决我在普通话中遇到的问题。期待的心情，有点像恋爱中的小姑娘见心上人的感觉。

纍老师，心中的偶像，和蔼、亲切、坦诚、大气，典型的中国古典美女。每次看见她，她都是盈盈笑意。更让我着迷的是她那优美、清脆、标准的语音，一开口，就觉得她整个人光芒四射。不论上课，还是跟别人说话，我的目光就像聚光灯一样追随着她，全神贯注地听着她每一个字词的发音，生怕漏掉了任何一次学习的机会。每次培训，只要纍老师在，总要占用点儿她的时间，请教一些疑难问题。在平时教学、听题过程中，一遇到问题，我就会在网上请教她，而纍老师也会尽心解答每一个问题。网络发达的今天，更多人在看到消息时选择视而不见，不回复，抑或冷漠地“嗯、啊”，而纍老师的回复不仅仅解惑，她温文尔雅、雍容大方的味道会从字里行间慢慢溢出，感动着我。书上说：“真正的大师都是谦和、彬彬有礼的。”此话果真不错。因为她，我对普通话的感觉已不仅仅是喜欢了。

说到培训，最辛苦的要算史磊老师了。测试员们只需按时到达指定地点参加培训，史老师却要操心安排着每项工作。提前联系场地，安排食宿，一个个确认到会时间，分发资料，甚至连停车牌都为大家想到了。培训结束时，还一遍遍地叮嘱大家路上注意安全，责任心爆棚。

培训过后就是普通话测试。每年春天是测试季，大量考生集中在一个时间段考试，辛苦可想而知。2019 年 5 月带学生去考试，中午快 12 点的时候接到史老师的电话，问我们是否安全到达，还准备给我们联系吃饭的地方，而他自己却还在工作。我们考生多，路又远，为了能让我们早点儿回家，确定 12 点半开考，史老师完全没有休息。感动无以言说，只有更加认真做好测试工作来表达我的谢意。测试完后，史老师又忙着分发试题，催促着各位测试员及时测评。这不，还没放假，普通话测试成绩就出来了，真应了“强将手下无弱兵”那句话。

一路走来，对普通话由最初的遇见，到走近后的了解，才有了现在深深的喜欢。“是谁用一片甲骨收藏起古老的秘密，是谁用一卷竹简咏叹着世间的传奇；庄生的蝴蝶飞进了杏花和春雨，美丽的方块字就刻在孔子的车辙里……”满江的《中华颂》伴我写下这些文字，美丽的方块字用标准的普通话声情并茂地朗诵出来，带给我的是一场场听觉上的盛宴，惊艳余生。

爱上就是真心喜欢，余生与普通话同在，没有值得与不值得。

（作者为丹江口市江汉科技学校教师，省级普通话水平测试员）

# 我与普通话不得不说的几件事

黄莉帆

## 邂逅

1975年，我出生在湖北孝感的一个小村子里。小学三年级之前，我一直在老家的一个乡村小学读书，老师上课时用方言，学生之间交流也是方言，家长就更不用说了，说的都是方言，会说普通话的几乎没有。在那个年代，在那个地方，根本没有说普通话的概念，大家都说着一样的家乡方言，乡里乡亲的。

1985年春节过后，我跟随父母来到了武汉，在中南民族大学附属小学读书，那时我才发现大家说着我没有听过的语言，他们都操着一口流利的、标准的、后来我才知道那种叫普通话的语言。由于人生地不熟，我不动声色地留意着这个陌生的集体，也不主动找人讲话。对我这个新转来的同学，大家充满了友好。下课后，有同学跑过来问我的名字，问我是从什么学校转过来的。对他们的问题，我小声地用带着方音的普通话回答着。听了我的回答，他们虽然没有表现出明显的不同，但我还是从同学们挤眉弄眼的神情里感觉到了他们的取笑。同学们的无心之举，在我幼小的心里留下了很重的阴影。在往后的一个月内，我从不主动找人说话，甚至上课时，老师的突然提问，明明知道答案，但就是不敢开口回答，怕自己出丑。强烈的自尊心使我变得寡言、不合群……最让我刻骨铭心的是，转学后的一个月，我感冒了。下课的时候，同学们在走廊活动，我旁边的一个女生说："我感冒了，鼻子不通气。"我听后，也说了一句："我也感 bào 了，很难受。"谁知，这立马引来一阵爆笑，我丈二和尚摸不着头脑。有好事的男生说："我感 bào 了！我感 bào 了！"我才知道他们为什么笑了。

小时候的我，自尊心很强，虽然被同学们笑话，但是我并没有消沉下去。

我在心里暗暗告诉自己：别人能说好普通话，我也一定要把普通话说好。之后，我认真上好每一节语文课，大家集体朗诵课文的时候，我就大声跟着读，并慢慢试着和同学们交流。一学期下来，我已经能流利地说一口标准的普通话了，人也变得自信了。

## 相　识

2002 年 7 月，我很幸运地被单位推荐参加第十二期湖北省普通话水平测试员的培训，我背着装满培训用具和资料的行囊，奔赴武汉。当我满怀信心地来到报道地点时，因为没有一级乙等的普通话等级证书，暂时不能注册。我当时很着急。后来，省测试中心的龙老师现场听了一下我的口语，便同意我注册了。

最轻松的莫过于给词语注音了，考完后，我自信满满，觉得自己考得很不错，所以，我紧绷的神经顿时轻松了很多。可是第一次正式上课，老师就指出了我存在的问题，边音鼻音化，没有后鼻音。顿时，我蒙了。平时觉得自己的普通话挺好的，怎么会有这么多的语音缺陷呢？整个人感觉都不好了。

紧接着以后的每一天，我和室友一直都是两点一线，教室—房间—教室，每天循环往复，整天都抱着普通话测试的书和一本《新华字典》。在学习期间，很多老师跟我一样都不敢开口说话，即使说话也是慢慢吞吞的，生怕一不留心就蹦出个不准的音来。还有些老师成了“纠察员”，无论什么场合，只要听到谁说话，就会不由自主地去纠正他（她）发音错误的地方，甚至在餐厅吃饭，端菜的服务员一开口说话，就有老师评价：“这位服务员的普通话应该是二级乙等的水平。”

每天上课，我都会提前到，坐在教室前边的位置，然后埋头苦练，仿佛又回到了上学时候。晚上，在房间里也是挑灯苦读，睡着了，感觉耳畔还是读书的声音。考测试员压力很大，生怕自己拿不到普通话测试员证。当我想要放弃时，看看周围的同学，一个个都那么认真，不由被感染，迫使自己也去努力学习，找准自己的弱项，攻克难关。功夫不负有心人，我终于能够自由、准确地说出有边音的字词了，后鼻音的字词也掌握了，这对我来说是历史性的突破。测评能力对于我来说比较简单，没有花费什么气力。

没来之前，就有一些测试员警告我，要我准备好掉一层皮，也有些测试员鼓励我，只要努力一下，肯定能通过。我认为后者更为准确。10天的培训，感慨颇多，酸甜苦辣涌上心头。通过理论知识学习、听力测试的练习以及口试的训练，我们这些准测试员的各项能力都有所提高。有努力就有收获，结束的时候，我通过了普通话测试员的各项考试，拿到了普通话测试员证。一份喜悦，自在心头。

## 相　知

2017年8月初，接到黄冈市测试中心邹主任打来的电话，通知我参加中央普通话进修班。邹主任在电话里告诉我，参加中央普通话进修班必须完成一篇论文和综述，还要读一些相关的书籍。听了之后，内心是怀疑自己的，因为一个月要读相关的书籍，而且要完成两篇论文，怕自己能力不够，无法完成第一阶段的学习。但去中央普通话进修班学习的诱惑实在是太大了，我毅然接受了这个培训任务。经历了接近一个月的“闭关”，中间也经历了论文查重这个“坎”，我最终还是拿到了进入中央普通话进修班第二期学习的邀请函，从而对中央普通话进修班有了更深的认识，内心有了些许的期待。

来到中央普通话进修班，听老师说，这里是普通话培训的“黄埔军校”。虽然不是真正的黄埔军校，却有着一样的理念，有着一样严格的管理和纪律。不能请假，不能迟到，不能玩手机。通过14天的学习，我学到了知识，感受到了大师们教学的风范。

9月16日，第三十一期中央普通话进修班在北京科技大学开班。当时参加开班仪式的领导和专家有全国政协副主席、民进中央第一副主席罗富和，教育部副部长、国家语委主任、中央普通话进修班名誉班主任杜占元，教育部语言文字信息管理司司长田立新，中国语言学会副会长陈章太，民进中央联络部副部长姚立迎，教育部语言文字应用研究所所长、班主任张世平，教育部语言文字应用研究所副所长魏晖，教育部语言文字应用研究所副所长、执行班主任刘朋建。从开幕式出席的领导和专家可以感觉到国家对普通话的高度重视，特别是罗富和副主席11点钟要到机场赶飞机，还抽出时间出席开班仪式并做了以“推广普通话，圆梦大中华”为题的专题讲座。他从维护国家统一和民族团结、促进经济发展和社会进步、推动中华优秀文化传承弘扬和对外传播等角度，运用大量翔实的资料，深刻阐述了依法推广国家通用语言文字的重要意义。

本次培训从课程安排到行程安排，环环相扣，紧密细致。本次培训内容非常丰富、全面，全部都是干货。这些培训内容对一个普通话测试员来说，无疑是很有分量的。授课的老师均是国内语言方面大咖级人物，授课精彩，引人入胜。不仅是让我们“坐了下来”，而且还“听了进去”。14 天的课程，有国际音标，国家语言文字政策与当前的形势、任务，普通话教学，学术论文的撰写，普通话发声基础与朗读艺术，现行汉字分析，等等。每一位授课老师都精心准备，毫不吝啬地把自己的知识倾囊相授，让我们感受到了大师的风采，同时也被老师们这种无私的精神深深地感动了。

我能参加第三十一期中央普通话进修培训班，感觉特别荣幸。这不仅让我聆听了这么多大咖级老师讲课，而且还让我改变了许多观念，对普通话有了更多的认识，同时也感受到自己肩负的责任更大了。

我在普通话测试这条路上已经走过了 17 个春秋，好多测试员已经离开岗位，但我觉得，作为一名普通话测试员，我很光荣。所以，往后余生，清贫是你，荣华是你。无论是尘埃落定，还是浪打石穿，我不后悔，愿与普通话相伴余生。

（作者为黄冈市东坡小学高级教师，省级普通话水平测试员）

# 共筑梦想　润泽心灵

袁　诚

梦想是石，敲出星星之火；梦想是火，点燃熄灭的灯；梦想是灯，照亮夜行的路；梦想是路，引领我们走向黎明。在共筑中国梦的今天，作为一名普通话教师，我认为普通话是我们中华民族的声音，也是世界上最美的语言。它的意义已经不仅仅是沟通的纽带，那些充满旋律的声调，那些抑扬顿挫的语音，都让我们每一个中国人有一种对母语的亲切感。说好普通话，共筑中国梦！今天，我想说说引领我走入测试员队伍的普通话老师们，是他们用心润泽我的心，为我点亮了最初的梦想！

读书时，我是一名操着一口浓重方言的师范生，正是遇到了一群热心善良、爱才惜才的普通话测试员老师，我才练就了一口标准、流利的普通话，湖北省普通话测试员的名单里也多了一个我。

平翘舌不分，鼻边音不分，前后鼻音不分，当时，我这一口蹩脚的普通话自己居然浑然不觉。也许是初生牛犊不怕虎吧，一进校门我就报名参加了学校组织的演讲比赛。我精心准备着稿件，认真练习着态势语，在老师和同学们面前演讲也毫不怯场。我的这口方言普通话让台下的同学们偷偷笑了好几次，但也让班主任王老师记住了我。第二天，一头雾水的我就被王老师叫去谈话。老师微笑着对我说："我们班出了一匹黑马呀！没有想到你的演讲这么慷慨激昂。祝贺你脱颖而出！但是你的这一口普通话得好好练练。我把你介绍到口语艺术社，那里将会有专业的老师培训你的普通话。"就这样，我进了口语艺术社，也认识了一群普通话测试员老师。当然，懵懂的我当时只知道我的老师们普通话说得真好听，跟播音员似的，他们的测试员身份，我是在后来的接触中才慢慢知晓的。

口语艺术社既是测试员老师们训练"种子学生"的基地，也是为学校输送参加各级各类普通话比赛选手的场所。我的年龄最小，普通话底子最薄，通常被安排在哥哥姐姐们身边旁听他们的即兴演讲、配乐朗诵。在他们练习时，我的辅导老师黄老师为我安排的课程是将《普通话测试培训教程》里每一个章节的拼音读清楚、读准确。黄老师操着一口标准的普通话，浑厚的男中音跟播音员无异。每一个拼音在他嘴里就像是一匹温顺的马，溜得很；而在我嘴里就像是一头倔强的牛，堵得慌。他带读，我跟读，经常读着读着，舌头打结，牙齿打架。估计那是所有初次接受培训的学员都会有的感受，特别是遇到了平翘舌一起的读音，如“出租车”，那就完全是放任自流了。黄老师总是微笑着说：“没事，初学者都这样！多练练就好了！”

每次口语艺术社训练，我的普通话都是最差的，黄老师辅导我的时间也是最长的。起初，我出色的演讲成绩为自己所积累的那一点点自豪感慢慢地在前后鼻音、平翘舌音和鼻边音中磨灭了。黄老师一边用手演示，一边笑着对我说：“发鼻音时，你用手轻轻地摸着你的鼻翼，如果鼻翼颤动，那发音就对了；发边音时，你也用手轻轻地摸着你的鼻翼，如果鼻翼没有颤动，而且舌尖在口腔中轻巧地触碰上颚，那发音就对了。你自己试试，用心体会两者发音的不同点。”他边示范，我边自己琢磨，自己体会，慢慢地也不觉得发鼻音很困难了。像这样的技巧，黄老师还教给我了很多。没有生硬的说教，没有高深的讲解，有的是和蔼的态度、形象的解说和生动的演示。将无形化为有形，大概这就是测试员培训时的妙招吧，至少对我这个学员很管用。

口语艺术社一周集中训练两次，但是黄老师每次都会检查我上次的普通话练习作业，并布置新的作业。读师范连普通话都有作业，而且“回课”时只要我一张嘴，黄老师就知道我这两天有没有认真练习。原来普通话测试员都有一双金耳朵啊！当然，这是后话了。

在当时，我最怕的就是黄老师，看见他，我就低着头，就像成绩不好的学生遇见了自己的严师一般。黄老师火眼金睛，总是能在人群里看见我，用一口纯正的普通话与我对话，我也丝毫不敢含糊，站得规规矩矩，也用蹩脚但认真的普通话回话。我的同班同学看见之后，都忍俊不禁地离开了。从此以后，只要我夹着一本普通话书离开寝室，他们就要开我的玩笑。其实我当时是又羞又恼，恨不得将自己的舌头给拉平整一点，因为它老打结。

这样的日子持续了将近一个学期，我练普通话练得都要走火入魔了。说错了字音，我一定要重复一遍。拿不准的字音，我一定要查字典。走路练，说话练，自习课默默地练，打饭的路上练，有时练得实在累了，我就抄写，反复抄写。《普通话测试培训教程》我练到哪里就抄到哪里，一直抄到我看到这个字，首先在脑海中浮现出的是它的读音，再照着脑海中储存的读音用嘴巴读出来。

慢慢地，我在黄老师面前说普通话也比以前要溜一些了，虽然有时也会有失误。他也会时不时表扬我几句。慢慢地，我变得有那么一点自信心了；渐渐地，我也变成了黄老师的“小尾巴”啦！

在测试员老师的耳濡目染之下，我的普通话也渐渐变得有那么一点京腔京韵了。可是有一次，黄老师的一番话点醒了我：“学无止境。你的普通话单个字说还是能做到字正腔圆，如果放在语流中发音就不稳定了。”

老师说话总是让我有一种紧迫感，也正是这种紧迫感推着我在练习普通话的道路上一路前行。测试题第一题的字和第二题的词语光靠朗读、记忆是远远不够的，于是我在讲普通话的时候遇到不会的词语我就查字典、记读音。学生时代的记忆力就是好，渐渐地我的词汇量越来越丰富了，在口语艺术社的日常训练中也渐渐地出众起来。

黄老师觉得我的普通话语音面貌在语流中不够好。怎么训练呢？现在想想觉得黄老师真是用心良苦，黄老师重点训练我的第三题“朗读”和第四题“说话”。第三题“朗读”，可能是对文章不熟，读起来不流利。老师给出一个范围，以 10 篇或 15 篇为一个章节，让我自己练习朗读。要求一不能读错字，二要流利，三要读出一定的感情。我很好奇，普通话测试中朗读文章还需要一定的感情吗？黄老师二话不说，拿出一篇文章为我示范同样是朗读流利的情况下，感情平平和带有感情地读的区别。黄老师的示范给了我练习的目标。也许测试员老师们培训我们班其他同学是要求大家过关，培训我却是有更高的要求吧！拳不离手，曲不离口，一个字——练。

因为要参加普通话考试，我们还要达到相应的等级，所以在班级中，同学们一起上课、各自练习，场面可真热闹，很有学习氛围。在口语艺术社训练时，要求就更高了，必须得在老师面前“回课”，我丝毫也不敢马虎。

有一天，黄老师拿着一个超市水果摊前经常叫卖的那种大喇叭来到口语艺术社，通知跟我一起进社的学员说有活动安排，让我们拿着普通话书跟他走。大家既好奇，又兴奋，一个个像小麻雀一样跟在老师后面，不过越走越觉得奇怪——老师把大家领到食堂来了。当时还没有到开饭时间，食堂比较空旷。黄老师说，今天我们把练习普通话的地点改到了食堂，一来锻炼你们的心理素质，二来看看你们在嘈杂环境中的抗干扰能力。我们顿时炸开了锅。老师给大家排了个序号，也分了任务。我们知道没有时间抱怨了，大家捧起书本认真地练习着，毕竟谁都不想在大庭广众之下失了面子。吃饭的人中有自己的同学、学长，还有很多教普通话的老师，都是内行，我们只有拿出自己最好的状态练习，才不会出丑。

人越来越多，我们也越来越紧张。老师把我排在了中间靠前的位置，我朗读时正是人们排队打饭的时候，我傻乎乎地站在食堂的前排座位，人们一边排队、吃饭，一边听我朗读。我紧张得要命，声音小得像蚊子，读得磕磕巴巴，说实话，当时真想找个地缝钻进去。

黄老师这次是全程听完了所有新社员的朗读才和大家一起进餐的。我虽然吃得很拘束，但听得很认真。黄老师仔细为我们分析了在朗读中出现的问题，还提出将来参加普通话考试、参加比赛是要承受更大的心理压力的，所以这也是测试的一项隐性内容。“听君一席话，胜读十年书”，我不知道在测试中取得高分还要训练这么多能力，真是眼界大开！

不知道是自己听得太认真，还是练得太勤奋，虽然我的朗读发挥得不好，但老师却任命我负责督促新社员的食堂朗读训练。当时的我觉得自己接了一个烫手的山芋，现在觉得自己在训练中受益不少，老师总是用一种无形的力量鞭策着我。

日子如水一般流淌，纯粹而忙碌。第四题“说话”是我练习普通话的“重灾区”，相信初次参加培训的学员都会感同身受吧！我不知道在普通话培训中，针对第四题，黄老师还会想出什么奇招。

黄老师的智慧是我所意料不到的。有一次集会结束后，全年级的同学都在操场跑步。黄老师远远地就站在国旗台上边喊我，边向我招手。我没想那么多，就奔过去了。黄老师说：“来，站上国旗台，我给你出一个题目，你大声地说三分钟，就当是即兴演讲吧！”顿时，我的脑袋轰的一声，感觉像要炸了。后面的事情也就可想而知了，半天挤不出几句话，三分钟最多断断续续地讲了一分钟，其他时间都是在咽口水，“嗯”字重复出现了几十次。

因为还有一个月就要普通话测试了，我交的这份答卷估计连60分都达不到，我看到黄老师的眉头紧紧地拧了几下。随后他什么批评的话也没有说，只是交代我每天练五个题目，反复练，一周后再考核我。当然，在普通话课上，对于所有学员，他也是这么交代的，所以大家都很害怕上普通话课，因为怕交不出一份令自己满意的答卷。我是硬着头皮、绞尽脑汁地练习第四题，觉得枯燥又乏味，就像掉进了一口枯井，没有人能拉自己上来，只有自己奋力地找正确的方法爬上来。

普通话培训到了最后的冲刺阶段，我们开始上大课了，除了黄老师，还有张老师、胡老师和陈老师陪伴我们训练。他们分工合作，又互相配合。第四题仍然是我的“重灾区”。黄老师仍然是像个引路人一样，先示范，再考核。不过考虑到第四题的灵活性，老师还会告诉我们一些方法和思路，比如每一个题目都要在心中有一个提纲，但不要写成作文逐句背诵，要有口语的流畅性。平时要多搜集素材，一个素材可以用在几个题目中。在说话题目中要结合自己熟悉的例子来说，但最重要的就是，心中时刻要有普通话的概念。“熟能生巧”，“知己知彼，百战不殆”，老师的嘱咐让我有一种即将上战场的紧张感和壮烈感。

临近测试了，黄老师将我们几个练得刻苦的同学叫到办公室，拿出一摞试卷，让我们每人认真准备三分钟，就开始测试。我当时紧张得不敢正视老师，只是用余光感觉到老师在他的卷子上时不时地划几笔。分数很快出来了，老师只是告诉我等级，并指出我的问题，要求我继续勤学苦练，并告诉我说普通话时要注意的一些问题。我当时是一个倔强又有点不服输的小丫头，我决定跟自己杠上。

普通话测试是对我这将近一年的劳动成果的检验。在考场上面对测试员，我虽说有点紧张，但更多的是平时勤奋练习积累起来的从容淡定。一分耕耘一分收获，我获得了94.5分的成绩。

拿到成绩，我并没有兴奋得欢呼雀跃，只是觉得心里有点甜。测试员老师们这种不拘一格的培训，带给学生们的是收获的甜、感恩的心、奋斗的美。那份甘甜的清泉直到现在回忆起来，仍然在心中汩汩流淌。我知道，没有师范院校的测试员老师们，我是不会和普通话结下不解之缘的。老师们就像是我前进道路上的一盏指路明灯，不仅给了我知识，更用人格引领人格，润泽了我的心灵，让我感受到了教育的真谛——在平凡中追求卓越，遇见最美的自己。

毕业后，我顺利地考取了省级普通话测试员，选择在一所中职学校担任普通话老师。自己当了老师后才知道老师的良苦用心，疲乏时，也想偷个懒，但是想想恩师们对我的言传身教，我又整装出发，继续在普通话的道路上做我的学生们的一盏明灯。

（作者为黄石市沈家营小学一级教师，省级普通话水平测试员）

# 相依相伴的普通话

杨美芳

从走上工作岗位开始，我便与普通话结下了不解之缘，亲历了普通话从最初的笔试到面试再到机测的改革过程，参与了无数次的讲课、测试工作……35年，弹指一挥间。

我1984年参加工作，接受的第一项任务就是普通话教学。常言道："打铁还需自身硬。"可是我来自农村，根本不会说标准的普通话，只是语感还行而已。怎么办？自学！那时候还没有电视，没有如今这么多学习的渠道，没有人可供请教，唯一可模仿的就是收音机。于是天天背字典，听广播，一本《新华字典》被我翻得稀烂。好不容易才把平舌音与翘舌音、前鼻韵母和后鼻韵母分清楚，鼻音和边音还是后来在省语委组织的普通话培训班里跟着指导老师学会区分的。

1994年春节刚过，我就背着行李，坐上了硬座火车。那是我第一次出远门，并不觉得长途跋涉的艰辛。一路折腾了20多个小时，我才到达北京，参加国家语委组织的第20期中央普通话进修班学习。在近四个月的时间里，我跟着刘照雄老师、宋欣桥老师等专家系统地学习国际音标、汉语拼音方案。每天起早贪黑，念念有词，每天接受书面考试（好像是给200个汉字注音，96分以上算过关，不达标重考）、口头测试（读词语，与老师对话）。可谓勤学苦练，辛苦多多，收获多多。之后，我不仅发音更加准确、圆润、好听了，连唱歌也更加好听了，这真是意外的收获。

那一年，国家语委正在研制普通话测试试题，我们那个进修班的同学个个都是"双料试验品"，既是普通话水平测试的对象，也是测试员资格培训的对象。可惜，当时没有颁发测试员资格证书（当年下半年，国家语委开始举办测试员资格证培训班）。

1999年，我参加了省语委组织的测试员资格培训班，很顺利地获得了普通话水平测试员资格证书。同年被聘为武汉市普通话水平测试工作主考、武汉市“教师口语”骨干教师培训班辅导教师，后来又被聘为武汉市普通话讲师团讲师。从这一年开始，直到机器测试代替人工测试，我周末几乎没有休息过，不是讲课就是测试，尤其是所有中小学老师接受普通话水平测试的阶段，自己总在忙碌。

那时候没有私家车，去黄陂、新洲、江夏、蔡甸（偶尔还去黄石、孝感）等远城区测试，往往五点多就得起床，乘坐最早的班车赶到指定地点乘坐大巴。一天测试40多人（按照规定是40人，但往往会临时加人），中午吃点盒饭，到下午五点左右结束，一路颠簸回到家里，有时候已经是晚上十点多了。

我还记得在黄陂区的甘棠、蔡榨两个地方给当地中小学老师讲课时，住在私人家里。吃晚饭的时候，陪吃的人说：“杨老师，我们可以‘请假’吗？”原来他们想说方言，不说普通话，故而想跟我“请假”。因为他们平时都讲方言，没有说普通话的习惯。其实，我也想听听他们讲方言呢。对于一个普通话老师来说，自己能够模仿的方言越多越地道，越有利于提高教学质量。于是，我极其认真地听他们讲黄陂话。至今记忆犹新的是“你说吧”，他们的发音大概是“n shuê shê（声调分别是去声、阳平、轻声）”。其实，黄陂方言里是有鼻音声母的，这个“你”，他们发的就是地地道道的“n”的本音。

本来，我想做一点武汉方言方面的调查研究工作，但后来改教“小学语文教学法”这门课程，就没有精力去研究方言了。这也算是此生的一个遗憾吧。

在测试员队伍中，有一位年轻的美女（好像是武汉市第一师范学校的，姓冉），结婚不久就发现患了癌症。据说病情还未痊愈，老公就提出离婚了。手术之后，她还参与了普通话测试。记得最后一次与她一起测试，是在汉口那边的一所职校里。后来，就听说她永远离开了我们。

在测试员队伍中，还有一位姓左的大姐（我不记得她的名字了），家住汉阳，患有严重的糖尿病，不论是测试还是讲课，她都带着胰岛素，自己为自己注射。糖尿病会有并发症，不知左大姐生活可好？

其实，测试员的报酬是非常低的，最初是50元一天，后来涨到100元、150元，再后来涨到200元。他们这样拼搏，完全不是为了那点微薄的收入，而是因为喜欢，因为热爱——热爱这一份非正式职业的工作。

我也是因为热爱，一直坚持到现在，年近花甲了，还战斗在测试第一线。这不，上个月还参加了省里的测试员考试，今天又接到测试任务了。

普通话，感谢你的陪伴！

普通话测试，感谢你带来的充实！

普通话测试员，感谢你们带来的欢乐！

（作者为武汉城市职业学院教师，省级普通话水平测试员）

# 我与普通话艺术的缘分

王东林

从电视台的新闻主播到播音与主持艺术专业教师，我有着逾20年的语言艺术工作生涯。

回首相望，自己从企业广播电视差转台到市电视台，再到省广播电视总台，一路走来，风雨兼程，甘苦自知，但自己的成长和进步，始终与普通话艺术相依相伴。可以说，如果没有普通话艺术给予的知识滋养和力量支持，我不可能与播音员这个神圣的工作岗位结缘。

## 一、爱上普通话艺术

我并非生长在什么艺术世家，家庭环境更与播音与主持艺术搭不上干系：我的父母都是地道的山东人，20世纪50年代末为响应支援边疆建设的号召，他们来到了当时人烟稀少、几乎还处于原始状态的黑龙江省小兴安岭一个边陲山区安家落户，五六年之后，我便出生在一个叫曙光林场的地方。

由于父母的原因，我从小便跟着他们学说一口标准的山东莱州方言。后来到了上小学的时候，得益于母亲良好的家庭辅导，我对小学阶段的课本知识几乎已经全部掌握，因此被老师任命为班长，对此，自己心里也很自鸣得意。可有一点自己却非常苦恼，我发觉自己和其他同学说话的发音很不一样，而且经常会受到个别同学的嘲笑。渐渐地我意识到，问题的根源在于自己浓重的山东方言与同学们使用的具有当地特色的北方方言形成了鲜明的对比。

也许是由于当时年龄小、语言天赋较好的原因吧，几个月的时间，自己便在与同学们的相处和交流中学会并熟练掌握了当地方言。这以后，我在学校与老师和同学们交流时，使用的是具有明显当地特色的北方方言；回到家里，和父母交流时，依然是一口地道的山东方言。

上学不久的一天，父亲买回来一台收音机，这在当时可是一件稀罕物。收音机里面居然可以传出美妙的歌声，还能准确报时，简直太神奇了。不过，让我最为痴迷的还是收音机里面播音员那异常动听的标准普通话，抑扬顿挫，圆润悦耳，如同天籁之音。

父母喜欢收听戏曲之类的文艺广播节目，但是只要我在家里，他们会尽量选择收听新闻、小说、广播剧、电影配音等语言类节目，而这样选择的主要目的之一就是为了让我感受收音机里这些人所讲的标准普通话。当时中央人民广播电台每天早上六点半播出的节目《新闻和报纸摘要》和每天晚上七点播出的节目《全国各地人民广播电台联播》，更是我雷打不动一定要收听的。方明、林如、铁成、于芳、常量、钟瑞、璐阳、雷阳、雅坤、费寄萍……这些耳熟能详的著名播音艺术家，即使到今天，他们极具个性、干净醇厚的声音依然萦绕在我的耳边。当时收听他们播报的新闻节目时，我都能够毫不费力而且非常准确地分辨出谁是谁来。

就这样，听广播，让我到了如痴如醉的地步。记得还是在“文革”后期，有一天早上六点钟，我在收听当天的新闻节目，只听收音机里播出一句“我们一定要分清敌我”，母亲恰好从我身边走过，看到我神情专注的样子，突然眉头一皱，忧心忡忡地问道：“儿子，你整天听这新闻有啥用啊？什么叫‘一定要分清你我’？谁还分不清你我呀？”母亲的不解丝毫没有影响我对听广播的兴趣，我的热情甚至有增无减。

因为那时候生活在林区，附近有大量伐木后留下来的山野荒地。为了改善家里的生活条件，父母带着我把那些土地开垦了一部分，种上各种蔬菜和庄稼。我每次放学后独自一人去田间劳动的时候，都会带上收音机，边干活边听广播，有时候还跟随播音员一句一句地复述新闻。

再到后来，收音机里所有人物在说话的时候我都会不自觉地跟着模仿，尤其是对播出的广播剧、电影配音格外感兴趣。不仅如此，我还会把剧中人物的台词大段地背诵下来，然后一个人自言自语地进行不同角色的自我对话演练。

由于自己进入剧情状态以后经常处于忘我的地步，以至于有时候母亲过来找我回家吃饭时我都浑然不知。这样的经历多了，善良的母亲开始担忧起来，她曾不止一次地关切问道：“儿啊，你是不是有什么心事？是干活太累了？为什么总是一个人自言自语呀？”我一时语塞，可又不知道怎样解释，这时才知道因为自己对广播里的声音迷恋，无意间惊骇了老人家。但正是由于自己对广播的这份感情，我最终实现了成为一名专业播音员的梦想。

## 二、对普通话艺术的热爱，让我走上播音岗位

20世纪80年代初，我和小自己一岁的妹妹同时高中毕业，并同时参加高考，由于母亲没有工作，家中只有父亲一个人上班，经济条件极其拮据。学习成绩非常优异的妹妹只报考了一所师范大学，并以高分被录取；我却面对着一所重点高校的录取通知书不知所措。因为作为长子的我，除了要去读师大的大妹妹，下面还有两个妹妹和一个弟弟分别在读初中和小学……虽说那时读书的费用不高，可是对于糊口都成问题的一家人来说，父母首先发愁的就是我和妹妹去外地上大学的路费——在当时，我们家真可谓一分钱都几乎要掰开花呀！就在一家人面对窘境的时候，另一个机会的降临，让我毫不犹豫地放弃了读大学的机会：我通过考试当上了义务兵——这意味着服役3年之后自己能够有个“铁饭碗”，而当兵部队包吃包住，不仅不用向家里要钱，每月还有几块钱的津贴可以贴补家用。

服役期满后，我被分配到一个基层林场工作。我觉得这是一份既清闲又近乎无所事事的工作，因此心里一直有个想法：希望有朝一日能够从事一份有技术含量的工作，可是这又谈何容易呢！在我的印象中，有这样两句话我深以为然：一句是机会是为有准备的人而准备的，另外一句是兴趣和热爱是最好的老师。以我切身的经历，我非常深切地体会到，这两句话在自己身上得到了深刻的验证——因为自己从小对普通话艺术的情有独钟，若干年后，我终于实现了成为一名职业播音员的梦想。

1989年10月份，当地一家林业局新组建的广播电视差转台要招聘一名具有一定文字基础的新闻播音员。初闻此讯，我激动得几乎要跳了起来。直觉告诉我，这个机遇是给我提供的。经过初试、复试，自己凭借相对准确的普通话基础和较好的文字基础，最终以明显的总分优势成为这次招聘中唯一被录取的一名记者兼播音员，而这关键一步的成功，我清楚地知道得益于当年自己对普通话艺术的热爱。

至今我还非常清楚地记得，那时广播电视差转台是广播和电视合二为一

的，也就是说同样的新闻内容，播音员既要在演播室录电视新闻，还要去广播录音室录广播新闻，同时作为播音员还必须经常参与新闻稿件的采写。而无论是广播新闻节目还是电视新闻节目，全都是录播而没有直播。广播新闻方面，一般是每天下午五点钟播出的《林区新闻》，有时当天下午录音；电视新闻则是每天下午出镜录像，当天晚上七点半播出。

在这家企业广播电视差转台工作磨炼了三年之后的 1992 年，我又根据《中国广播电视报》的一则公开招聘启示，过关斩将，以特殊引进人才的身份，被引进到一家外省的城市电视台，继续担纲新闻播音员的工作；第二年，由于自己多篇播音作品在省里获奖，被破格晋升中级职称，并获“优秀引进人才”称号，获奖励商品房一套。

1995 年 10 月，又是一次机缘巧合，南方一家省电视台台长前来当时我所在的那座城市开会，对我的整体播音非常认可，并希望我能前往他那里工作。有道是“人往高处走”，我自然欣然接受，可是当时所在单位领导断然拒绝了对方的“挖墙脚”行为，并且把我也训斥了一顿。时隔一年之后，对方领导又一次借出差之机，亲自上门与我当时所在单位领导协商要人。或许是出于无奈和对年轻人前途的理解吧，我终于被调入这家省电视台工作，担任“全省新闻联播”的播音工作，并且于第二年被任命为播音组组长。

从 1996 年开始承担“全省新闻联播”的播音工作，到 2007 年转任一档专题节目的主持人和节目主编，期间我于 1998 年取得了普通话一级甲等证书，并且晋升为主任播音员职称，成为所在省播音与主持职称系列中评委负责人之一。

随着年龄的渐长，我开始考虑转岗，择机离开电视主播岗位。2011 年 9 月，又一个机缘巧合，我以人才引进身份入职武汉体育学院，担任“播音与主持艺术”的教学工作，2015 年取得湖北省普通话测试员资格证书。

由于自己拥有较为丰富的一线实践从业经验，加之长年养成的收听广播的良好习惯，在实际教学工作中能够做到理论与实践有机结合，因此深受同行和学生们的好评与欢迎。

（作者为武汉体育学院新闻传播学院副教授，省级普通话水平测试员）

# 我们都是追梦人

熊　丹

"老师，谢谢您，现在我可以接过您的接力棒了!"清亮的声音如玉珠落盘在耳畔滑过，阳光和着我转身的目光聚焦在她身上，她拿着普通话二级甲等的证书和教师资格证书，脸上绽放欣喜的笑容。是她，那个在我普通话教学课上被点名进行"命题说话"练习的女生，那个一开始面对人多的场面，紧张得说不出话来的女生，那个后来主动让我给她纠正语音、勤奋练习普通话的女生！她毕业了，作为一名普通话培训测试的老师，此时此刻看着眼前这位学生，备感欣慰，普通话教师的自豪感从心底油然而生，人民教师的使命感和责任感像一股力量再一次垫高了我的自信，我仿佛看到了当年的自己。

## 一

时光流转，日子一天天重复着岁月静好的画面，让人不会因为年华流逝而伤怀，生命里跳跃的总是那些难忘的回忆，它们在历史的天空里绽放着属于我的光芒。

16 年前，和众多学子一样，我在大学象牙塔里做着花季少女的梦，那段追梦的日子也是我和普通话的最初际遇。那时起，普通话藏入我自信的字典里；那时起，普通话，爱你没商量。对于来自祖国各地的同学们来说，学好普通话不是一件轻而易举的事情，我清晰地记得实习前夕，班主任要求我们轮流到讲台上模拟讲课，同学们激情高涨，个个摩拳擦掌，一展风采，虽然有一些同学乡音未改，夹杂着方言语调的普通话逗得同学们笑得前俯后仰，但是我们都很努力。当时我 20 分钟的试讲得到了老师的高度评价，虽然那时我的普通话是二级甲等，但老师信心百倍地鼓励我向一级乙等靠拢。老师的谆谆教诲我至今不忘："普通话是我们中华民族的声音，它是世界上最美的语言之一，学好、说好普通话是每个教师的本分，帮助学生树立规范的用语用字意识，是我们每个教师神圣而光荣的使命。”

在老师的教导和鼓励下，我顺利完成学业，进入实习阶段。我被安排在一所重点中学的初三年级实习，那里的学生很认真，教师教学工作也抓得很紧。感恩遇见，指导老师是我人生的第一个伯乐。鉴于我语言基础扎实，在教育教学中善思好学，一开始她先试着让我给学生讲解习题，接着又让我讲析整篇课文，最后放手让我管理整个班级。由于我的教学成效优异，同年级其他班的作文示范课也邀请我主讲，精心的课堂设计，良好的语言表达让我把每一堂课变得精彩有趣，学生的认可和指导老师的肯定更让我找到了自信，我人生舞台上最令人骄傲的画面在这三尺讲台上闪闪发光，取得这样的进步让我更加严格要求自己。业余时间，我继续加强普通话学习：听示范发音，模仿播音员播报新闻，读拼音，读词语，读绕口令，读文章，按照《普通话培训测试教程》一遍遍练习，有时读到舌头打结，恶心想吐，每每我想放弃的时候，班主任总是鼓励我坚持下去。功夫不负有心人，毕业季我终于拿到了普通话一级乙等证书。临别时，班主任继续激励我：“任何事情，只要你努力坚持下去，绝对没有问题!”

## 二

毕业后，我选择了人民教师这个神圣的职业，教授汉语言文学相关课程。如果说在大学时期，我学普通话还是“牙牙学语”，那么这时的我正“蹒跚学步”地进入普通话测试员的角色。教学相长，我对普通话的认识越来越深刻，普通话能提高我们的综合素质，帮助我们实现有效的沟通。普通话的语言魅力深深地吸引了我，我决定向普通话测试员的队伍冲刺。有幸，我获得了参加湖北省普通话测试员培训的机会。整个培训历时13天，参加培训的同学来自天南海北，大家不分年龄，不比资历，围绕“努力说好普通话，提高听辨能力”这个共同的目标，每天寝室—教室—餐厅三点一线，寝室训练—教室学习—餐厅纠错，每一个环节大家比拼、学习，即使是读到喉咙沙哑也坚持着，以至多日不联系的母亲和我通电话时听到我嘶哑的声音而担心我，怕我受了什么委屈，非要来看我不可。闭门苦练13天，我的付出换来了满意的成绩——我取得了湖北省普通话测试员的资格。

如果有人问我，人生最让自己自豪的一件事是什么，我会骄傲地回答：我是一名省级普通话测试员。它是我努力奋斗的人生历程中第一个最美、最有力的目标。掌握普通话这把金钥匙，做到口齿清晰、发音标准，才能在神圣的讲台上游刃有余，才能更好地展示我们中华民族优美的语言。

## 三

早在 1993 年，国家教委要求各级师范院校开设教师口语课，将普通话教学纳入课程体系。1996 年，国家语委和教委要求在师范院校和窗口行业进行普通话水平测试，普通话的推广在现代社会主义新农村的建设形势下显得尤为重要，语言文字在“扶志”“扶智”上得到充分体现。我们国家有 56 个民族，不同民族、不同地域的人存在交流障碍，因此推广普通话，是我们每个语言文字工作者的神圣职责，是我们各民族和谐共处的纽带，是信息时代交流的需要。普通话作为联合国工作语言之一，是汉语走向世界的需要，是我们祖国屹立于世界民族之林的需要，是祖国向全世界展示文化魅力的需要。

## 四

《唐书判》记载：“唐铨选择人之法有四：一曰身，谓体貌丰伟；二曰言，言辞辩证；三曰书，楷书遒美；四曰判，文理优长。”唐代衡量、选择人才有四大标准，只有符合这些标准才能授予官职。其中第二条提到的“言辞辩证”就和语言有关，意思是说能说能写且雄辩公正。由此可见，古人对于语言的要求是很高的。我们现代人不仅能写还能用标准的普通话说，那就能完美诠释《唐书判》里的“言辞辩证”的能力了。

普通话是有声的汉字，是我们 56 个民族的共同语言，中国的语言文字是中华文明的一大特征。春秋战国时期，各诸侯国方言不同，官方交往、文人讲学、祭祀活动都使用雅言。《论语》也有言：“子所雅言，《诗》、《书》、执礼，皆雅言也。”雅言的基础是以黄帝为首的华夏部落联盟使用的原始华夏语。根据朱熹《论语集注》里的解释，“雅”为平常的意思，雅言即日常用通用的语言，其实就相当于我们现在推广的普通话。古书有曰：“夫子生长于鲁，不能不鲁语。惟诵诗读书执礼，必正言其音。”这里说的是孔子生在鲁国讲的是鲁国的话，可是他在读诗、读书，在执礼（行礼）的时候是用当时通用的雅言。孔子对语言的态度表明了他对文明传统的尊重。钱穆先生对孔子重视雅言是这样批注的，“孔子之重雅言，一则重视古代之文化传统，一则抱天下一家之理想”，所以使用统一规范的语言，说好普通话，有利于增强民族凝聚力，有利于民族和谐发展，有利于民族统一。我作为一名普通话推广的教师，更应该为国家发展、社会进步贡献自己的力量。

民族的复兴，祖国的富强，需要文化自信。普通话是祖国最重要的文化载体，也是各民族友好交流的纽带。习近平总书记说：“一个流动的中国，充满了繁荣发展的活力。我们都在努力奔跑，我们都是追梦人。”普通话作为联合国使用的官方语言之一，它是中国走向世界的桥梁，因此，我们语言文字工作者更要积极努力推广普通话，让“推普”工作与梦想齐飞！

（作者为咸宁职业技术学院语委办主任、副教授，
省级普通话水平测试员）

# 普通话扶贫，我们在路上

李 强

习近平总书记指出，脱贫攻坚要取得实实在在的效果，关键是要找准路子、构建好的体制机制，抓重点、解难点、把握着力点。总书记的话告诉我们，在精准扶贫的道路上，我们应采取切实有效的措施，根据当地实际情况，从文化扶贫、经济扶贫、教育扶贫等多个层面开出良方，做出成效。

作为教育扶贫的重要组成部分，普通话教育是脱贫攻坚的目标之一，是提升贫困地区精神文化生活的方式之一，更是帮扶贫困地区树人育人的正确方向。教师是学生心灵智慧的开启人，是学生走向社会、迎接挑战的指引人。每一位教师在职业生涯的锤炼中，在实际工作的探索中，都将普通话的学习与教育作为教书育人的有效方式，都将普通话教学的情怀融入学生心田。我想，这对高校教师显得尤为重要，它是我们帮助老区人民精神脱贫的前行方向，是我们坚守责任的时代使命。

2017 年 8 月，骄阳烈日下，我校领导及教师深入扶贫驻点单位——麻城市三河口镇舒家畈村。我作为工作队队员之一，亦在此开展相关宣传、教学等扶贫工作。初来此处，我眼前是群山环抱中美丽朴素的学校，错落有致的校舍，活泼可爱的学生，自然恬静的环境，让我顿时对这里产生了一种难以名状的好感。而更让我难以忘怀的是与这里的孩子们朝夕相处的点点滴滴。为了更好地开展普通话教学，我首先对学生的普通话现状做了初步了解。多数学生在对普通话的认识上，语音、语调的练习上存在以下问题：①对普通话缺乏正确认识；②普遍存在鼻边音、平翘舌、前后鼻音不分现象；③普遍存在重轻格式错误现象；④普遍存在方言词汇与普通话词汇混用现象。

针对以上问题，我采用多种教学方法努力提升学生的普通话水平。

首先，积极培育学生对普通话的正确认识。

身处大山里的孩子们，因为交通不便、信息闭塞等原因，缺少正规的普通话学习，对普通话的认识较为模糊难辨。有的学生不知道普通话是什么事物，有的学生误把本地方言理解为普通话，有的学生还误将日常生活用语理解为普通话。针对这些情况，我向学生正确讲解普通话的概念。普通话是以北京语音为标准音，以北方话为基础方言，以典范的现代白话文著作为语法规范的现代汉民族共同语。它根植于北京地区，汲取了北京地区的文化营养；它来源于北方方言，吸收了北方方言的多种语音语调成分，规范于新中国建立之后；它是中华民族共同使用的语言，是中华文化的生动体现与展示。学生们对此有了正确认识，心中的疑云消散了，过去模糊的概念清晰了，学习普通话、运用普通话的动力更足了。学生王芳（化名）对我说："以前我总觉得普通话就是我们这里说的话，通过老师的讲解，我明白了普通话是全国人民通用的语言，是各地人民共同使用的语言，它的力量好大啊!"学生汪明亮（化名）说道："过去我对普通话根本不了解，觉得没必要学普通话。通过李老师的教学，我逐渐对普通话有了正确理解，学习起来也更有动力了!"学生对普通话的概念有了正确认识，对普通话的内涵有了深入理解，这使得他们在之后的学习中会有更科学的方法，运用上会有更清晰的思路，将普通话与日常生活用语结合更加紧密，普通话学习成效也更为突出。

其次，构建多样的普通话教学创新模式。

针对学生学习存在的多种问题，我与其他老师相继开展了普通话晨练、朗诵教学、演讲教学等形式多样的教学活动。每天早上六点，伴随着清脆的鸟鸣，普通话晨练开始了。学生们一字站开，大声练习每一个字音、每一个语调。他们认真的表情、不畏酷暑的精神深深感动着我。我无法想象，几天前对普通话还是认识不清、难以表达的孩子们，现在对普通话的学习却是这般执着、这般着迷。在朗诵比赛上，学生们徜徉于有声语言的世界中，穿行于唐诗宋词的长廊间，感受中华文化的博大精深，体味普通话深厚宽广的文化意蕴。当学生朗诵《登鹳雀楼》时，我们仿佛看到鹳雀楼与黄河浑然天成的壮阔之美；当学生诵读《山居秋暝》时，我们又好似看到空灵、秀美的深山之处，那自然之景与人文之景的融合交织；当学生齐诵《祖国，我亲爱的祖国》时，我们的民族自豪感油然而生，我们对伟大祖国的热爱之情喷薄而出。学生们投入的神情、恰当的动作、深情的表达，让我感悟到普通话的力量是多么巨大，它对学生文化素质、身心培养是多么重要。

再次，有效提升学生普通话学与用的能力。

如何切实提高学生学好普通话、用好普通话的能力是我一直思考的重要问题。大山深处的孩子们，由于多种原因，缺少将学与用有效整合的能力，缺少在学习的同时思考如何运用的能力。作为教师，我深入细致地开展相关教学，从多个层面努力提升学生普通话学与用的综合能力。为此，在开展朗诵比赛、演讲比赛的同时，我还分年级推广“讲好身边故事”活动，让学生们运用普通话来讲述身边的感人故事，抒发乡村生活建设的动人情怀。学生李晓红（化名）的哥哥身患先天软骨综合征，身高不足一米，身体稍微碰一下硬物就会骨折。在“讲好身边故事”活动中，李晓红动情地讲述了她与哥哥的感人故事，普通话虽然不标准，技巧、方法虽然不熟练，但我们从她的深情讲述中看到了一家人对美好生活不言放弃的无限勇气，对未来前程的无限向往，同时也感受到了他们对生活的坚持与守望。通过这次普通话学习活动，我更加深刻地感到，在五光十色的城市生活中，我们往往顾此失彼，甚至会迷失生活方向。然而，李晓红的普通话学习以及家庭生活经历告诉我，坚持是一种生活磨砺，是一种心灵净化，是自身对教学生涯的再认识与再提高，更是一种思想锤炼、一种教学积淀，是自身对教育工作的坚守与憧憬。我深感普通话教学的责任之重大，使命之光荣，普通话教学的作用与影响如涓涓溪水浸润每个学生心田，它对学生的成长有着较好的推动作用，对学生人生观、价值观、世界观的培养有着积极的促进作用，普通话教学的意义在此得到升华，内涵在此得到扩展，意蕴在此得到凝聚。

2019 年适逢中华人民共和国成立 70 周年，举国欢庆之时，人们欢呼雀跃。正是在中国共产党的正确领导下，共和国走过 70 年风雨历程，普通话推广工作也随之发展完善。学好普通话、用好普通话，是每个公民的权利与义务，更是教育工作者义不容辞的责任与使命。“不忘初心，牢记使命。”“普通话扶贫”的路还很长，我们每位基层教育工作者更应在脱贫攻坚第一线挥洒汗水、贡献力量，铺设普通话扶贫的美好之路。这是我对自身工作要义的些许理解，更是我坚定不移地守望普通话教育的生动诠释。

（作者为黄冈师范学院新闻与传播学院讲师，省级普通话水平测试员）

# “军普”与“标普”

## ——我与普通话的故事

汪丽芬

语言是人们沟通交流的基本工具，普通话是全国通用的语言。军人，来自五湖四海，“战友亲如兄弟，革命把我们召唤在一起。你来自边疆，他来自内地，我们都是人民的子弟”。从小在军营长大的我，每天都能听到地道的四川话、河南话、上海话、山东话……为了训练交流的需要，部队也都要求尽量使用普通话作为通用语言。来自全国各地的战友们，操着汉普、广普、川普、沪普、闽普等带有各地语音、语调的“军人普通话”进行交流，大家增进了感情，感受到了军营大家庭的温暖。

长大后，我带着一口“军普”也参军入伍，南腔北调地继续着“军普”式交流，无论多么稀奇古怪的发音，我都习以为常。当然，生活总会有各种出其不意的小插曲，为我们的艰苦生活增添了一些轻松时刻。我记得有一天开饭前，帮厨的战友透露：今天中午吃“木须柿子”。我心想：哇，今天中午有稀奇新菜吃呢！到了饭桌跟前，我左看右看，“木须柿子”在哪里？东北的战友指着一盆西红柿炒鸡蛋说：“这就是啊!”有一次，有人向我问路，我说：“笔直走。”那人非常疑惑地盯着我并用手指捏着自己的鼻子说：“鼻子走？鼻子怎么走?”我愣了半天，指着前面的路解释道：“沿着这条路一直往前走。”他恍然大悟说：“‘剪’直走啊!”还有一次，轮到一位湖北籍战友帮厨，他说：“我来 chi 鱼。”其他战友好奇地问他：“鱼还没烧好呢，还在水里游，你怎么‘吃’?”我赶紧帮忙解释：“我们家乡话管杀鱼叫 chi 鱼，就是把鱼处理干净的意思。”类似的笑话不胜枚举。

从军十余年后，我转业到湖北幼儿师范高等专科学校工作。在学校，“普通话是教师的职业语言”“请讲文明语，请说普通话”“说普通话，写规范字，用文明语，做文明人”等宣传语随处可见，这让我对师范专业有了最初的认识。我一直认为自己说了几十年的普通话就是标准的普通话，当同事夏老师约我去参加普通话培训学习时，我心想：“还有专门教说话的学习班？说普通话还要学习？”然而，在学习班，我突然发现自己不会说话了。无数的错误、缺陷，平翘舌、轻音重音、前后鼻音……我感到非常震惊，原来我的发音存在这么多毛病！这让我备受打击。我想，既然转业时选择师范学校，我就一定要把工作做好。为了尽快适应新环境，打开工作的新局面，我暗下决心，干一行学一行爱一行。说好普通话也是我的职业要求，是一名优秀教师的必备素养。我虚心请教，借来学生的课本，专心跟读、用心模仿、细心做笔记，从最基本的拼音开始，到字、词，然后连词成句、连句成篇，拿腔拿调地练习，与舌头较劲……功夫不负有心人，经过刻苦学习，我不仅能用一口标准的普通话开展教育教学工作了，还取得了省级测试员资格。

在十多年的培训测试工作中，我发现，普通话说得标准的人，能够迅速给人留下较好的第一印象，标准的普通话是良好文明和素质的体现，对个人的发展和进步有着重要的作用。我校学生来自不同的地区，因为师范专业尤其是幼儿师范专业的要求，普通话必须考过二级甲等才算合格，所以校园里有着浓厚的学习普通话的氛围。尽管他们学历不高，文化基础也并不是很好，但他们在学校受到了系统专业的普通话训练，都能说一口流利的普通话，毕业时受到用人单位的青睐。经常有我曾经辅导考过“二甲”或“一乙”的毕业生，多年后回学校专门来感谢我当年的指导，这使我觉得这份工作越来越有价值。

工作就是自己感兴趣的事，是多么幸福啊！

（作者为湖北幼儿师范高等专科学校教师，省级普通话水平测试员）

# 我的特殊身份：普通话水平测试员

王　婷

“下面请念到名字的老师依次上台领取结业证书：严艳、罗丹、李霞、王婷……”听到自己名字的那一刻，我心中紧绷的弦终于松了下来。礼堂里响起了悠扬的音乐，我的思绪也随着音乐回到一周前。

接到领导发出的培训通知，虽有不舍，我还是狠心地给孩子断了奶，一个人来到武汉某酒店参加省级普通话测试员资格培训。简短而又不乏仪式感的开学典礼结束后，我们的课程紧锣密鼓地展开了。白天学习理论知识并密集穿插听训和测试，这学习强度让还在身体恢复期的我一下子无法适应。每天测试成绩张榜公布，培训专家们口中频繁强调通过率70%，这让我心中的压力值一度爆表。

大学里普通话测试一级乙等且一次通过的我，在之前的生活和工作中，只要开口说普通话，优越感还是有的。可来到培训中心，“一乙”是基本入门条件，“一甲”也不少见，每天被各种字正腔圆的播音腔环绕；听老师们专业细剖发音问题及瑕疵，再以此比照审视自己的发音，发现自己离优秀还有不小的距离。坦白地说，我的自信心受到了不小的打击。按培训规定，我们所有“一甲”以下的准测试员，还要接受国家级测试员的再次测试，并且只有这个测试过了，才能拿到下一场测试的入场券。

毫不夸张，我的脑子里时时刻刻都绷着一根弦，并且从最开始的一点点到后来越来越紧，许久未有过这样的压力。或许是有一些工作以后的外在压力吧，或许是一年以来怀孕、生育、哺乳，自己的业务确实生疏了不少吧，总之这一个星期希望自己尽全力去做。为此，我每天早上五点多就起床读测试文段，晚上九点上完课即回酒店，匆匆洗完就复习，准备话题资料，十一二点才睡觉。后面几天，为了节约时间，午休也不回房间了，吃完饭便直接回教室，在桌子上趴一会儿，调整一下就继续投入学习。我一度担心自己会崩溃，万幸还是坚强地挺了过来。世上最让人后悔的莫过于“我本可以”，我不想未来某一天想起的时候，会后悔自己的失败是因为没尽力。

努力终有回报，我很幸运，顺顺利利地拿到了省级普通话测试员的资格证。

由于我的本职工作是高中老师，又长时间“蹲守”高三，周末的课时安排不少，正好与普通话资格考试的时间安排相冲突。说来惭愧，持证上岗以来，我参加测试的次数屈指可数。这为数不多的测试，像一颗颗闪光的宝石，在我的职业生涯中绽放着异样的光彩。

记得有一次，我接到黄石市教育局李主任的电话，安排我参加为期两天的幼师普通话资格测试。排除本职工作时间安排上的万难后，我激动而又兴奋地坐在了测试员的位置上。以前被测试的时候，我很羡慕普通话测试员的工作，天真地以为，这份工作很轻松，听一听别人的故事，找一找发音的错误，打个分，给个等级就行了，并且“高高在上”，受人敬仰。可真到承担这份责任的时候，我深切地感受到这是一项非常辛苦的工作。测试完全是口头的，被测者的发音“稍纵即逝”，测试员必须耳、手、脑并用，听辨、判断、记录，不能有丝毫分神，否则，你打出的分就可能是不准确的。普通话测试是建立在定量基础上的定性分析，“量”在测试中起到至关重要的作用。任何偷懒、轻慢都是对被测试人的不负责任，也有违测试员职业道德。这一工作来不得半点懈怠，来不得半点随意。有时遇到普通话语音面貌差、错误百出的测试者，作为新手的我手忙脚乱，还难免记录不全。下一位测试者入场之前，我得算出上一位测试者的成绩。由于每一位测试者的时间都是固定的，并且是有限的，所以工作非常紧凑，一个衔接不好，就会影响整体进度。有人开玩笑地说，如果没有一根足够坚强的神经，非崩溃不可。一天工作下来，我常常是四肢僵硬，头脑发涨。测试站还不定期地对测试员的测试进行抽检，辛苦之外，测试员又多了一分心理压力。

苦则苦已，乐亦有之。若有幸偶遇一“高手”，准确到位的发音、清晰有力的吐字、流畅自然的语流音变，会让我绷紧的神经得以瞬间放松，此中可以用心体会汉语特有的韵律和节奏，领略汉语独有的光彩与魅力。普通话测试的最后一项是被测试者根据提供的话题说话，这一题主要是考查被测试者在无文字凭借的情况下说普通话的能力。“足不出户”，有人“上门”为你讲述他（她）的故事，这份享受可是我们测试员的专属。每场测试都会有那么一两则“说话”给人留下深刻印象。不同的人讲述不同的人生故事，既可调剂紧张的测试气氛，又是被测试者与测试员的情感交流方式，或坦率真诚，或生动有趣，或朴素自然，不经意间拨动了心弦，让我不自觉地走进别人的故事，感受他（她）的百味人生。还有那些特别的发音和动作，一些普通话基础不太好又特别用心纠正的人，由于紧张，由于求好心切，刻意之余，控制不好，冷不丁一个奇怪的发音就会冒出，令人啼笑皆非。记得有一个测试者，每到读前鼻音的字就伸出手捏住自己的鼻子，那怪异的动作和发音让在场的测试员忍俊不禁。

全世界有 2 790 多种语言，其中使用超过 5 000 万人口以上的语言有 13 种，而汉语不仅是全世界使用人数最多的语言，我个人认为也是世界上最美丽的语言。说一口流利的普通话，不仅是自身形象气质的一项重要指标，更是对祖国语言文字的尊重，对中华人民共和国公民身份的尊重。

时至今日，推广普通话的工作已经在科学化、规范化和制度化的道路上迈出了强健的步伐。没有相应的普通话等级证书，播音员不能上岗；想取得教师资格，普通话是道门槛儿；公务员也要考普通话；社会服务行业为了提高服务水平、增强竞争力，也要求员工说普通话。普通话测试越来越普及，形式也越来越灵活、公正，原来为人测，现在已基本普及为机测，不仅大大提高了工作效率，也大大提高了测试成绩的准确率。相信在不久的将来，会说一口标准、流畅、优美的普通话，将成为现代人才的基本标志。

我很普通，但拥有了普通话测试员身份的我，不再普通。

（作者为黄石市第六中学教师，省级普通话水平测试员）

# 薪火相传　永不停歇

## ——我和普通话的故事

胡　琼

“明月几时有？把酒问青天……”又到了我最喜欢的晨读时间。站在讲台上，看着孩子们朝气蓬勃的脸庞，闭上眼睛，静静聆听那琅琅书声——稚气标准的发音，富有感情的诵读，真是一种享受。窗外洒进来缕缕阳光，摇曳的树影把我的思绪带到了遥远的北方，在那里，有一段我和普通话的故事。

从小就喜欢朗诵的我一直以为自己的普通话还不错，没想到走进大学就遇到了尴尬的事情。开学不久，我同桌感冒后一直咳嗽不止，持续了个把月。北方的秋天干冷得很，我建议她“煮点梨吃试试”。她很诧异，一脸茫然地说：“煮泥？什么泥？”“小市场就有，我每次咳嗽，喝点梨汤很快就好。”看我信誓旦旦，她决定试一试。不巧的是卖梨的市场正在修路，满地泥泞。同桌还是去了，带回的不是梨，而是一袋子泥土。要不是我们及时制止，说不定她还真准备煮泥汤喝了。这件事成了大家茶余饭后的笑点，却让我心有余悸。后来，每次朗读课文、回答问题或是参与活动，我都选择逃避。

大四那年，我鼓起勇气选修了朗诵课，老师是著名作家、国家级普通话水平测试员马世瑞。马老师，七十来岁，一头银发，精气神儿十足，一口字正腔圆、抑扬顿挫的普通话极富感染力。

马老师告诫我们，讲好普通话，是我们每个中国人义不容辞的责任。我们的祖国幅员辽阔，一个小小的班级，就有十多个省份的同学，不同的方言，不同的风俗，不同的文化，是普通话将我们紧紧地联系在一起。普通话，不仅方便了我们的交流，更是地域之间、民族之间文明交流互鉴的重要载体。

马老师的教诲让我深受启发，并暗下决心，要学好普通话。坚持了一段时间的早读，我取得了一些进步，但边鼻音的问题仍然没有解决，我有些气馁。马老师耐心地告诉我，学好普通话，不仅要勤练，还要用心练，多思考，他还特意为我找来全是边鼻音的绕口令《牛郎恋刘娘》。经过马老师的细心指导，我用心揣摩，找准自己易错的字音反复练习。一段时间以后，我突然能够准确地发出边鼻音了。当时，那种喜悦的感觉就像是牙牙学语的孩子说出了第一句话。

终于，我不会在打饭时把二“两”饭说成二“娘”饭，不会在打招呼时将“你”好说成“李”好，不会再将“蓝”墨水说成“男”墨水。与此同时，毕业前夕，我顺利地通过了普通话水平测试，取得了一级乙等的成绩。

毕业典礼后，马老师语重心长地对我说：“学习普通话、推广普通话就是在传播中华民族的文明，传播中国语言文字的美。在这个世界上，只有两种人会毫无保留、竭尽全力地帮助对方，希望对方好，希望对方超越自己。一种人是父母，一种人就是老师。工作后，你一定要做这样的老师，这样去讲普通话，教普通话。”坐上离去的汽车，看着马老师的背影渐行渐远，那满头银丝在阳光下闪耀，直挺的脊梁神气十足……马老师远去的背影永远定格在我的记忆里。那一刻起，我就决定一定要做一名像马老师一样的好老师。

毕业后，我实现了自己的梦想，成为了一名小学语文教师。2012 年，我有幸来到湖北省普通话培训测试中心，一个让我非常向往和憧憬的地方。来到测试中心，我们都没有想到，一段“魔鬼训练”旅程正等着我们，也就是在这里，续写了我和普通话的故事。

测试中心的课程每天安排得很满，除了白天老师们的讲解，晚上还有自习，紧张的学习让毕业后的我第一次感觉又回到了大学时光。学习的内容非常系统，对我们的要求也很严格，每个字、每个词、每个标点、每个断句、每个轻声、每个重音、每个语音语调都要考核过关。培训班里很多同学的普通话基础很好，但也能明显地感受到他们压力很大。从朗读句式、诵读文章、即兴演讲到各种形式的专业训练，我们都丝毫不敢懈怠，你读给我听，我讲给你听，互相学习，互相帮助。只要有一点儿时间我都会利用起来，和同学们交流学习心得，早起时朗读，去教室的路上吟读，吃饭时默读，就连洗澡时也在练读。功夫不负有心人，最终我通过了考试，成为一名光荣的省级普通话水平测试员。当拿到那个梦寐以求的沉甸甸的证书时，泪流满面的我除了激动和兴奋，更感到身上又多了一份使命、一份责任。走出测试中心，我和同学们相互告别，彼此勉励，短暂的培训时光虽然结束，但测试员职责的履行才刚刚开始。

回到工作岗位，我严格要求自己，工作之余一直坚持练习普通话。同时，我也将这些朗读的方法教授给孩子们。每当看到他们的进步，我都感到无比快乐与满足。印象中有一个刚转到班上的孩子，看起来很机灵，却一直沉默寡言。课堂上，我点她起来读课文，她慢吞吞地从座位上站起来，却始终不愿开口，我鼓励她大声读。她一开口，一句“村天来了，‘发’儿都开了……”引起孩子们哄堂大笑。我这才知道她因为不会讲普通话而感到自卑，看她涨红的脸颊多像曾经的自己。我制止了哄笑的孩子们，把她带到办公室，让她再读一遍给我听，把她发不准确的音一一作了批注。当天晚上，我把她易错的字音进行归类，并在课文中找了很多有这些字音的句子。从第二天开始，每天课间我都在办公室和她一起朗读，并让她回家把自己的朗读录下来发给我听。渐渐地，她的发音一次比一次准，感情也越来越丰富了。朗诵比赛上，她的一首儿童诗朗诵赢得了全班同学的掌声，看着她自信满满的样子、无比灿烂的笑容，我感觉很幸福。

普通话，这世界上最悦耳的语音，它用动听的语调、曼妙的音律连结着大家，它始于生命之初，终于生命尽头。学好普通话、说好普通话、教好普通话是我的选择，更是我一生的信念。我愿一直走在这条路上，薪火相传，永不停歇。

（作者为十堰市人民小学教师，省级普通话水平测试员）

# Johnathan 的五美分

吴　晶

小时候，我最大的愿望就是成为一名播音员，但由于种种原因都没有机会实现这个梦想。后来有幸成了一名普通话测试员，我非常高兴，毕竟离梦想更近了一步，并且得到了心理上的满足，感觉自己的普通话说得还不错。

作为普通话水平测试员，我不仅获得了测试普通话的机会，还获得了推广普通话的机会，甚至还得到了走出国门向世界推广中文和中国文化的机会。

2014 年，我作为教育部国家汉办公派教师赴美国阿尔弗雷德大学孔子学院进行为期三年的交流工作，这个机遇给了我诸多的体验和感受，很多事情、很多人都令我念念不忘。

阿尔弗雷德大学在纽约州的罗切斯特市有一个学区，我曾在那里从事中文教学工作。那一年，我的办公室搬到了幼儿园的隔壁，每天都可以听到幼儿园传过来的声音，我没有课的时候，总能忙里偷闲地听上几耳朵。其间，还有孩子们从我门前经过，跟我打招呼，或者过来拜访我，还发生过一些很有意思的小插曲。有个小男孩叫 Johnathan，聪明可爱，阅读能力也非常强。阅读好的孩子，表达能力都非常强，所以他非常喜欢说话。他和我的交流也很多，但是他太调皮，完成作业后常会干扰别人，于是经常被老师单独叫到别处完成作业，或者被冷处理。

在我任教的学校里，无论是幼儿园还是高中，都是不能单独把孩子放在一个房间、无人看管的。我的办公室离他班级最近，又只有我一个人，很安静，当然是最佳考虑地点了。每次 Johnathan 出了问题，他的老师就过来问我，可不可以把他放在我这里，虽然这并不是我的工作，但我也不计较，所以每次我都没有拒绝，而且我也很愿意和他们做朋友。于是，Johnathan 成了我这里的常客。

作为小孩子，Johnathan也感觉到自己的不同待遇。尽管老师会说，不是因为你很麻烦，你只是需要一个安静的地方，避免分心，因为你很容易分心，不能集中精力完成功课。但孩子的心是敏感的，所以，每次被送到我这里来的时候，Johnathan都很不愉快，至少不是高高兴兴的，特别是看到别的同学都到图书馆或者体育馆去的时候，他就更加抗拒了。

每当此时，我都会尽量帮助他平静下来，并且尽快完成功课。完成了功课以后，我还会送他一个小贴纸或者一块巧克力作为安慰——因为我不想他在我办公室里的回忆是痛苦的。

这一方法也很有效，Johnathan对我很友好，经常跟我打招呼。Johnathan的爷爷每天接送他的时候，见到我还会停下来问候，和我攀谈几句。我能感受到这里面的温暖，因为我去年就认识了他爷爷，现在因为小朋友，他对我更友好了。

有一次，Johnathan被送来了，他又哭又闹，情绪很不稳定。我于是安慰他，还送了他一块小点心——草饼。Johnathan见到吃的，马上就安静了——还真是个孩子。因为草饼上面有白色的米粉，孩子没有吃过这个，所以不太喜欢。我告诉他，不喜欢就不要吃了。这个小插曲，我也没有太在意。

第二天，可怜可爱的Johnathan又被送来了。他哭闹着，流着泪。我当时其实很忙，但实在不忍心不管他。于是，我就和他打招呼，并和他说："Johnathan，你猜我今天带了什么？你是我的朋友，我可以给你一点儿……"（我不喜欢说给他奖励，因为怕他会产生错觉——不好好做功课，到吴老师那里还有奖励。这是不对的暗示）

Johnathan还是不高兴，他阴着脸说，"不要告诉我又是那个有面粉的东西"（他说的时候，用了"powder"这个词）。我心里一动，因为孩子的表达能力是有限的，他的理解力也是有限的，他带回家里的信息也是不完全的。如果他跟家人说，吴老师给他吃了有"powder"的东西，结果会怎样？我又不适合解释，即便我解释了，他又能理解多少呢？我决定不解释了。但是这不等于不可以做一点什么，于是我装作有点儿沮丧的样子说："Johnathan，我很难过，你伤害了我。我把我买的最喜欢吃的东西送给你，你却说那是

‘powder’。我心里很不舒服，今天你自己做功课吧，我不能帮助你了。我相信你自己也是可以完成的！”我回头继续做我自己的工作，再没有与他交流。

小孩子是很聪明的。他发现今日情况不同往日，就悄悄做功课，也不要求上厕所、喝水了。Johnathan 很快做完了，悄悄走了——其实功课很简单，但是他每次都不专心做。

这个事情过去了，我也没有太在意。但是，第三天晚上放学的时候，幼儿园回家的队伍正从我门前经过，Johnathan 背着小书包走了进来。

他从口袋里拿出五美分，放到我的桌子上说：“吴老师，我想我欠您五分钱。”

我有点吃惊地问：“为什么？”

Johnathan 说：“因为您的工作啊，所以我欠您五分钱……”

我顿时很感兴趣——“哦？因为我的工作，所以就给我五分钱？”

Johnathan 说：“是的，我觉得这样比较好……”

我感动地说：“Johnathan，那是我的工作啊……谢谢你，Johnathan！你不欠我任何东西。如果你一定要给我什么，那就给我一个拥抱吧……”

Johnathan 高兴地笑了。我们拥抱了一下——一个小小的拥抱，但我能感受到这个可爱的小生命有着强大的感染力……那一天我很愉快。

第四天，Johnathan 的爷爷从我门前经过，与我打招呼——他每次来学校，都与我热情地打招呼问候。我告诉他 Johnathan 的五美分的故事，Johnathan 的爷爷笑着说：“是的，他是个‘giver’，他喜欢给予……”

本来以为他会说“Johnathan 很乖，很喜欢你”之类的表扬孩子又恭维老师的话，但是他的回答确实出乎我的意料。小孩子不把自己的东西给人，是他聪明，自我保护；大人也不把东西给人，就是他不聪明，不会做人。显然，Johnathan 小小年纪已经懂得给予是美德，回报是感恩。教育目标就是要把生来聪明的人，教育成遵守社会规则、懂得给予和奉献、善于合作的社会人，这样他们才能适应各种生存环境，也会促进社会进步与和谐。中国人如此，美国人也如此……正是我们的相互给予，才有了这么难忘的故事，这么美好的回忆！

一件偶然发生的小事，使我联想颇多：语言不仅仅是沟通的工具，更是文化的载体，是传递爱和友谊的桥梁。推广中文，推广普通话，不仅仅是把正确的语言教给别人，更重要的是把语言文字承载的文化信息传递给每一个信息的接收者。我们在推广中文的过程中不知不觉地就把中华民族的优良传统和灿烂的历史文化传播到世界的每一个角落，这是我无论如何都不曾想到的。作为普通话和汉语的推广者、普通话水平测试员，我很骄傲，很满足。

（作者为武汉职业技术学院副教授，省级普通话水平测试员）

# 一路追梦　步履不停

严　艳

提起笔，想到自己身为一名省级普通话水平测试员，满满的自豪感油然而生。不由得想起在普通话学习道路上的点点滴滴，难忘那个炎热的夏天，难忘校长好不容易争取来的去武汉培训普通话测试员的机会，难忘给我们高强度训练的老师们，难忘自己拿到普通话测试员证书的激动心情，最难忘的是自己曾经有过的那个美好的梦想——考上国家级普通话水平测试员。

“有梦想谁都了不起。”今天，我要再把梦想提起，提醒自己是一个追寻梦想的人。

那是在武汉进行的难忘的十几天培训的日子，那个培训被我们称为魔鬼式的训练，辛苦可想而知。除了吃饭和睡觉，我们都在上课和练习，晚上上完课后，我们还要相互朗读，每天都读到将近12点才睡觉。在考完试的那天晚上，大家都还不知道结果，我们聚在一起畅想未来，像刚大学毕业的学生一样雄心勃勃、豪情满怀，大家相约三年之后的暑假，我们再聚武汉，冲刺国家级测试员。说到梦想的时候，每个人的脸上是那么动人，心情是那么激荡。多么令人难忘，那是我们梦想起航的地方。

回到了工作岗位，教师的辛苦和烦琐让我梦想的小船曾经迷失方向。可是我不想忘记曾经有过的梦想，虽然是个平凡的老师，但是我想成为梦想中的不平凡的自己。人要有目标的生活才不会迷失方向，才会有斗志啊！

为了梦想，我一路追寻。开车的时候，我总是会不由自主地打开收音机，听中央广播电台的节目，不自觉地跟着模仿。语言的环境最重要，我们处在方言地区，腔调很容易就随波逐流了。我利用这些碎片时间不断学习，不敢停歇。黄石市组织的普通话培训活动我从不落下任何一次，不仅自己积极参加，还带动学校其他老师一起参加培训活动。每一次接到上级下达的测试任务，我都把它当成一次难得的学习机会，再忙再累也要认真完成。在社区开展“我是小小朗诵者活动”时，我积极配合社区工作人员，鼓励各班班主任积极推荐学生参加活动，认真登记参加比赛的学生名单，因为我希望更多的孩子们通过这次活动，在小小的心灵里播下梦想的种子。

作为一名普通话水平测试员，又身为学校的教务管理人员，我按照上级“朝读经典”的文件精神，制订方案，积极行动，在全校开展经典诵读活动。诵读活动由学校教务处牵头，各年级全面铺开。各年级根据方案要求，结合年级实际，迅速制订年级活动方案与计划，积极开展相关活动。每班都充分利用墙壁、黑板、图书角等空间，让墙壁飘来书香。“润物细无声”，学习氛围蕴含着巨大的“潜教育”因素。用经典的文辞作为学校和班级标语，用诗文和典籍点缀学校的每一个角落，以营造诗书之氛围，让学生在文化中阅读经典，让学生有更多的时间去接触经典、了解经典、学习经典、感悟经典，使学校成为师生沐浴传统文化的乐园。每到课间休息时间，校园广播会传送出经典之声，一篇篇经典之作伴随着高雅的琴声，听起来别有一番韵味。在一次次的耳濡目染之后，学生的性情得到了熏陶。我校的孩子们在诵读经典中陶冶情操，启迪智慧。通过诵读经典，充分发挥优秀传统文化的育人作用，教育学生学会辨别真善美，为学生的健康成长提供更多更好的精神食粮。

“少年智则国智，少年富则国富，少年强则国强……”这是四（1）班教室，全体学生在语文教师的组织下，齐声诵读梁启超的名篇《少年中国说》。每天早上8点，响亮的声音、美妙的韵律成了清晨校园最美的声音，让经典诵读与黎明共舞。每天早上20分钟的晨读课，老师们将一首首优美的诗歌带给孩子们，让孩子们生命中的每一个黎明，都有诗歌相伴。每天早晨，校园里一片书声琅琅，如清风涤荡。“我们通过诵读经典，收获了很多书本以外的知识，弘扬了祖国优秀的传统文化，增强了我们的民族自信心和自豪感。我觉得这对我们今后的成长很有利，我很喜欢诵读这些诗句。”四（1）班学生汪奕同学说。不管是《春晓》的花落缤纷，《悯农》的汗水涟涟，还是《登鹳雀楼》的黄河奔流，《沁园春·雪》的江山壮美，那些深入人心的名篇无不激励同学们在勤学修德的同时，带着浩然之气，胸怀报国之志，树立正确的人生观、价值观。我校学生还积极参加了2017年和2018年黄石市古诗词大赛，并取得了良好成绩。

作为学校为数不多的普通话水平测试员，我积极参与组织、策划学校六一儿童节“传承经典 分享阳光”经典诵读展演活动。这次活动是在黄石市电视台举行的，全校的老师和学生全部登台亮相，并在电视上进行展播。这对所有师生都是极大的锻炼和考验。通过整整一个月的筹备和练习，我们成功了。慷慨激昂的演绎和抑扬顿挫的吟诵，再现了中华诗词的风韵和意境之美，让人回味无穷。

到现在为止，我虽然还没有取得国家级普通话水平测试员证书，但只要梦想在，我会一路追梦，步履不停。

（作者为黄石市白马山小学教务管理人员，省级普通话水平测试员）

# 因为爱，所以坚持

刘庆丽

到2019年，我做普通话测试工作已经十年了。回首来时路，有辛苦，有不易，而让我能够坚持下来的唯一理由就是爱。

我至今还记得2015年11月的一天。那天，下着大雨，因为有课，我早早就到了学校。我手里拎着两个大包，一个包是国家普通话考前培训课的训练用书、话筒、备课本、水杯等，另一个包是羽绒服、方便面、碗和烧水用的热水壶。因为下午的课程一点开始，我为了节约时间，休息了一会儿，以便有更充沛的精力给学生们上课。十几年来一直是用方便面充当课前午餐的。

走到二楼转角，我看到一位瘦弱的女孩，她动作不便，艰难地爬着楼梯。我很想帮她，但是因为双手不空，又赶着去六楼上课，只能带着满心愧疚先行上楼。

上课不久，我看到那位瘦弱的女孩走进了我的教室。我被深深震撼了——她是来听我的课的。课后，我与她交流，了解到她叫刘娅迪，2015年9月进入三峡职业技术学院，因为好学，成为班级学习委员，成为《三峡职业技术学院报》编辑部成员。她还经常参加经管学院英语演讲比赛和经典诵读比赛，并多次获奖。

普通话培训教室在六楼，对患小儿麻痹症的刘娅迪来说，每次上课都是一次艰难的行程。但她从来不缺课，即便是累得满脸通红，也丝毫不放松课堂上的每一次练习。她是我用来激励自己和学生们努力学习、不怕困难的榜样。

在做普通话培训工作当中，很多学生希望我能读一些作品给大家听，因此，2017年我在喜马拉雅APP注册了账号，开设了《和卓与您共享》栏目，读一些励志、阳光的作品，坚持每天早上分享给学生。

2017年最后一天，刘娅迪给我留言：“从2015年11月至2017年5月，我用两次普通话考试培训的时间和刘妈妈共同学习，共同进步，用两次普通话考试来给热爱主播、热爱音乐的自己加油打气。刘妈妈的晨读让每一个与您共同学习的学员变得更加自信。普通话，是我们提升气质的必修课；普通话，是我们扬起自信朗读的航帆。老师的晨读似清泉，润泽心灵……”

如果说起初步入这一行纯粹是因为喜欢的话，那么随着接触的学生越来越多，我发现了工作的价值和意义。其实，我更要感谢刘娅迪，一位患小儿麻痹症的学员，用她的坚持，她的努力，感动着我，激励着我。我要将生活中的美好传播给他们，是他们给了我坚持做好这份工作的力量，虽然坚持的路上困难重重。

我是企业下岗后被聘用到三峡职业技术学院的，自从接触到普通话测试我就深深爱上了这份工作。我自费学习，通过了湖北省普通话水平测试员考试。记得当初因为身份问题，考证只能自费，我和爱人都是下岗职工，聘用工资每月不过一千多，但我依然坚定选择参加培训，并顺利通过考试。

我常自嘲自己是普通话教学的“个体户”，但小个子也有大能量。这些年来，我在课堂上从不照本宣科，我不断总结经验，钻研最适合学生的教学方法，力争用最通俗易懂、学生易掌握的方法教学。每天骑车上下班的路上，我连路边的招牌都不放过，会大声读出上面的字，路人都觉得我不正常，而我却坚持用这种方式训练自己。

年满五十，我不再受聘，但学校仍然请我给普通话培训班上课。我心怀感激，更加用心，全身心付出，希望尽我所能，帮助学生取得更满意的成绩。我每次上课带烧水壶，除了泡面，也给学生们烧水喝。大家知道，普通话训练是个费嗓子的活，这一坚持，就烧坏了5个热水壶，也可能是把学生们看成自己的孩子，以至喊我刘妈妈的比叫刘老师的多。

2019年2月26日，我开始在蜻蜓FM平台分享著名职业探险作家徐晓光先生的《向水而行》。播出三期，没有什么人听，还有许多挖苦打击的声音，我自己也不知道能不能坚持下去。在心情极度沮丧的情况下，我看到刘娅迪每天都在自己主持的平台上转播我的朗读，她告诉我：“刘妈妈在哪我就跟到哪，从喜马拉雅到蜻蜓——听到刘妈妈的声音就是我每天业余之时最幸福的事。”没想到，又是刘娅迪给了我坚持的力量。在她面前，我觉得羞愧。

还有一个学生也坚持每天在朋友圈转发我的作品，她对我说：“刘老师，真想喊你一声刘妈妈。从第一次听你上课，一直到现在，一直很喜欢你，喜欢你课堂上给我们上课的样子，喜欢你下课时和我们聊天的样子。每天在上下班的路上，一个人静静地听着你的朗读，是一种享受，我想让我的朋友圈里的家人、朋友、同事都能听到这么美的声音。刘老师，刘妈妈，不论别人说什么，我们都要努力做好自己，不忘初心。”

又想起我母亲去世的第二天，为了不耽误孩子们培训，我没有请假，坚持上课。结果那天上课时，所有的男生都坐在第一排，课间休息时，孩子们都不离开教室，陪着我。我知道是班长刘轶把情况告诉了他们。我感动不已，这些孩子让我在最伤心的时候感受到了他们发自内心的爱。

我想明白了，自己每天分享自己的朗读作品，不是为了追求点击率，更不是为了不相干的人的承认，能有那么多像刘娅迪一样的孩子给予我支持，我就应该坚持下去。能为他们读一些文字，是一件多么幸福的事情。

从那一刻起，我读给自己听，读给身残志坚的学生听，读给那些在学习普通话的道路上不抛弃、不放弃的人们听。我生病住院期间也没有停止，都是提前录好，我先生帮我上传，我早上用手机接收，每天分享给大家，甚至连我的姐姐都不知道我住院，因为我和平时一样。

在刘娅迪和众多学生的影响下，我积极参加“为人民读诗”活动，担任宜昌市朗诵大赛及其他赛事的评委工作。我还利用假期在社区做公益活动，为留守儿童义务上普及普通话的课程。

“水滴石穿，不是水的力量，是坚持的力量。”这是母亲生前最喜欢说的话。每当收到毕业多年、在各行各业工作的孩子们的祝福，我就忘记了生活的艰辛、工作的劳累与烦恼，感觉很幸福，心里美滋滋的。

身为一名普通话水平测试员，我感到无比幸福。十几年来，我培训的学生过万，不少学生在各类比赛中获奖，更有像刘娅迪这样的身残志坚的学生，给了我克服一切困难的力量和勇气，激励我在普通话培训测试的道路上不断学习，更好地为学员服务。

（作者为湖北三峡职业技术学院职员，省级普通话水平测试员）

# 难以忘却的记忆

汪　莉

近几年，普通话水平测试已经实行了机辅测试。回想起原来人工测试的经历，我感慨良多。那些年，有苦有乐，有些人有些事，至今难忘。

我一直为自己是一名普通话测试员而自豪。我第一次考普通话证，只考了个“二甲”。当时的陈拥军校长得知我没有参加培训，是直接考的以后，就鼓励我再考一次，冲“一乙”。我没多少信心，他却对我说：“汪莉，我是普通话测试员。你的普通话水平我知道，相信我，你一定能过‘一乙’!”在他的鼓励下，我又报了名，认真参加培训，自己刻苦练习，陈校长也经常指导我，我终于取得了“一乙”的等级证。第二年，陈校长又推荐我参加了湖北省普通话测试员的培训。之后，我取得了湖北省普通话水平测试员证。从此，我跟推广普通话工作结缘。

除了参加每年的普通话测试工作，我还经常参加大冶市教育局师训科组织的对考生测试前的培训工作。记得有一年，我到大冶市的几个乡镇去，对政府机关、事业单位工作人员进行培训。学员中年龄大的近 50 岁，小的 20 多岁，年龄跨度大，大部分是公务员，还有许多乡政府的领导干部。很多学员对普通话培训的认识不够，见培训老师从汉语拼音教起，有点抵触，觉得自己几十岁了，还跟一年级的小学生一样学这些，有点不屑一顾。我就对他们说：“我们大冶属于赣方言区，大冶话跟普通话的发音相差较远。我们大冶人要学好普通话，难度确实要大些。但是，作为一名中国人，学好汉语、说好普通话是很有必要的。在座的各位，都是领导干部、公职人员，也代表了大冶的形象，我们更应该学好普通话。要想学好普通话，必须从声母、韵母、声调学起。”听了这番话，学员们明显学得认真多了，他们像小学生一样认真听，认真读。受生活环境和学习经历影响，很多学员的普通话水平不高，有的学员知道自己读得不准，但是觉得在这么多同事、领导、下属面前读不好，很没面子。所以，当我让他们每个人都站起来读的时候，有的学员不太愿意，怕出丑，我就鼓励他们："现在读给我听，就是为了找出你们哪些读音有缺陷，我教你们改过来，考试就能少扣分，分数就能提高不少。希望大家能珍惜单独辅导的时间。"学员们一下子踊跃了起来，都争着要读给我听，我也及时给予他们肯定和表扬。我在指出某一位学员语音问题的同时，对其他有相同问题的学员也是一种指导，所以，无论是个别读的学员，还是其他听的学员，都很认真，很多学员还写了详细的学习笔记。从培训后和测试后的反馈来看，大家都觉得测试前的培训作用很大，效果很好。我一直是给小学生上课，只了解孩子们在学习普通话时有哪些困难。通过普通话培训，我也了解了我们大冶地区部分乡镇机关、事业单位工作人员的普通话水平现状。特别是看到一些年龄在 45 岁以上的领导干部，有的都是我的叔叔辈了，虽然他们的基础薄弱一些，普通话远不如那些大学毕业招考的公务员说得好，但是他们能虚心学习，刻苦训练，不怕别人笑他们读得不准，因此，许多学员在短期内普通话水平都有明显的提高。这也让我很敬佩，从他们身上，我学到了不断坚持、迎难而上，而我这个培训老师，从中也收获了满满的成就感。

2018 年 9 月，我来到殷祖镇小支教，学校安排我带一年级 4 班的语文课。我暗想："我一定要发挥普通话测试员的优势，把学生的汉语拼音教好。"在教翘舌音 zh、ch、sh 时，我发现有不少学生把舌头的前半部分向上卷起来，往舌根方向卷折，这样读出来的音听着像翘舌音，但发音方法是错误的，读音也不准。那天，我给学生反复纠正，因为看不到老师的舌头到底该怎样翘，学生就是学不会正确的方法。突然，我灵机一动，拿来一张纸，折成长条形，代表舌头，用左手表示嘴巴，大拇指表示下颚，其余四个指头并拢稍微弯曲，代表上颚。我把长纸条放在"上、下颚"之间，虎口处正是"舌根"，将纸条前面一半往上抬起，再将抬起的一半往"舌根"方向再折去一半，而另一半"舌尖"的整个上面与"上颚"紧紧贴住。我把纸条折给学生看了以后，让他们按照这个方法再来读翘舌音，学生直观地看了舌头的位置、卷折方法，自己体会、摸索，很快就学会了翘舌音的正确发音方法。用同样的教具，我还让学生学会了舌尖音 j、q、x 的发音方法。

我发现，对于一年级小学生来说，学习翘舌音、舌尖音比较难。这时，利用直观的教具演示，能更好更快地帮助他们学会正确的发音，比用语言去讲述发音方法更好懂。当然，这只是一个最简易的教具。我想，今后可以利用三维动画，将每个声母、韵母的发音方法演示出来，让学生能看到发这个音时舌头的位置是怎样的，气流是从哪里出来的，这样就更容易学会了。

有些声母、韵母的发音对成年人来说也是难点。去年年底，殷祖镇小有一些老师报名参加普通话测试，在测试前，她们得知我是省级普通话水平测试员，便向我咨询有关问题。我就利用午饭后在校园内散步的时间，对她们进行培训，讲解有关注意事项。每天中午，我们在学校食堂吃完午饭后，就围坐在校园内的石桌旁，一起读，一起听，一起练习。其间，我发现有两位老师的翘舌音发音存在问题，我也用长纸条这个教具演示给她们看，这两位老师一下子就纠正了错误的发音。她们都说："汪老师，你这个办法真好！"

殷祖镇小有一位老师已经40多岁了，原来考了"二乙"，这次也报名参加测试，想考"二甲"。她第一次找我帮她听的时候，我发现她的语音问题比较多，方言腔调比较明显。我给她指出了问题，也教她读了，她问我有没有希望过"二甲"，我心里其实觉得很难，因为跟其他几位老师比起来，她的语音问题要多一些，语音面貌也不是很好，纠正起来难度要大一些。但是我还是鼓励她，只要针对自己的问题多读多练，还是很有希望的。她很高兴，说回家要认真练。后来的一个月，她经常来读词语、文章给我听，让我帮她指出问题。有时候，她还跑来跟我说，昨天读书上的文章时，发现有个字的读音不对，问我到底该读什么音。我惊讶地问她："你把书上的文章都读了吗？"这位老师不好意思地一笑："我的基础差，笨鸟先飞！我就把这本书认真地从头读到尾，单字、词语、文章全都练习读熟。不管怎样，我尽力争取过'二甲'。"听了她的话，我不由得心生敬意。功夫不负有心人，在去年的测试中，她如愿以偿地考过了"二甲"。

那些年，正是这些可爱的老师和学生，让我有了无比珍贵的"推普"记忆。那些年，正是那些测试员同行们，亦师亦友，给予了我许多帮助和鼓励，让我在"推普"的路上幸福地前行着。

（作者为大冶市育才小学教师，省级普通话水平测试员）

# 缘，妙不可言

陈红莲

说起与普通话的缘分，那要从我高中时代说起。

顺便说一下，我是20世纪90年代的高中生。那时候的住宿生，都是要拿碗去食堂打饭的。每天傍晚，当我拿着碗和开水瓶向食堂走去的时候，总能听到广播里响起悠扬的音乐和动听的播音员的声音。我一直以为，那个声音来自磁带或者录制好的广播节目。对于一个从小就说方言、被方言包围的中学生来说，实在想不到广播里竟然就是校友的播音，他们的普通话让人向往。我想，总有一天，我也要说好普通话。

很幸运，我上了一所师范院校，学校普通话工作抓得特别紧。主抓此项工作的是王群生老师，老教授工作认真严谨，普通话推广力度极大。他不仅在全校开设了普通话课程，还把晚自习时间利用起来，派普通话基础好的同学到低年级教授普通话。除此之外，每天在综合楼门口都有很多个小督导，碰见谁不讲普通话就会记下名字，通报批评。久而久之，学校形成了讲普通话、学普通话的浓厚氛围。宿舍里，大家练习普通话的热情也非常高。国家普通话水平测试50篇作品，同学们几乎都可以背诵下来了。而我，也从开始的不好意思讲普通话到后来成长为一届又一届的普通话小老师，普通话水平测试也很顺利地过了“一乙”。

再后来，我毕业了，开始了无数个与老师们一起开展普通话培训测试的日子。那些年，全省范围内大规模测试普通话，我去秭归、荆门、公安参加过普通话水平测试。在华中师范大学读书的时候也参加过中南民族大学、武汉大学、华中师范大学的普通话水平测试，还去松滋担任过普通话考前培训的主讲老师。那些在大热天里挥洒汗水的日子历历在目。

我真正学习如何对学生进行普通话水平测试的考前培训，如何进行普通话水平测试实践则是在荆州师范学院测试站里完成的。

还记得刚上班时，我还不知道如何做学期课时的规划安排，心中满是茫然无措。张立平老师非常慷慨地将教案借给我参考。不久后，老师们来听我试讲。我认真备课，咬文嚼字，仔细安排每个内容的讲述时间。自以为准备足够充分的我却受到了王群生老师委婉的批评。他说："我教书几十年，讲课时候的语言都是'干净'的，绝不带这些'嗯、啊、这个、是吧'之类的尾音。你这么年轻，一定要改掉!"这时候，我才意识到这种尾音非常影响课堂传达效果。这次课把我读书时从个别老师那里模仿来的坏习惯及时扼杀在了摇篮里。此后我教书十多年，讲课时的语言也是极其"干净"的了。测试站的这次试讲，给我上了很好的一课，不仅为我参加荆州师范学院青年教师教学比武取得第一名奠定了良好的基础，也给我后来多年从事的普通话水平测试考前培训工作打下了基础。

测试员的工作除了考前培训，更多的还是普通话水平测试。依然记得第一次参加普通话水平测试，那时候荆州师范学院测试站实行的还是人工测试，两个测试员一组，老带新是常态。第一次带我进入普通话水平测试实践的是德龙大师兄，他的测试风格严格而干练，使我在后来的测试工作中总能把握住测试标准。

当时的人工测试每场都安排了组长和复审，蔡圣勤老师长期担任复审工作，他谦和、细致，英语专业出身的他能把每个被测者的细小问题分门别类地指出，委婉地指出不足，每场都会跟测试员核对具体被测对象的普通话评分情况，极认真负责，却又不显严苛，让人如沐春风。测试完毕尽是欢声笑语。但有一次，一个衣着朴素的中年人来到了测试站，他声泪俱下，给我们讲述了他与普通话的故事。一个大男人的哭，让人心生同情。原来他是位民办教师，再不通过普通话水平测试拿到教师资格证，就要被从教师队伍中清退回家了。而他，已经两次参加普通话等级考试，可都没有通过。人到中年，上有老下有小的他无奈找到了我们测试站。怎么办？这让一向与人为善的谢琼老师感到很为难，最后大家决定一起帮帮他。于是，每天上午十点，就是大家轮流给他辅导的时间。我们专门为他设计训练进程，从声调辨正到平翘舌辨正，逐项解决疑难，还把总结归纳好的训练材料都无偿给他作为训练材料。半年过后，他又来了，手里提着一个竹篮，是一篮自家产的红枣。他终于通过考试了，是来给我们报喜的。呵，那一刻，不知道怎么形容内心的欣喜。赠人玫瑰，手留余香。也许，能帮到别人说明自己能发光发热，未尝不是一种收获！

再后来，荆州师范学院测试站更名为长江大学测试站，王群生老师也退休了，之后再没有大规模全校性的普通话课程了。经过多年“推普”，普通话也已成为多数人日常生活和工作中的习惯用语。而如我一般，很多老师依然坚守在普通话培训测试的岗位上，依然坚守在“推普”的征程中。我呢，尽管已不做普通话教师十多年，但依然是普通话考前培训的骨干教师。

我想，今生与普通话的缘分，是难以割舍的了。而普通话，也成为串联起友谊的红人，这种友谊经过岁月的沉淀，已经升华和转化为密不可分的亲情。

这种缘，妙不可言。

（作者为长江大学文学院副教授，省级普通话水平测试员）

# 因为遇见你

施 静

因为遇见你，你那婉转动听、抑扬顿挫的音调让我折服；因为遇见你，你让我多了一份爱与责任；因为遇见你，你让我变成了更好的自己。

一张普通话水平测试员资格证书，承载着我多少的努力与美好的回忆，让我想起那段艰苦而又充实的岁月，让我知道青春的路上要奋斗与拼搏，让我懂得肩上的责任与使命。

从 2006 年至今，我已经从事普通话测试工作 13 年。13 年来，经历了不知多少场测试，测试对象不仅有在校师生，也有社会公职人员；测试地点不仅有城市，还有乡村；测试的方式也从以往的人测变成了机测。但是，我对普通话的那份热爱，对普通话测试工作的那份坚守，对普通话推广和普及的那份执着却日益浓厚。

2010 年 8 月，我响应咸安区教育局支援农村教育的号召，志愿到咸安区桂花镇白沙桥小学支教。当我听到这里的学生满口都是方言，甚至连上课回答问题都用咸宁话时，我心中充满了忧虑。在那一刻，作为省级普通话水平测试员兼学校教学校长的我顿时萌生一个想法：我要改变这种现状。

当时由于很多老师都是本地人，拼音读不好，普通话说不准，大家都不敢教一年级。我毫不犹豫地挑起了一年级语文教学这个重担。为了给学生营造一个好的语言环境，我要求每一位老师必须使用普通话教学，要求每一位学生在校必须说普通话。虽然有时他们的发音不标准，但是大家都在积极学习普通话。我也通过各种途径来提高学生的普通话水平，即使每周已有 18 节语文课，但我还是经常利用中午休息时间一对一地纠正每个孩子的发音。虽然经常口干舌燥、精疲力尽，但看到学生们普通话越来越标准，朗读能力越来越强，有的孩子甚至还开始学着互相纠音，我觉得再苦再累也是值得的。

在一年级下学期，我执教了公开课《四个太阳》，受到一位在校任教多年的老教师的称赞："你们班学生的朗读水平真是让我大吃一惊，我在学校这么多年，还没有见过一年级学生能把课文读得这么好的。你这可是下了一番大功夫呀！"在支教的两年时间里，我所带的班级每个孩子都能说一口流利的普通话，学校每位老师都能坚持使用普通话教学。看到学校师生的改变，我无比欣慰。我始终相信一句话：世上无难事，只要肯登攀。

在这 13 年里，无论哪一届学生，我在教给他们知识的同时更着力培养他们的普通话水平，学校的播音员和主持人都是我所教的学生在担任。有学生毕业多年以后还打趣地对我说："大学普通话考级，我没怎么学，轻轻松松就过了'二甲'，真得感谢您。"也有不少学生还因此爱上了普通话，考上了播音主持专业。每当听到这些，我打心眼里为他们高兴，为他们自豪。

"一花独放不是春，百花齐放春满园。"作为一名普通话测试员，不仅要自身的普通话过硬，还要帮助身边的每一个人提高普通话水平；不仅要胜任普通话的教学工作，还要做好普通话的培训工作。2018 年 7 月 5 日至 6 日，我受咸安区教育局师训科的委托，为咸安区中小学教师做了一期普通话基础知识的培训。从声调的训练到声韵母的发音，从每个字的读音到音节词的变化，从作品朗读技巧到口头说话表达的方法，老师们听得非常仔细，学得十分认真。我培训的班级有 40 多人，平均年龄 40 岁左右，他们当中大部分都比我大，但他们十分好学，虚心求教，我也不遗余力地教他们。

平翘舌不分是咸宁人学普通话的一大问题，翘舌音发不准的一个主要原因就是发音方法不对。记得在教翘舌音时，我让每一位学员一个一个地读给我听，可是一位 50 多岁的老教师怎么都读不准。我走到他跟前，仔细观察他发音存在的问题，发现他的舌头一直都是伸直着在读。我用手掌比作舌头，手指并拢微微翘起，告诉他把舌头像这样翘起来抵住上腭，可是他的舌头就是不听使唤，怎么也翘不起来。他自己也急得满头大汗，满脸通红。他虽然已头发花白，却像一个小孩子一样吃力地张着嘴，勾着舌头，那么渴望读好。看到他这么着急，我一边安慰他，一边一遍又一遍不厌其烦地为他示范。就这样，经过我们的共同努力，他终于掌握了翘舌音的发音要领。事后，他感激地说："施老师，我这次来培训本来是抱着完成任务的心态来的，没想到，你这么认真负责，竟然把我几十年都学不会的翘舌音教会了，我真是感谢你，佩服你!”还有一位年轻的女学员说:“施老师,虽然这次培训只有两天,但是你却把我一直以来读不准的边鼻音教会了,我老公说他一个北方人这么多年都没把我教会,你这老师也太神了吧!”

我深深地记得培训结束的那天下午,我准备下课了,学员们齐刷刷地站起来向我鞠了一躬说:“谢谢施老师!”那一刻,我感动得流下了眼泪,还有什么比他们有进步、有收获更让我开心的呢?

普通话是我国的官方语言。教育部规定,2020 年在全国范围内要基本普及国家通用语言文字。作为普通话水平测试员,推广普通话是我们义不容辞的责任。2018 年 9 月,我参加了湖北省县域居民普通话普及情况调查工作。在短短的一个月里,我们利用假期和下班时间走街串巷,深入乡村进行普通话语音数据采录。由于调查对象为非在校师生的社会人群,且对每个年龄阶段的调查对象都有具体的人数规定,我们不得不一个个去寻找符合我们要求的调查对象。记得我们在咸安区横沟镇街头走访调查时,一位年过花甲的老奶奶听了我们的来意后,主动要求完成调查问卷的录音。她眼睛不太好,布满皱纹的手远远地拿着问卷题不停地抖动着。她操着一口带着本地方言的普通话,一字一句地认真念着,生怕读错了一个字。末了,她还特意让我帮她纠正读音,说是经常要带孙子,可不能把孙子教错了。我竖起大拇指夸奖她,她高兴得像个孩子。

因为遇见,所以心动;因为心动,所以热爱;因为热爱,所以执着;因为执着,所以坚守。遇见普通话,便注定是一种缘,一种未完待续的缘。

(作者为咸宁市第五小学教师,省级普通话水平测试员)

# 昨天·今天·明天

## ——我和普通话水平测试

许 劲

我从没想过学会计专业的我会变成一名普通话水平测试员、一名普通话教师。说起来还要感谢我小学、初中的语文老师，是他们让我爱上了文字，爱上了朗读，让我能说一口标准的、好听的普通话。

直到今天，我仍然固执地认为，推广普通话这件事应该从娃娃抓起，从小学一年级抓起。让大学生提高普通话水平是必要的，但总归有些晚，效果也并不那么理想，而若是从小学抓起，效果一定要好得多。

我小学一年级的语文老师姓陈，年纪应该比我的母亲大一些。我仍然记得她慈祥、美丽的面庞，是她让我从上学开始就爱上了语文。我从小跟着我的外公、外婆生活在武汉，而父母则在华北油田工作。差不多 4 岁的时候，我才来到河北和父母生活在一起。那时的我一口标准的武汉话，完全不会说普通话。上小学一年级以后，我发现自己在学拼音的时候比别人要困难很多，特别是“n”和“l”，怎么也分不清。是妈妈一样的陈老师一直帮助我，鼓励我，让我终于迈过这艰难的一道坎。

初中有两位语文老师让我印象深刻：一位是我初一的语文老师朱子毅，是他第一次夸我作文写得好，让我爱上了写作；初二的语文老师刘明程则用好听的男中音在课堂上饱含感情地朗读高尔基的《海燕》，让我喜欢上了朗读。原来，课文可以读得这样好听，这样美！那时候，我还喜欢听收音机，听单田芳的评书《隋唐演义》，看中央六台的译制片。我开始喜欢好多好听的声音：乔榛、丁建华、李梓、童自荣……

上大学我学的是会计专业。进入大学之后，我考入了校广播台，开始让自己的声音从广播里传出来，在校园的每一个角落。从“化院之声”到“校园流行歌曲排行榜”，从幕后的播音者到台前的主持人，语言和文字之美让我的生命变得鲜活起来。

这一切，都为我在30岁之后开始的普通话水平测试员和普通话教师这个工作打下了基础。

我清楚地记得那是2004年，我在学校工会担任办公室主任。学校人事处的卢老师找到我，问我是否愿意报名参加湖北省普通话水平测试员培训，我毫不犹豫地答应了。那时候我还不知道，生命中另外一扇门已经打开。

在测试员培训班开班仪式上，我竟然被推选为学员代表发言，这让我既激动又汗颜。十几天的培训，我如鱼得水，学习很认真也很快乐，最后以优秀的成绩取得了省级普通话水平测试员资格证书。

省级普通话水平测试员不只是个头衔，它意味着实实在在的工作。那时候，普通话水平测试还是人工测试，周末的时候，省测试中心会安排测试员到指定学校参与测试工作，一测就是一天。上午从8点开始，到12点结束，中午吃个工作餐，稍作休息，下午从1点开始，到5点结束。上午测20个考生，下午测20个考生，一天下来，感觉紧张而疲惫。每个考场里有两名测试员、一名工作人员。一般都是老带新，绝不会同时安排两名新测试员负责一个考场。除此之外，还有复审员在考场里抽查测试情况。给我印象最深的就是当时自己非常羡慕复审员，觉得他们都很了不起，比我们厉害得多。直到2009年我取得国家级普通话水平测试员资格并考到口语一级甲等证书之后，我也开始经常担任复审员。

2013年，我所在的武汉工程大学建成了普通话水平测试公用机房，普通话水平测试开始进入机辅测试时代。前三题作为标准化试题，由计算机评分，第四题命题说话还是由测试员评分，不过是在网上评分。我记得普通话水平测试里有这样一个话题——“谈谈科技发展与社会生活”，对于普通话水平测试这项工作而言，机测逐渐开始取代人测，我想，这就是科技发展改变了我们的生活。

刚刚开始机测的时候，我是很反感的，这怎么可以？没有前三项的铺垫，我们怎么能够全面了解一个考生的语音面貌？仅仅通过三分钟的命题说话，就决定扣4分还是扣6分、8分、9分？天哪！这太难了！最重要的是，人工测评的时候是两个测试员在一起打分，互相还有个商量，而现在，是自己一个人听，虽然另一个人也在听，可我不知道他是谁，更不可能跟他商量。没有任何铺垫，突然听三分钟，真不知如何下手，既怕扣重了又怕扣轻了，经常是一个考生的录音听上好几遍才敢给分数。

我是一个较真的人。湖北省全面推广机辅测试之后，我开始琢磨第四题人工评分会出现什么问题，怎么去应对这些问题。2014 年，我撰写的论文《湖北省机辅测试第四题的评分偏差》获得第六届全国普通话培训测试学术研讨会优秀论文三等奖。这对我而言是莫大的激励。

2015 年，我被省测试中心选送到北京参加赴香港测试的培训，取得了去香港测试的资格。2016 年、2018 年两次赴香港参加普通话水平测试，令我印象深刻。

习近平总书记不止一次地谈到文化自信。我想，我们正在做的推广普通话这项工作不正是文化自信的表现吗？由此，我更加庆幸自己选择了做普通话水平测试员这项工作。随着我们国家的日渐强盛，随着“一带一路”事业的发展，越来越多的国家和人民将学习中文和普通话，这是多么美好的前景啊！

（作者为武汉工程大学普通话培训测试工作站站长，
国家级普通话水平测试员）

# 难忘的普通话培训

熊 丹

2019年5月，我有幸参加在北京举行的第六十四期国家级普通话测水平试员培训班，虽然这段时光早已离我远去，但这段不易的经历一直珍藏在我记忆的最深处。

作为咸宁市普通话培训测试站复审的我，在出发前胸有成竹地认为，这次的考试于我而言只是走一个程序，我一定能轻而易举地拿到国家级测试员的资格证书。不曾想，刚到北京的我便被眼前的一幕惊吓到了。站在等待核实身份、报名的长龙中的我发现，此次同班的有些同学的毕业证的大小、颜色和我的不一样，我正在疑惑时，不经意地瞟到站在我前方同学的毕业证，只见她手中的毕业证显示着博士学位。原本自信的我有点紧张了，但我马上开启了阿Q模式，也许只是极个别的同学拥有高学历，大部分同学应该和我一样都是本科毕业。报完名，班主任把我们的信息打印出来供我们核对，我发现全班95位学员，半数以上拥有硕士或博士学位，还有好几个博士后，大学教授或硕士生导师占三分之一。想想我自己的本科学历和小学中级职称，我不禁为自己捏把汗。我在心里暗下决心：我要比任何人都努力。

开课第一天，我的理论短板就暴露出来了，虽然拥有扎实理论基础的王晖老师表达幽默风趣，尽力让枯燥的理论变得生动易懂，可我还是分不清楚老师口中舌面后清擦音和唇齿清擦音、清塞音和浊塞音……这些专业的语音名词还是在大学时接触过，这么多年不曾相见的知识现在快速在我耳边出现，我真是越听越糊涂，越听心越慌。下午，王晖老师讲到语音评定细则时，我发现很多缺陷的类型我在以前测评时都没注意。譬如说舌尖后音的发音部位靠前，也就是我们常说的尖音，在平时的测试中很明显的尖音我是能发现的，可如老师举例的稍稍靠前的这种情况我真的分辨不了……一天的课听下来，我心里满是焦躁。下课后，静下心来慢慢想对策。为了能在以后的课上迅速辨别出老师说的到底是哪些声母和韵母，当天晚上，我在房间里把所有声母、韵母对应的名称、种类写出来，并一一牢记。

第二天下午，陈茜老师开始对我们进行测评能力的培训，原本以为每年都做的平常事且在省里还是优秀测试员的我一定能手到擒来，没想到第一次单项训练我就败下阵来了。譬如：韵母 ing 央 e、展唇音、舌尖音偏前……这些，我以前从未听说过，因此一点也不敏感，致使对答案时我和老师的缺陷数据差距非常大。经常做测试工作的我知道这意味着最终我的总分会和老师错档，这可是非常严重的问题。望着手中被修改多次的测试题，我竭力让自己平静下来，可耳畔又响起了下一题的语音，于是我当即决定用手机把接下来的试题和老师的分析全部录下来，下课后自己回房间再慢慢钻研。吃晚饭时，同学们都相约饭后到附近的北海和景山散步，我是第一次来北京，特别想和同学们出去走走，可我明白，就学习普通话而言，来自北方的同学比来自南方的我容易些，因此我得抓紧时间学习。晚上，我独自在房间一遍又一遍地听白天的录音资料，感觉老师分析的缺陷还是很难分辨，正在苦于没有突破口时，我突然想：是不是我平时就是这样读的，所以感受不到这类发音的问题？顿时我被自己的想法吓坏了，这意味着接下来的两门考试我可能都有不过关的危险。带着这样的焦虑，我找到了班主任陶昱林老师，当我向她倾诉我的困惑时，陶老师可能感受到了我的压力，她温柔地安慰我、开导我，并无私地与我分享学习经验，为我拂去心头的烦躁与忐忑。离开陶老师后，我决定从第二天起多和北方的同学交流。

自从和北方同学交流后，我发现了很多南方人说普通话的通病：二声拐弯、ing 韵靠后……虽然长期和语音教学打交道，深知语音面貌形成多时，不可能在短短的 10 天培训期间改变，但我想，现在身边有很多专业造诣深的同学，有他们的帮助定会比我一人孤军奋战效果好，我绝不能错失这学习普通话的绝佳机会。我利用课余的一切时间与机会向班上的几名“一甲”同学请教，他们经常不厌其烦地指出我的问题所在，并教我正确的发音方法。在他们专业的指导下，我的问题得到了最大程度的改善。

为了巩固这来之不易的进步，我开启了疯狂晨读的模式。每天早上，我沐浴着第一缕晨光，抱着《普通话水平测试实施纲要》苦读。轻声词和儿化词被我不知读了多少遍。凡是我觉得读着别扭的儿化词，我都会给它们做上记号，等下课时向同学请教，如何将其读得更自然。60 篇作品也被我正着读反着读，不知练了多少遍，好多文章我基本能背下来了。

练着练着，我发现刚开始分辨不出来的许多缺陷也能分辨一些了，我的测评分数也越来越高了，欣喜之余更坚定了苦练普通话的信心。在接下来的日子里，课上我认真聆听陈茜老师细致的讲解，力求变得和老师一样敏锐，课下反复练习我还不太熟练的 ing 韵字和舌尖音，并把它们放到语言环境中去练，争取在读作品和说话时少失分。

紧张的考试终于来了，做好充足准备的我自信地迈进了考场，拿起我熟悉的试卷，开始了我这 10 天刻苦学习的成果汇报。结业仪式上，我从班主任陶老师手中接过印着国徽的证书，激动异常。我带着泪、含着笑拿着证书和老师、同学们合影留念。只有这 10 天并肩作战的老师和同学们知道我们为了这两张证书熬了多少天的夜，担了多少天的心。终于这一切的付出都是值得的。我相信，这 10 天的经历将永远珍藏在我们全班 95 位同学的记忆里。

（作者为咸宁市实验小学教师，国家级普通话水平测试员）

# 我与普通话的故事

周素芳

每天，当大地刚刚由梦转醒的时候，伴着悠扬的萨克斯，通过电波与我的听众交流，轻轻地，像柔滑的巧克力慢慢在口中翻滚，像深山的清泉润入干涸的喉咙。

这是我心里的一个梦，虽然未能实现，但是很高兴，我也一直在不间断地做着与语言有关的事。

8 岁以前，我都生活在乡镇，与父母、老师、同学的交流基本都是用方言，后来因为父母工作调动，我转到了城区的学校。我深深地记得，第一次举手发言，我原本是无比自豪的，因为那么难的问题只有我有勇气去回答，可我没想到，我一开口便引来哄堂大笑，当时不知所措的心情至今记忆犹新，耳边都是几个调皮男生的声音——“nián 地（田地）”。我小声地更正了几遍，已经是我认为很正确的读音了，可换来的却是课堂的再次失控。这也许是我第一次认识到“普通话”三个字。

现在回想起来，我接下来的努力其实并不是因为自尊心受了伤害，而是缘于我对普通话真正的热爱。在那个普通话还没有普及、没有良好的语言环境的年代，我在短短的一年时间里，把所有的发音错误都纠正了。到中学时，已经能够走上舞台主持整台晚会了。

一切都是冥冥中注定的，当我走上教师岗位之后，我才发现，我与普通话的缘分其实才刚刚开始。

第一次参加普通话等级考试，一切都是陌生的，我一点也不紧张，和之后的测试员考试时的心情形成了鲜明的对比。我非常顺利地完成了四道题目的考试。那次考试留给我印象最深的是我面前的两位考官。之后的日子，我并没有关心自己考了什么样的等级，而是想着自己是否有机会也成为一名普通话水平测试员。

2011年7月，我终于有机会参加第二十四期湖北省普通话水平测试员资格考核培训，当时激动的心情不亚于拿到大学录取通知书，而接下来的学习却比高考前的备考更加紧张。

培训的时间是一周，每天的时间安排得特别满，从早上8点到晚上9点，一直都是学习时间，而且这期学员有200人，教室里座无虚席。

住宿与上课都在一个酒店，为了能坐到一个好的座位，更加清楚地听到老师讲课，每天早上，我都是6点起床，牙不刷，脸也不洗，拿着书本，穿着睡衣就来到教室，先把座位占好再做别的。学员们都非常刻苦，当我蓬头散发地捧着书本去教室时，总能碰到好多“同道中人”。

就是因为互相效仿的人越来越多，所以就只能提前占座位。我和室友合计了一下，决定豁出去了，提前到5点去占座位。

即使是夏天，早上的5点也是很安静的，当电梯到达12楼后，门打开的瞬间，真的出现了我脑中想象的场景，一个白衣女人站在我面前，闭着眼睛低着头，散乱的头发遮住了半张脸，我吓得半晌说不出来一句话，直到她睁开眼睛笑着问我：“你也是来占座位的?”我才发现这位学员比我还早，等电梯的空档差不多站着睡着了。

身边的每一个人都对普通话学习无比热爱，都在不遗余力地学习。

在学习的过程中，我发现自己平时好多字的发音都是错误的，比如说“门框（kuàng）”，我一直读成阴平；“灯泡（pào）”，我也读成了阴平；“围绕（rào）”，我经常读成上声；“火（huǒ）”，中间的“u”没读出来，等等。最严重的是上声只读了一半，后鼻音读不准，说话有时太过口语化，第一次知道“啊”在文中是要变调的……通过前两天的学习，我最大的感受就是不敢开口了，觉得自己说的全是错的。

为了更好地提高普通话水平，每天回到宿舍就打开MP3，听范文录音，听新闻，与室友的交流也由方言改成了普通话，并且互相纠错，为彼此创造一个良好的语言环境。

测评能力的训练同样也是艰难的，刚开始完全拿捏不准，评分标准也不熟，总是在两个等级间徘徊，总是为一分半分纠结。但经过几轮训练，慢慢掌握了一些技巧，测评等级也能判断准确了，并且分数也开始与老师的慢慢接近了。

一周的学习结束后，我顺利地拿到了证书。

有时我觉得自己是幸运的。2011 年下半年，赤壁市申报咸宁市语言文字示范城市，抽选几位普通话水平测试员对全市各单位进行普通话水平测试。对于刚取得测试员资格的我来说，这无疑是个极好的实践机会，整整一个星期，我明显感到自己的测评效率提高了许多。

普通话水平测试是一项单调、枯燥而又辛苦的工作，需要测试员不断地花时间从理论上去钻研，在实践中去琢磨，需要测试员有高度的责任心和足够的耐心，但我很喜欢这份工作。

我与普通话的故事还在继续，对普通话的热爱也在与日俱增。

（作者为赤壁市第五初级中学教师，省级普通话水平测试员）

# 爱到深处情更浓

程四红

我与普通话结缘，要从读小学一年级说起。那时，我的启蒙老师是尹益初老师，虽然她是一位代课教师，但从她口里飘逸出来的汉语拼音是那么美妙动听；她用普通话读课文的时候，是那么温柔甜美。就这样，我被充满灵气的语文课堂深深地吸引了。从此，每一堂课，我都学尹老师的样子，摇头晃脑地读着，咬文嚼字地品着。

可惜，尹老师只教了一年，换了老师。不同的老师，不同的腔调，不同的语言。我一直在心里期盼，希望有一天能再回到尹老师的课堂，但一直没有，直到我五年级转学到崇阳县白霓镇中心小学读书。

在镇上读书的时候，镇上的老师和同学们都讲普通话，而我明显带有乡音。新的学习环境和语言障碍让我产生了自卑感，和大家相处了一段时间之后，我下决心要学好普通话。除了在学校向老师、同学学习之外，我还买了一本《新华字典》，碰到不认识的字或读音不准的字，立刻查字典。字典成了我的好朋友，是我书包里必带的学习用具。也许就是从那时候开始，我习惯了不懂就问，不懂就查。

还记得读五年级那年，我家买了一台黑白电视机，中央电视台的播音员语音规范，字正腔圆。通过聆听他们的朗读，我知道了中国的汉字文化源远流长、博大精深，每一个方块字都是一幅美丽的画卷、一个动听的故事。每晚 7 点整，我都会准时收看中央电视台的《新闻联播》，认真听播音员的每一个读音。他们说一句，我跟着说一句，有时候遇到不会的字就反复朗读几遍，直到家长评价已经标准了为止。这段时间，我区分了“f”和“h”、“z”和“zh”，读准了前鼻韵母和后鼻韵母，调整了心态，跟上了同学们的步伐，融入了学校的新环境。那时候，我觉得自己能讲普通话，真是一件开心的事！

初中毕业，我选择读蒲圻师范学校，因为当老师是我从小的梦想。在蒲圻师范学校，我的普通话水平有了很大的提升，因为碰到了一位十分优秀的语音老师——孙和平老师，她是一名国家级普通话水平测试员。在当时，她就是我心目中的女神。她把普通话讲得那么婉转动听，听她说话简直就像是听一首首美妙的歌曲，她讲的每一个汉字就像一个跳动的音符，在我的心里舞动。她的课堂因此也变得生动有趣，她让我明白了学习普通话，模仿很重要，发音技巧也很重要，同时还要找到普通话的发音规律。她告诉我们，理论和实践要相结合，要在不同的环境中与不同的人交流，从而提高自己的普通话水平。

孙老师的一番话激励了我。于时，在班级语言文字工作委员的竞选中我高高地举起了手，班主任疑惑地问我："你行吗?"我在同学们的鼓励下肯定地说："我能行!"就这样，在竞选中，我顺利当上了语言文字工作委员。我制订了详细的工作计划，不仅要让自己的普通话讲好，还要让全班、全年级同学都能讲一口标准的普通话。晚自习前十分钟，我在班上开展了读报活动，让每一位同学轮流上台读报。在上台之前，我都要指导同学们把普通话讲好，一遍遍地读正确后才能上讲台。读师范二年级的时候，我征求了孙老师的意见，还在全年级组织了一次普通话朗诵比赛。我策划了整个活动，到每个班去宣讲比赛的意义，倡议大家都来讲普通话。看到一个个选手饱含深情地朗诵，我被深深地感动了，我为自己的努力和付出感到欣慰，我也在这次比赛中获得了一等奖。

师范毕业后，我把普通话合格证换成了普通话水平测试二级甲等证，之后又换成了普通话水平测试一级乙等证。一次次挑战，一次次提高，我有了更高的要求，希望自己成为一名省级普通话水平测试员。

机遇总是留给有准备的人。2011 年 7 月，我参加了湖北省普通话水平测试员培训。为期一周的培训是全封闭的，吃、住、培训、测试全在宾馆里进行。培训的专业知识强，训练内容多，任务重，要求高。拿到厚厚的几本书，听到老师讲的内容，才知道自己关于普通话专业知识掌握的水平太肤浅了，同行的几位老师都有同感。接下来的学习，我们如饥似渴、起早贪黑说普通话，经常说到口干舌燥、两眼发黑。每天除了吃饭、睡觉，就是说。我们互相纠正字音，一起请教老师，一起和其他县市的学员练读，把羞怯、陌生统统抛到九霄云外，只为能领悟普通话的奥秘，掌握正确的发音技巧，以达到灵活运用的目的。

功夫不负苦心人，我顺利通过了测试。当双手捧起省级普通话水平测试员证书时，泪水模糊了我的双眼。

培训结束后，我接受了县级普通话培训的任务，学员有双鬓斑白的长者，也有血气方刚的年轻人，他们像我当年一样认真地说着普通话。看到他们期盼的眼神，我运用自己所学，用心教他们。当学员们为我竖起大拇指的时候，我感到很开心；看到在我的指导下，学员们一点点地进步，我内心充满了成就感。

如今，我已是一名光荣的小学语文教师，扎根山区教育 23 年，践行着一名共产党员的铮铮誓言，用爱心帮助残疾孩子，用温情呵护留守儿童，用真情陪伴贫困生，用赤诚在大山中传递教育的圣火，传承中华优秀文化。

每天清晨，伴随着那一缕缕柔和的阳光，我发挥省级普通话水平测试员的优势，早早地来到教室陪伴孩子们朗读，在声情并茂的朗读声中开启新一天的生活。孩子们在我的范读和领读中慢慢成长，学风浓厚了，胆量得到了锻炼，普通话水平提升了，朗读技巧掌握了，经典美文积累得越来越多，写作水平也提高了。

每天晚上，在家长微信群开通半小时“夜读时间”，与家长携手，鼓励孩子把晚上在家朗读的视频发到微信群。我每晚在线陪伴，适时地点赞和评价，激发了孩子们的朗读兴趣以及孩子和家长的热情。肖丁丁的家长说，为了支持孩子朗读，只要到了晚上 7 点半，她就放下所有的事，一定要孩子录制短短的几分钟朗读视频。这一陪就是两年，孩子在两年的夜读中自得其乐，越读越好。慢慢地，班上晚上回家阅读的孩子多了，参与朗读发视频的孩子也多了，家长也和孩子们一样得到了成长。

为了进一步增强孩子们的学习兴趣，我在“程四红名师工作室”的微信公众平台增设了《师生朗读》栏目，带头在朗读栏目为孩子们朗读经典故事，发动工作室其他朗读水平高的老师参与进来，为孩子和老师们朗读经典美文，孩子们则朗读自己和同学们的优秀习作。

同时我还创办了班级习作集《小荷》，成立了以学生为主编的编辑团队，发挥孩子们的绘画天赋，给习作集增添图案。在我的鼓励下，孩子们对校对、排版、封面设计都非常感兴趣。

我作为学校分管教学的副校长，坚持教师提升模式，即“理论学习—教学研讨—教育叙事—阅读分享—教育故事宣讲”；落实学生养成教育，即“晨读国学经典，午书中华汉字，暮省当日之事”；开展了“天天诵读经典—周周读书交流会—月月赛诗会—期期读书节”活动。在各级各类的演讲、朗诵比赛中，我校师生频频获奖，他们在普通话的世界里演绎着各自的精彩。

（作者为咸宁市崇阳县实验小学教师，省级普通话水平测试员）

# 小小世界

谢剑钧

2019年6月23日，雨后初晴。我坐在窗户边，提笔来写往事，从迷茫到不惑。过往的这些小事，似乎不足挂齿，可晕染着一个普通的语言文字工作者的小小世界。

## 一 缘

26年前，我成了一名师范生。每周的口语课前，同学们竞相上台秀上一段。恰同学少年，书生意气，挥斥方遒。我坐在讲桌前，徒生艳羡，平添担忧。我终究是躲不过去的。孙和平老师让我朗读一组词语，我站着读起来，声音和身体一并在冬日里颤抖起来，读到“森林”一词更感朔风砭骨。孙老师领着我读了几遍，可我心有余而舌头力不足。见我如此，她说：“你已经读得非常好了，不熟悉的词语注意仔细模仿，勤加练习，就能熟能生巧！”她圆润的声音仿佛一杯热腾腾的茶，温暖着我的双手，滋润着我的心田。自此，普通话就结在我生命的缘里。不多久，舌尖前音、前鼻音和边音伴着东风徐徐拂来，我的普通话水平也一路高歌猛进。

几年后，我和大多数同学一样踏上了讲台，成为一名语言文字工作者。还有几位走上了我们未曾选择的路。刚来湖区学校不久，我就明白了什么叫“十里不同音”。课堂内外，我和孩子们都会用普通话来交流，他们嘴里不时冒出诸如“伢儿的”（小孩子）这般方言，而我在大家的哈哈大笑中半天才反应过来。我曾想，他们在寝室里会有怎样的叽里咕噜呢？他们长大后又会怎样和异乡人愉快地交谈呢？午餐的时候，孩子们会端着饭盒挤在办公室里，听“关不掉的收音机”，有时也会像模像样地来上一句：“欲知后事如何，且听下回分解。”那一年的9月，我们在广播里迎来了第一届全国推广普通话宣传周。

## 一旅途

20年前，我参加了湖北省普通话培训测试中心组织的培训。刚一放下行李，拼音考试卷就摆在眼前。卷子做得很顺手，再次拿到手上时，那几个鲜红的圈圈不啻是对我的当头棒喝。我知道，不是每个学员都能顺利拿到测试员资格证。上大课的间隙，邻座的冯同学说她语音知识体系漏洞太多，担心后边的考试没办法通过。我安慰她说："你这么勤快，通关考试应该没问题的。"她点了点头。她的本子上写满了密密麻麻的笔记。

徐根玉老师是我们的"班头"，瘦，可说起话来中气十足。小班上课时进行模拟测评。讨论环节，学员们意见不一，争得面红耳赤。有学员说听完第一、第二两个大题，凭直觉就知道这个测评对象的普通话等级了。徐老师明察秋毫，论证分析，让大家心悦诚服。他说，普通话水平测试员要有自己的立场，评判要讲道理，掌握这个理，就不能只知其然而不知其所以然。徐老师严谨的工作态度让我们受益匪浅。

大考如期而至，上午考普通话，下午考测评。冯同学没能通过考试。她说她早就预料到结果，只是不想错过这么好的学习机会。就此一别，培训班的学员们步入了一段崭新的旅途。此后的近20年里，我在赤壁、嘉鱼、崇阳、通城、通山、武汉等地开展普通话水平测试工作。在这一旅途上，我结识了许多的优秀测试员，他们是我的良师益友；在这一旅途上，我听到了来自五湖四海的声音，而普通话是越来越准确、和谐的天籁之音。

## 一 念

16年前，我在华中师范大学进修，同寝室的叶老师是位老测试员。周末的时候，我们会参加省测试中心安排的测试工作。功课之余，两人就会交流测评心得。寝室成员聊天的时候，两位测试员不由自主地承担起正音的工作。红了樱桃，绿了芭蕉，同寝室的两位"考生"在流光里品尝到酸甜的滋味。

某天，楼上的程老师来访。那时，他已是十堰地区的英语名师，在华中师范大学读研究生，经常组织课外研讨活动，特别忙。他简单说明来意——学习怎样把普通话说好。当天，几人相谈甚欢。他离开的时候，我给了他一本普通话学习方面的书。后来，路上见过几次，只是寒暄而过。3年后，他打来电话，一亮嗓子，让人刮目相看。他拿到了普通话一级乙等的证书。这一执着的念想让人钦佩不已。

有时，我会想起未曾选择的路，想起最初的那几位老同学。可是，我选择的路上有他们不曾领略过的风景。我不禁问自己：我执着的念想应该是什么？于是便想起乔布斯曾在斯坦福大学演讲时说的那句话——好学若饥，谦卑若愚。

## 一世界

6 年前，我来到赤壁市营里小学。学校地处城乡接合部，生源主要来自周边社区和进城务工人员家庭。为全面提高师生的语言文字素养，认真贯彻执行国家语言文字工作的方针和政策，营里小学根据湖北省中小学和幼儿园语言文字规范化示范校评估标准扎实开展相关工作。同学们积极参加活动：早晨诵读经典，午间练习书法，课内练习朗诵，课外办板报。凡此种种，不一而足。平时，我也经常带着大家朗读。2014 年，营里小学被命名为“湖北省语言文字规范化示范校”。

晨晨（化名）一年前从外地返乡。刚来的时候，他和同学之间的关系紧张，常为鸡毛蒜皮的小事翻脸。我找他谈过几次，但收效甚微。那个星期，班上要举行朗读比赛，晨晨破天荒地报名参加，他一开口就出错。我赶紧给他纠正，可他有些不耐烦。我让他完整地读完《草虫的村落》。他慢慢读起来，渐入佳境，仿佛将自己置身于一个沉静的世界里。文字抚慰灵魂，声音泛起涟漪。这是属于他的小小世界，尽管他的声音并不优美，语音也并不准确、规范。大音希声，成长过程中的耳濡目染才是和风细雨。

人生到处知何似，应似飞鸿踏雪泥。年逾四十，我仍沉浸在自己的世界里。在语言文字这方小小世界里，我鼓起了勇气，学会了求真，坚持着念想，收获着希望。一缘一旅途，一念一世界。

（作者为赤壁市营里小学教师，省级普通话水平测试员）

# 我与普通话培训的那些事

柳　明

参加工作后，普通话悄然进入了我的生活。我先是被抽调干了一段时间的省级会议解说员，有关各个乡镇的特点，近一万字的解说稿，硬是凭借着对普通话的热爱，背得滚瓜烂熟。后又被电台拉去做了大半年的实习，繁忙的热线让我不得不拼命继续纠正语音、语调，务求说话又快又准。每每发现自己说错字音，便在家中来回折腾，非得练熟练会，一字不差，半音不错。最后还是回到三尺讲台，做了一名老师，因为当老师的日子可以日日与普通话相伴。

2011 年 6 月，仙桃市教育局通知我到华中师范大学参加省级普通话水平测试员培训。在封闭训练营的那 7 天，我真是鼓足了劲儿，仔细听、认真练、拼命学，生怕漏掉一个字。最后的终极测试来临，我满怀信心，竖着耳朵，屏气凝神，考后和旁边同学对答案，觉得肯定能过。下午班主任开始公布通过名单，眼看着一页纸念完了，最后一个名字也不剩，可就是没有听到我的名字，急得我满头大汗。我要求班主任帮我查查试卷，明明答案对了，为什么过不了？班主任查后告诉我：“你的结果是对的，这一点没错，但是你没有按照规定答题，中间的小分和该写的记录你都没写，所以你没过，我也觉得很遗憾。”唉，来年再考吧！时隔一年，我又来到华中师范大学，没能参加前期的封闭训练，就把自己关在一个教室复习了半天。怀着复杂的心情等待结果，仿佛又想起之前的画面，心里打着小鼓，想着不行的话明年再来。许是与普通话缘分太深，有着解不开的结，这一次终于过了。

再后来，我就正式开始了普通话水平测试工作。2017 年开始参与湖北省县域居民普通话调查工作，冰天雪地，下乡走访调查。作为区域小组长，我严格按照省测试中心的要求搜集数据，一丝不苟，受到了省测试中心的表扬。

2018 年暑期，全国语言文字达标创建工作继续进行，为了推广普通话，更好地普及普通话，我们这群测试员开始了为期两个月的普通话培训工作。我顶着酷暑，足迹遍及城乡，奔走于各行各业。

## 初　识

7 月 30 日晚上 7 点在郭河镇镇政府一楼会议室，近 60 名机关干部参加了普通话培训测试。我作为此次培训的老师，内心既激动又备感压力。但是政府的重视程度超出了我的想象，从书记到镇长，全部到场参加培训，会场内设置座位卡，座无虚席。干部们虽然都劳累了一天，但是依然认真听完两个小时的课程，中途仅休息了 5 分钟。

学习过程中，所有的干部都带着笔记本，认真记好要点，年轻干部积极参与现场互动，有一位年纪大的同志也参加现场练习，大家都在认真地跟读、纠错。反观我自己，通过讲座也得到了很多经验，对于现场气氛的把控、知识点的讲解等都有了一些自己的见解。“教学相长”这四个字不仅仅限于师生之间，现在对它我有了更深刻的领悟。领导给我们测试员这次机会，也让我认识到测试员还肩负着国家通用语言传播的使命。

## 再　现

8 月 1 日上午，在仙桃市公安局会议室，近 40 名机关干部参加了普通话培训测试，统一着制服，克服各种困难，扎扎实实参与培训。

警察们一改平时工作中的严肃，抱着虚心学习的心态前来。基于职业特性考虑，为了让他们卸下包袱，营造轻松的学习氛围，我设置了 3 个小型心理游戏并融入培训教学。最终他们在课堂上都能自由发挥，参与互动环节也十分积极。

学习从来就不是一件易事，但是课堂的有趣、有料、有味却能够直接影响教学效果。学员有兴趣，课堂有效果，这才是本次进行普通话培训的目的。

## 雕　琢

8 月 6 日下午，在仙桃市水务局 14 楼会议室，近 50 名机关干部参加了普通话培训。这一次培训的心情与之前两场有所不同，无论是课堂内容和讲课流程，我都非常熟练了，于是就开始雕琢教学中的细节问题。这一推敲还真发现了好多问题。一是平翘舌的问题，有好多人的翘舌音发得太过，苦于找不到办法进行调整。我带头进行探索，把发音部位找准后，因人而异，因材施教，让好几名干部找到了感觉，他们的翘舌音发得不那么别扭了，较之前好听多了。二是察觉气流，让他们自己体会气流由鼻腔和口腔出来的不同，用手指分别放在鼻子和口腔处感受，自我感知出来了，发音也就趋于准确了。

（作者为仙桃市实验小学教师，省级普通话水平测试员）

# 一路欢笑一路歌

梁梦萍

故事开始的时候，我扎着马尾辫，黑黑胖胖的脸，穿着并不讲究，走路并不协调。那天我拖着重重的行李箱走进了一间四人间宿舍，那是我进入大学的第一天。

出于远在他乡的寂寞和新鲜，我鼓起勇气和同宿舍的另一个女孩子开始了我的沟通："你过早了吗?"她瞪大了眼睛，耳朵向我的嘴边靠近了一点："啊?"我又重复了一遍："你过早了吗?"这一次她眼皮低垂，若有所思，很显然，她听清楚了我的声音，每个字的大致发音也听到了，尴尬地笑了笑，说："对不起，我没听明白你的意思。"我这才明白过来，害羞地笑了起来。在脑海里搜索了"过早"的普通话表述之后，我轻轻地、一字一句地说："你吃早餐了吗?"她也尴尬地笑了，说："我吃过了！对不起啊，之前的我没听懂，我来自河南。"

我的大学四年是和三个来自河南的室友一起度过的，也是在认识了她们以后我才知道，她们从来没有听过"过早"这一说法，并且她们对我说话时总是平翘舌音不分的现象感到疑惑不解，我也对她们竟然能轻易分清楚平翘舌音而惊讶不已。

我们一起考普通话的经历共有两次。

第一次是在大一的时候，只是听说我们可以报名参加普通话考试，在觉得自己能憋出普通话腔调后，我和一个室友娇娇勇敢地报了名。当然结果也在意料之中，我们都是"二甲"，并且是刚刚过线的水平，后来我们俩还互相加油鼓气："你看，第一次就能拿'二甲'，好厉害啊!"但是从那天开始，我的心里便埋下了一颗种子，我暗自发誓，要把普通话练好，下一次考试要达到"一乙"的水平。

我对第二次备考记忆犹深。在生活中，洗衣服时，我会拉着娇娇说话，一旦听出有平翘舌音问题，她会立刻指出来并提醒我纠正；吃饭时，我尽量找不同的话题和她交谈，说得越多，错得越多，改得也越多。我们也常常因为某个字的平翘舌发音互相打趣地笑上好长一段时间。

平时说话的纠正发音训练，很明显是不能满足需要的。我在图书馆借了一本《飞鸟集》，每天利用午休时间独自一人到宿舍楼的楼顶练习，大声地读。平时和娇娇的日常练习已经让我有意识地去注意每个字的平翘舌发音，所以拿起文本的时候，对于每个字的发音我都会刻意地核查并且反复大声地读出来，保证读出的每个字都是准确的。

每天中午，12点半至2点，从来没有间断过。甚至有一次，在小饭馆做兼职端菜时，因为地面滑，我连着人和菜一起重重地摔倒在了地上，四肢朝天，并且还被当时正在等菜的同班同学看到了，手也被烫得红红的。后来回到宿舍，我照常拿起书本走到楼顶，坐在楼顶的小石墩上，边哭边大声地读着。现在想来，仍觉得那场景好不让人心酸和悲壮。当时每天的坚持训练、大声朗读，似乎已经成了一个与我朝夕相处的“朋友”。我如约而至，像是遵守着某个承诺。

再后来，临近普通话考试，《飞鸟集》我已经反复读了好几遍了。我感到必须要更有针对性地训练，便找来了普通话水平测试的书，在明确了考试题型和考试范围之后，我的训练时间也安排得更加紧凑。我从网上下载了每一篇文章的朗读录音，去上课的路上，下课休息时，回宿舍的路上，晚上熄灯睡觉前，这些时间都成了我宝贵的听力时间。除此之外，自由说话题型是我要突破的难点。我在绞尽脑汁、一筹莫展时，有一天早上突发灵感，参透了自由说话必须要分点论述的要义。

之后我又开始了新一轮的训练。看到一盆竹子，我想到要先介绍它的叶子，然后到中间的杆儿，再到根部，并且每介绍一个部分，都会扯出一段与之相关的个人经历；看到某一本书，看到某一处美景……任何我看到的人和事，都能让我与自由说话题型的题目联系起来。那段时间，我的文字功底和口头表达能力突飞猛进。

考试时，我正常发挥，毫无悬念，我拿到了“一乙”证书。通过十分踏实、勤奋学习得来的收获，结果竟然是淡淡的高兴、深深的欣慰和“石沉大海”般的平静。

毕业后进入工作岗位，我一直充分发挥自己在普通话学习和表达上的优势，也因此有机会参加省级普通话水平测试员的培训和考核。那又是一段让我毕生难忘的学习经历。我和另一个老师每天从早上 8 点钟上课一直上到晚上 9 点，回到酒店洗漱完毕之后马上拿出书本训练到 12 点，甚至睡觉做梦时，脑子里都反复挣扎着那些拼音小怪物们，它们到底是平舌音还是翘舌音，到底是前鼻音还是后鼻音，到底是不是轻声……醒来时，脑海里硝烟阵阵，一片狼藉。有一天晚上入睡前，我们俩都惊讶地发现头发上出现了几块很大的头皮屑，一经查询才知道，它们可能是精神高度紧张的产物。

功夫不负有心人，我和同行的小伙伴都顺利通过了最终考核，并且成功入库，成了一名光荣的普通话水平测试员。

这些荣誉终究只是一纸文书。于我而言，为这些文书拼搏的日子才是弥足珍贵的。这一路，酸甜苦辣都饱尝了一遍，它们让我在以后的工作和学习中遇到瓶颈时，总会不断警醒自己，正是通过这样有条理、敢坚持、不放弃的努力，才水到渠成地获得了曾经想都不敢想的成绩。也正是因为有了这些为普通话拼搏学习的经历，我在人生之路上遇到任何挫折时都始终坚信，沉着，踏实，朝着目标不断努力，终会“守得云开见月明”。

（作者为天门市第一小学教师，省级普通话水平测试员）

# “缘”来是你

## ——我和普通话不普通的经历

刘晓芳

本命年，蓦然发现我和普通话有着不普通的经历，叫作缘聚。48 年，不算短暂的一段人生历程，从能说能听的那一刻开始，普通话从未离开过我的世界。

10 岁前，我一直在方圆三十里的范围内生活，祖辈相守的乡邻用同一种语音交流，老师也用世代沿袭的口音答疑解惑，只是每天早晨，在“各位听众，现在是新闻和报纸摘要……”的广播声中，我才知道世界上还有一种悦耳的语音存在，正在学拼音的我毫不费力就能听懂。

初三时，第一次听见身边的人说“普通话”。那天，年轻漂亮的英语老师突然宣布：“从今天开始，我们要说‘不懂话’（普通话）。”紧接着，物理老师说：“‘遗体’（液体）变成固体叫‘银固’（凝固）。”在各位老师创意百出的家乡版普通话中，我度过了中学生活。

真正接触普通话是在读师范时，同寝室来自黄冈的同学一开口便惹得大家一片欢笑。祖籍山东的同学一口地道的普通话，霎时迷倒了一群人，青春年华的我们争相拜她为师，订阅《汉语拼音小报》，把纯拼音文字当作零食在寝室操练。毕业前，我顺利地拿到了教师基本功合格证书。

1998 年，教育部门开始对教师进行普通话培训和等级测试，学校推荐普通话水平不错的两位老师打头阵，意在通过测试提高水平，而后帮助培训其他老师。我是被推选出来的首批参试老师之一。数年前我曾在全区教师普通话全能竞赛中得过奖，这次经历迷惑了我，自认为水平不错，考试的结果却大大打击了我的自信心：86 分，二级乙等。

我发现自己所在的方言区没有平翘舌、前后鼻音及鼻边音之分。看电视时，我特别留意播音员的口型和咬字发音，能听清天气预报中的“晴”和台词“你有病”中的后鼻韵母发音，对“知识”“只是”“自私”的调值高低、平翘舌区别也能仔细听辨。此举很奏效，我感觉自己进步很快，差距很快缩小了。为了有的放矢，我辗转借到一整套普通话水平测试员用的资料，包括新改版的书籍和光碟，自我加压，每天练习。一段时间以后，我发现自己的难点在于轻声词语，譬如“答应”“和尚”“困难”“脑袋”“称呼”“本事”等。我用笔记本抄下这些词语并随身携带，一有机会就拿出来强化训练，力争准确无误。

功夫不负有心人，第二次普通话水平测试，我以 91.5 分顺利拿到二级甲等证书。拿到了匹配的证书，我继续沉醉在普通话的世界里，一路走下去，只为听从内心的声音。

以后，课堂上朗读课文及教学辅导，我力求字正腔圆。偶尔出现语速快、发错音的情况，必定回头重来，我很享受自己说普通话的过程。和同事交流，也会用方言，但一进入正式场合，我的普通话积累一下子被激发，便能迅速听出他人把“坡”念成“pē”、把“轻”念成“qīn”的方言口音，每每在心里纠正一遍，强化记忆。生活中听见某人标准流畅的普通话，我会不由自主地多看几眼，心生好感。

在我的带动下，家人看电视时，经常会就某个字的发音产生分歧，最后以字典为准。家里很多地方随手就能拿到字典，床头柜上、客厅茶几下、餐桌旁、卫生间里，朋友笑称我们一家都是文人学究。这给我们的生活带来了乐趣。

此后，我多次参加普通话水平测试，2008 年底，我以 93.7 分过了“一乙”。2009 年 3 月，我争取到一次专业学习的机会，在武汉理工大学培训学习 10 天，经受了“魔鬼式”的训练。清晨教室的门还没开，走廊里就站满了捧着书本放声朗读的学员，仿佛回到了高三冲刺阶段。培训一开始，老师要跟学员即兴口语互动，就拿着点名册随机抽选，我主动请缨。我深知这次外出学习的机会来之不易，自己喜欢就尽力去学。口语是我的弱项，高人指点是捷径，讲究面子与破茧成蝶相比，不足挂齿！果真，口语互动结束，老师指出我两大问题：发元音时开口度不够，影响声音的饱满纯正，另外还存在边音鼻化现象。我多幸运，培训一开始就找到了症结，便能集中力量突破。最终，我幸运地通过考试，拿到了烫金的测试员证书。

我惊异地发现，自己在平时的教学中忙得团团转，一旦进入普通话的天地，便能平心静气、全神贯注，享受着与普通话在一起的分分秒秒。也许，我来尘世，不为永生，不为苟活，单单是为了与你——普通话结缘。

（作者为荆门市东宝区文峰中学教师，省级普通话水平测试员）

# 心中最美的语言

李小兰

2007年的暑假，学校打电话通知我去武汉参加湖北省普通话水平测试员培训。我的职业是教师，可能领导觉得我普通话还行，所以派我去参加。

历时11天的培训，似乎仍历历在目，我们像再次踏入学校大门一样，每天都在刻苦练习、预测、做题，经过了笔试，测试员当面检测我们的普通话水平后，我们终于获得了普通话水平测试员的资格，成为一名普通话水平测试员。

虽然我的普通话等级是一级乙等，但是我的得分并不高，92分多一点，算是侥幸过关。能获得这张证书，我想也是源于自己对祖国语言文字的热爱。

从大的范围来说，56个民族，都有各自的语言特色；从小的范围来讲，就以我所生活的小县城而言，市区的语音是一种，下面不同的乡镇又各自有不同的语音，乃至一个村镇两个不同的村庄，由于地域原因，都有不同的语言表达。可见，推广全国通用的普通话有多重要。

我的祖籍是湖南，后来祖父辈迁到了湖北，说的是地道的长沙话，但本地的几种乡音也可信口说来。我是一个中等师范毕业生，读书时对朗读产生了浓厚的兴趣，这可能与个人情感丰富有关。我是一个容易被书中文字打动并走进去的人，文字就是心声，所以朗读时总是感同身受，声情并茂。后来，我又当了语文教师，热爱朗读对课堂教学也大有裨益，它能带领学生快速进入课文中。我有时候读着读着，会忘记一切，只有或圆润或低沉或铿锵的声音在空中回荡。热爱是最好的老师。

在观看电视节目时，我会很注意听播音员的朗读，从中去发现和纠正自己的发音问题。遇到有疑惑的地方就翻查字典，我竟因此发现有些字是从小读错到大的。这样的学习方法能让我注意到发音中的不足，减少本地语音对普通话的干扰。

后来听培训老师说，测试朗读作品时并不需要过于丰富的感情变化和音色的过度跳跃，因为语言文字检测更多的是关注语言的规范性和正确性。所以，在测试时，我会在合适的时候，传达给被测者一些信息，情绪保持平稳，速度保持适中，尤其速度不要过快，说话题更不必慌张。当我被主考官测到说话题时，我也会不由自主地紧张，最主要就是担心话说得不流畅，语言不优美。后来当了测试员才知道，这些都不重要，重要的是吐字发音要准确、规范。

当了几年测试员，最大的感觉是累。尽管每次都只有一天，但从考生坐到你面前开始，手里的笔要不停地记录，头脑更要快速做出反应，判断对错，容不得多一刻思考、多一丝犹豫。一个考生结束，他的分数和等级就要出来，头脑中的这根弦一直到最后结束才能松弛下来。后来有了机测，情况就好多了。

在我测试过的考生中，有风华正茂的青年学生，有机关单位工作人员，也有年龄较大的教师。这些人中，有考过多次还不能达到标准的人员。当然，一个人的普通话水平，与其所生活地方的口音有很大关系，不过，后天勤加练习也会有所改进，知道自己的不足，然后再对症练习便能显著提高。

我热爱普通话，热爱普通话工作。普通话永远是我心中最美的语言。

（作者为赤壁市第二实验小学教师，省级普通话水平测试员）

# 一次陌生的拥抱

方　满

一个晨曦初照的早晨，太阳洒落在我的办公桌上，透明水杯映衬出五彩缤纷的颜色。我早早地来到办公室，趴在办公桌上，小憩一会儿，同事们就陆陆续续地来到自己的办公座位。我们谈论着昨天又或是某个记不起来的日子，发生在我们身上的那些琐碎的小事，说话声中还掺杂着此起彼伏的笑声。

突然，一位同事问："你们有没有细细品味过拥抱的感觉呀?"

"当然有啦，我每天下班很累的时候，只要一回家，我的爱人就会给我一个拥抱。那个拥抱仿佛是在说：'辛苦了，欢迎回家。'这个时候就会觉得很满足。"

"我也是，我也是。"一位同事抢着回答，"现在不是戏称教师是最辛苦的职业吗，我有时候也累得在某一瞬间突然想放弃，但是当我一回家，我的孩子往我身上一扑，就会觉得吃什么苦都值了。"

同事们争先恐后地回答，而我的思绪仿佛被带往了曾经那个记不清时间的日子，我的脑海中突然出现了那个流泪的孩子……

那个时候，我被学校选去省普通话培训测试中心参加培训，并成了一名普通话水平测试员。说实在话，普通话水平测试员并不容易做好，因为普通话水平测试员要能很好地处理各种突发情况，而我想要提高自身的能力，锻炼自身的水平，所以就接下了这份任务。

开考前一天晚上，我自己像待考的学生一样紧张得睡不着觉，脑海里反复想象着考场可能出现的各种意外，以及我又会做出何种应急措施。

等最后一批考生考完，我伸了一个懒腰，捶了捶后背。走过楼梯的转角，忽然看到一个小女孩的身影，那个女孩一个人默默地蹲在楼梯尽头的转角。我慢慢地走过去，看到那个女孩在偷偷地用宽大的衣袖擦拭眼角的余泪。我蹲下身体，小心翼翼地问那个女孩："同学，怎么了？"那个女孩不说话。

我轻声地问道："同学，没事吧？"

那个女孩轻轻地点了点头。

"同学，发生了什么事？可以和老师说说吗？"

那个女孩这才小心翼翼地说："今天的普通话水平测试肯定过不了'一乙'。"那个女孩的话语中隐约有着啜泣的声音。

"没有关系的，孩子，这次只要努力就好了，没必要那么在意结果。"

"可是老师，我为这次的普通话水平测试准备了好久。我以后很想当一名语文老师。我害怕这次没有机会了，而且我害怕自己不能成功。"女孩说着说着又开始啜泣起来。

"孩子呀，这只是一次小小的普通话水平测试，即使这次不行，还有下次呢！老师刚开始实习时也和你一样，但是你看现在老师也是一名合格的人民教师了。不要丧气了，生活永远会给你美好明天的。"我慢慢地把小女孩扶起来，抱了抱那个哭泣的女孩，并鼓励她："别伤心了，加油，老师相信你可以的！"

没想到那个女孩哭得更厉害了，我一时不知所措。那个女孩说："没事没事，老师，我只是好久没有享受这么温暖的怀抱了。"我竟然有些语塞……

作家张小娴在《拥抱》中写道："拥抱的感觉真好，那是肉体的安慰，尘世的奖赏。"那一刻，我突然懂得了拥抱的含义，没有一个拥抱该被遗忘，每个拥抱都闪烁着动人的秘密。这是那个女孩教会我的。原来不经意的一次陌生的拥抱，也可以让心灵得到慰藉。

（作者为黄冈市蕲春经济开发区中心学校教师，省级普通话水平测试员）

# 我的普通话教学

刘 弯

我的家乡在湖北省洪湖市，那里素有“鱼米之乡”的称号。而我出生在一个偏远的普通农村家庭，父母整日忙于农活，从小我便是大人们口中的“野孩子”，上蹿下跳，东奔西跑。虽是个标准的假小子，但我从小最崇拜的却是电视节目当中能讲一口标准普通话且声音甜美周正的节目主持人，当时也不能说出个因为所以来，只是单纯地觉得她们的形象气质极好，包括后来上学之后也是对用普通话上课的老师情有独钟。而真正有意识要说好普通话却是从上大学的第一个学期的第一节语言文字学课开始的，也是在那个时候我才知道我之前一直生活的地方属于西南官话区，所说的话属于江汉平原方言，而不是标准意义上的普通话。那一节课我至今记忆犹新。当时语言文字学的老师是一位中年女教师，性格比较随和，她让我们上课的每一个同学都站起来说一段话，在没有任何我们个人信息的情况下，老师仅通过我们所说的那一小段话就能精准地说出我们每一个人的家乡所在地。顿时全班同学对这位语言学老师顶礼膜拜，被她折服。在后来的整个学期当中，我们也并不觉得语言学是一门枯燥乏味的学科了，大家都铆足了劲儿反复训练、纠错，打磨自己的普通话。我们同宿舍的几个女孩子在后来的普通话考级当中，都顺利地拿到了普通话一级乙等证书，这让我信心大增。

再后来大学毕业，我很顺利地考入了素有另一个“鱼米之乡”之称的嘉鱼，并在乡镇中学任教语文学科。我在任教的第二年，因为普通话功底良好而有幸被学校外派到省城强化学习，并考取了湖北省普通话水平测试员资格证。这让我更加坚定了推广普通话的决心，也明确了自己身上所承担的责任。

作为一名语文教师，我一直致力于培养学生的语文素养。《语文课程标准》也明确要求我们要指导学生正确地理解和运用祖国语言，丰富语言的积累，培养语感，发展思维，使他们具有适应实际需要的识字与写字能力、阅读与写作能力，以及口语交际能力。而要达到这些目标，首要前提就是学好并讲好普通话。

我所任教的这所农村中学，学生的基础普遍较差，拼音底子薄，表达能力弱且方言浓厚，喜欢讲一些脏话。针对他们的具体情况，我与学校的语文老师一起商讨对策，运用一系列的教学手段努力提高学生的普通话水平：比如注重拼写训练；课堂上重视朗读——教师范读、学生齐读、个别学生挑战读等；另外在校园里开展朗诵比赛、班级辩论赛、课堂语音纠错、海报宣传等活动。一个学期下来，学生的普通话有了很大的进步。

我始终坚信，只要付出努力，多增强学生的文明用语意识，多让他们练习、交流，今后他们的普通话水平会越来越高，他们的自信心也会越来越强。

（作者为咸宁市嘉鱼县高铁中学教师，省级普通话水平测试员）

# 让更多人说好普通话

刘 娟

我从小受电视节目主持人的影响，觉得普通话就是世界上最优美动听的语言。2002年暑假，我有幸参加了省级普通话水平测试员培训班。拿到普通话水平测试员资格证之后，与普通话打交道的机会就更多了。在这期间，我不仅帮助别人提高了普通话水平，自己的口语水平也得到了进一步的锻炼与提高。

2007年和2008年暑假，学校委托我给全校老师做一次普通话培训，我欣然领命。因为对学校老师的情况比较了解，再结合我们本地的实际情况，我制订了全面、合理的培训计划，详细备好上课内容，打印好训练材料。培训时，我先针对本地区普通话发音的普遍问题，指导和纠正老师们平翘舌、鼻边音以及前后鼻韵母的问题，给老师们做示范，带领老师们正确发音。我想，普通话是教师的日常教学用语，使用频率很高，所以语音问题不容忽视。只有把语音面貌改善了，普通话才能说得越来越好，才能更好地为教学服务。而许多老师说普通话总是不自然，总觉得自己普通话不标准，不好意思说，更愿意用方言交流。所以，我觉得帮助老师们克服心理障碍很有必要。在培训过程中，我给大家举了个例子：为什么大多数领导讲话时普通话水平都不差？是他们比我们这些当老师的普通话水平高吗？我想应该不是。原因不外乎两点，一是因为必须用普通话讲，讲得不好也要讲；二是讲话不能畏手畏脚，必须中气十足，关键得让人听得清楚，听得明白，这样一来，自然就放开了。讲得多了，普通话自然就说得流畅了。我鼓励老师们不要有顾虑，要放松，不管讲得好与不好，都要多开口说，只有说得多、练得多，普通话水平才能得到提高。在接下来的培训中，我把朗读和口语训练作为培训的重点内容，以分组合作学习的方式来帮助老师们训练。四人为一组，选一个普通话基础较好的老师为组长，组长带领组员进行朗读和说话练习。组员们互相听、读，互相指出不足，老师们遇到不好把握的地方，我及时加以指导。这样扩大了训练面，能让老师们尽可能多地开口练习，从而提高了学习效率。经过连续的训练指导，老师们或多或少都取得了进步，大家都感谢我，我也十分高兴。

不仅仅是这两次暑期教师培训，在平时，老师们只要遇到有关普通话语音方面的问题，总爱来找我讨论，我也不厌其烦，耐心认真地给出自己的意见。我觉得，能帮助别人是令人愉快的事情。

（作者为大冶市尹家湖小学教师，省级普通话水平测试员）